Anna Sticker
„...und doch möchte ich nur meinem Sinn folgen..."

Anna Sticker

„... und doch möchte ich nur meinem Sinn folgen ..."

Friederike Fliedner,
Stifterin der Kaiserswerther Diakonissenanstalt

Burckhardthaus-Laetare Verlag, Offenbach/M.

Gewidmet den Frauen,
die nach 1945 die Krankenpflege
neu aufgebaut haben.

Lisa Schleiermacher
Olga von Lersner
Lucy von Romberg

© 1986 by Burckhardthaus-Laetare Verlag GmbH, Offenbach/M.
Der Verlag ist Mitglied des Verlagsrings Religionsunterricht (VRU).
Alle Rechte, auch die auszugsweisen Nachdrucks, fotomechanischer Wiedergabe sowie der Übernahme auf Ton- und Bildträger vorbehalten.
Alle Abbildungen Fliedner-Archiv, Kaiserswerth
Lektorat: Ingrid Ueberschär, Offenbach
Herstellung und Umschlag: Joachim Emrich, Offenbach
Fotosatz: Uhl+Massopust GmbH, Aalen
Druck und Verarbeitung: RGG-Druck, Braunschweig

CIP-Kurztitelaufnahme der Deutschen Bibliothek

Sticker, Anna:
„... und doch möchte ich nur meinem Sinn folgen ...":
Friederike Fliedner, Stifterin d. Kaiserswerther Diakonissenanst. / Anna Sticker. –
Offenbach/M.: Burckhardthaus-Laetare-Verlag, 1986.

ISBN 3-7664-9228-4

Inhaltsverzeichnis

Zum Geleit

Dieses Buch ist das Porträt einer außergewöhnlichen Frau und zugleich ein Dokument zur Entwicklung der modernen Krankenpflege. Inhalt und Entstehungsgeschichte spiegeln beispielhaft Chancen und Schwierigkeiten, die Frauen haben, wenn sie versuchen, Antworten auf Fragen und Nöte ihrer Zeit zu geben, und an die Realisierung eigener Ideen herangehen.
Friederike Fliedner erlebt und bewältigt selbst alle Probleme, die vor 150 Jahren eine unverheiratete Frau hatte, die ihren Lebensunterhalt selbst verdienen mußte. Als Frau eines Pastors entwickelt sie später gemeinsam mit ihm die Möglichkeit einer Berufstätigkeit für ledige Frauen unter dem Dach der Kirche, das Diakonissenamt. Sie gebiert in 14 Ehejahren 11 Kinder, begräbt davon 7 sehr bald wieder und führt die Wirtschaft für das Pfarrhaus und die wachsende Schwesternschaft. Sie stirbt mit 42 Jahren; ihre Leistung als Stifterin des großen Werkes wird fortan verklärt und verschleiert mit ihrem Ausspruch: "Entsagung ist das eine, was nottut."

Anna Sticker wird 1927 als Diakonisse eingesegnet, aufgenommen in eine Schwesternschaft und ein in differenzierte Arbeitsfelder gegliedertes Werk, das seine Ursprünge auf Theodor Fliedner, den Mann und Stifter zurückführt. Anna Sticker ist Historikerin und entdeckt bald die selbständige Leistung der Frau Fliedner bei der Gründung des Kaiserswerther Mutterhauses. Die in den Briefen der Friederike Fliedner reflektierten Problemkreise haben die Geschichte der Mutterhäuser durch Jahrzehnte belastet:

- Diakonisse in der Arbeitswelt und als Trägerin eines kirchlichen Amtes
- Ortsgemeinde und diakonische Tätigkeit
- Umfassende Bildung der Diakonissen – aber "Dienst ohne Worte"
- Der innere Kreis, die Schwesternschaft
- Formen des Glaubenslebens
- Gehorsamspflicht in fremdbestimmten Strukturen
- Die Rolle der Oberin in Konkurrenz zum Vorsteher.

Anna Sticker trägt die Ergebnisse ihrer Friederike-Forschungen in einem Buch zusammen, gedacht als Hilfe beim Nachdenken darüber, wie es mit den Mutterhäusern weitergehen soll. Sie muß dieses Quellen-Werk 1961 ohne den Segen ihres Hauses herausgeben. Jetzt, zum 150. Geburtstag des Kaiserswerther Diakonissenwerkes, will sie in einer überarbeiteten Zusammenfassung den entscheidenden Beitrag der Frau bei der Entwicklung dieses wesentlichen Zweiges weiblicher Berufsmöglichkeiten erneut unterstreichen. Beide – Friederike Fliedner und Anna Sticker – haben Wichtiges dazu zu sagen.

Maria Kiss
(M. Kiss ist Krankenschwester und Diplompädagogin. Sie leitet den Pflege- und Erziehungsdienst der Rotenburger Anstalten der Inneren Mission.)

Ja zur Ehe – Glückliche Lösung

Die Werbung

28 Jahre alt war Friederike Münster, Erzieherin an der Rettungsanstalt Düsselthal, als sie den nachstehenden Brief des Pfarrers Fliedner erhielt. Ein merkwürdiger Werbe-brief, diese in einer gleichmäßigen und doch lebendigen festen Schrift geschriebenen Blätter. Sprechen sie für, sprechen sie gegen den Schreiber?
28 Jahre alt war Theodor Fliedner, Pfarrer der kleinen protestantischen Gemeinde in Kaiserswerth, als er jenen Brief schrieb. Er wußte, was er wollte. Friederike Münster war ihm begegnet, als er eine Betreuerin für die gefangenen Frauen im Düsseldorfer Gefängnis suchte. Er hatte sie in Düsselthal in ihrem Wirkungskreis unter den verwahrlosten Mädchen beobachtet und wurde gewiß, in ihr die ebenbürtige, verständnisvolle und fähige Lebensgefährtin zu finden.

An Demoiselle Münster Wohlgeboren in Düsselthal, Kaiserswerth, 14. Januar 1828
Verehrteste Demoiselle, es ist mir in den letzten Wochen des verflossenen Jahres das Glück zuteil geworden, Sie kennenzulernen. Die Achtung, die mir das einstimmige Lob Ihrer Bekannten schon vorher gegen Sie eingeflößt hatte, verwandelte sich nun in hohe Verehrung, als ich Ihre unermüdete Berufstreue und Ihren aufopfernden Sinn, für des Herrn Ehre und der Seelen Heil zu wirken, Ihr gläubiges Festhalten an seiner Gnade mit weiser Besonnenheit gepaart, erkannte. Aus dieser Verehrung hat sich eine innige Neigung und Liebe zu Ihnen in meinem Herzen entwickelt, die ich nach reiflicher Prüfung vor dem Herrn nur als eine Gnadenführung seines Geistes ansehen kann, der ich zu folgen habe. Wenn ich daher hierdurch anzufragen wage, ob ich auf einige Erwiderung meiner Neigung hoffen dürfe, ohne daß ich noch einen Grund zu solcher Hoffnung habe, so werden Sie die Kühnheit meiner einsamen Lage zugute halten, die mir so selten die Freude, Sie zu sehen, vergönnt hat.
Ich fühle es lebhaft, und es ist meine Pflicht, es Ihnen zu sagen, daß ich Ihnen nur ein treues und liebendes Herz, aber wenig für Fleisch und Blut Anziehendes zu bieten vermag.
Ein Seelsorger, der treu erfunden werden will, muß allen Eitelkeiten und Bequem-lichkeiten so sehr absagen, so wenig für sich und so viel für andere leben und sorgen, daß er weder Güter der Erde zu sammeln noch ihrer nach Weltart in Ruhe zu genießen denken darf. Soll die Pastorin ihren Beruf ausfüllen und ihm eine wahre Gehilfin sein, so darf sie in jenem Verleugnen der Welt und ihrer Lust nicht zurückbleiben, muß ebenfalls mehr für andere als für sich leben und sorgen und außer der Erfüllung ihrer hausmütterlichen Pflichten in gewisser Hinsicht Gemeindemutter sein, Arme und Kranke mit Liebe pflegen helfen und in diesem Seelsorgen ihre Freude finden. Zwar weiß ich, daß Ihnen solche Arbeiten keine Last, sondern eine Lust sind, da Sie dieselben bisher in ähnlichen Verhältnissen mit Freudigkeit geübt haben. ...

Wenn Pflichten gegen Weib und Pflichten gegen den Herrn in Kollision kommen, so ist es sowohl göttliches Gebot als auch mein ernster Vorsatz, den letztern Pflichten alle andern nachzusetzen und somit des Apostels Meinung zu erfüllen: Die da Weiber haben, daß sie seien, als hätten sie keine. ...

Eine Eigenschaft von mir darf ich nicht unberührt lassen, daß ich nämlich das Recht des Mannes, Herr im Haus zu sein, mit Festigkeit zu behaupten gewohnt bin. Dies lautet abschreckend, ich muß mich daher näher erklären. Auch ich halte es für christliche Pflicht der Ehegatten, daß sie wechselseitig einander zuvorkommen in Nachgiebigkeit, Sanftmut, Gefälligkeit und Dienstfertigkeit, und jeder lieber des andern Willen als den seinen tue. Allein es kann im engen Zusammenleben Fälle geben, und es gibt solcher in jedem, wo in streitigen irdischen Dingen jeder Ehegatte das Recht glaubt auf seiner Seite und das Beste erwählt zu haben, und doch nur einer der beiden verschiedenen Willen ausgeführt werden kann. In solchen Fällen glaube ich nun, daß der Wille des Mannes vorzugsweise gelten und die Frau nachgeben müsse, nach menschlichem und göttlichem Recht, wenn das Wort anders irgendeinen Sinn hat: daß die Weiber ihren Männern untertan sein sollen, und ich halte in solchen Fällen auf Ausübung der Rechte des Mannes, natürlich solange nur, bis ich eines Bessern überzeugt werde. Würde nun die Frau hier ihren Willen behaupten wollen oder nur unwillig und unfreundlich, mit sichtbarem Widerwillen nachgeben, dann würde das freilich eine Verstimmung in die Harmonie des ehelichen Lebens bringen, die lange darin nachtönen und widrige Eindrücke in beider Herzen könnte haften lassen; dadurch sie beide im Vorwärtsschreiten auf dem Weg des Herrn hindern und ihren Hausgenossen, wie der Gemeinde ein schädliches Exempel geben würde. Dagegen würde ein williges, freundliches Nachgeben der Gattin um des Herrn willen mich, wenn ich Unrecht hätte, am leichtesten zur Einsicht und Gestehen meines Unrechts bringen. ...

Meine übrigen äußeren Verhältnisse und meine Art zu sein und zu leben kennen Sie. Ich habe hinreichendes Einkommen, um bei weiser Sparsamkeit und christlicher Genügsamkeit eine Familie ohne Nahrungssorgen zu ernähren.

Obgleich ich noch von dem Segen meiner Mutter und Sie noch von dem Ihrer Eltern abhängen, so darf ich doch wohl in jedem Fall bitten, mir in einigen Tagen spätestens gütige Antwort zukommen zu lassen, damit ich im günstigen Fall Ihnen recht bald mündlich ausdrücken könne, mit welcher Liebe und Verehrung ich bin Ihr Theodor Fliedner.

Hinter der ausführlichen Anfrage steht die Absicht, gegenüber der gleichalten, sehr selbständigen Frau von vornherein klare Verhältnisse zu schaffen. Zwei Tage später ging nachstehende Antwort ein:

An Herrn Pastor Fliedner in Kaiserswerth, Düsselthal, 16. Januar 1828
Geehrtester Herr Pastor, so unerwartet mir auch Ihr Schreiben vom 14. sein mußte und so schwer solch ein Schritt sein kann, hat die Art Ihrer Anfrage mir weiter kein Bedenken übriggelassen, und meine Seele fühlt sich ruhig. Gläubig kann ich Ihre Hand annehmen, obgleich ich mich derer nicht wert halte, und meine Seele ist voll Lobens und Dankens gegen den, der mich so wunderlich geführt. Ich weiß weiter

nichts, als daß ich nicht wert bin aller Barmherzigkeit, die Gott an mir getan hat und noch tut.

Gern möchte ich Ihnen eine passende Antwort geben auf Ihr weit umfassendes Schreiben; aber einesteils gebricht es mir an Kraft, und ich vermag auch keine ruhige Stunde zu gewinnen; aber das verspreche ich Ihnen, daß ich dieses Schreiben noch recht oft und mit Segen zu lesen gedenke. In allem kann ich miteinstimmen; nur das weiß ich nicht, ob ich die Gehilfin sein werde, die der Herr Ihnen gern zu seinem Dienst bereitete. Auch hier verlasse ich mich allein auf Ihn – hat Er Sie geführt und geleitet, was ich glaube, so muß Er mir beistehen und mir auch in der neuen Laufbahn seine Wege zeigen.

Nur darauf verlaß ich mich, daß Sie es als Weg des Herrn erkennen. Was Sie von unsern lieben Freunden gehört, möchte mich umstürzen; das fühlte ich immer, daß Sie mich höher halten, als ich bin. Ob es an meiner Art liegt, wie ich meine Verderbtheit versteckt halte, oder an ihrem Blut, das kann ich nicht gehörig unterscheiden; ich glaube an beiden.

In die Hand des Herrn lege ich mich mit allen meinen Wünschen und Neigungen und bitte Ihn, Er wolle sie reinigen, läutern und heiligen. Dieses erbitten Sie auch für Ihre schwache Friederike Münster.

So unerwartet ihr Fliedners Werbung kam – das hat ihm Friederike Münster also abgenommen, daß er sich nicht von Stimmung und Gefühlen, sondern von Gott leiten lassen wollte. Es ist bezeichnend für die Ebenbürtigkeit ihres Wesens, daß gerade die sachliche Art seiner Anfrage ihre Bedenken zerstreute. In dem Vertrauen, daß Gott sie diesem Mann als Gehilfin seines Lebens und Berufs zugeführt hatte, gab sie eine bedingungslose Zusage.

Die Briefe sind, jeder in seiner Art, kennzeichnend für die beiden Menschen, die das Frauenwerk in Kaiserwerth ins Leben gerufen haben. Was der erste Brief der Friederike Münster an den geehrtesten Herrn Pastor noch verbergen könnte, wenn es nicht die kräftige Handschrift enthüllte: es ist nicht die Fügsamkeit einer zarten, frommen Seele, vielmehr das Ja einer starkherzigen Frau. Sie ist bereit, furchtlos und ohne Rücksicht auf sich selber, den neuen Weg zu gehen. Das verrät auch die Widmung ihres Tagebuchs:

Dir gebe ich dies mit der Bitte zu unserm lieben Herrn, daß er unsere Seelen desto mehr vereinigen wolle, daß wir auf Erden eins werden und vereint das Himmelreich an uns reißen. Es leidet Gewalt, und die es an sich ziehen, *denen* gibt er Macht, Gottes Kinder zu heißen.

Vereint das Himmelreich an sich reißen – dies Wort zeigt das Ziel der Friederike Münster auch in ihrer Ehe. Die Lebensgemeinschaft dieser Ehe wird von Anfang an eine Dienstgemeinschaft sein, die schließlich aufgeht in einer Pflanzschule für christliche Pflegerinnen, *einer Bildungsanstalt für* Arbeiter in Gottes Weinberg, die sammeln, verbinden, warten und tragen, die die Schlummernden wecken – durch dich, Herr Jesus.

Haus Münster am Burgberg

Wer war Friederike Münster?

Erbe des Vaters

Eine schwere Jugend hat Friederike Münster hinter sich, sie, die Älteste, die am meisten des Vaters Not mittrug. Andreas Münster, geboren 1775 in Braunfels, hat selbst seine wechselvolle Lebensgeschichte aufgezeichnet. In den Schriftzügen des 72jährigen Mannes findet man deutlich die Schrift der Tochter vorgegeben – so war sie also des Vaters Tochter! Ein reiches, aber schweres Erbe.

Auf den Tag meines zurückgelegten fünften Lebensjahrs ging ich zur Schule. Außer der ganz einfachsten Fibel von acht Blättern wurde der Heidelberger Katechismus mein Buchstabierbuch; die Evangelien, dann die Psalmen mein Lesebuch – ohne eine Silbe, noch weniger einen Satz zu verstehen oder auch nur irgendein erläuterndes Wort vom Lehrer zu hören. Nach meinem zurückgelegten neunten Jahr, wurde ich zum Ersatz meines Bruders zum Feldbau herangezogen und in der Schlächterei eingestellt. So kam das vierzehnte Jahr heran, und es wurde, solange die Feldarbeiten dauerten, an keine Schule gedacht. Nach dem zwölften Jahr war ich Schlächter für meine Mutter, die das Fleisch verkaufte. Aber das Einkaufen und Herbeibringen des Viehs ruhte bei dem Feldbau auch auf mir. *Der völlig ungebildete, aber wissensdurstige Knabe hatte es sich in den Kopf gesetzt, Lehrer zu werden, und der Fürst Wilhelm von Solms-Braunfels hatte dazu eine Beihilfe gegeben.*
Meine Mitschüler holte ich nicht nur ein, ja, ich übersprang sie bald, und das Prädikat eines fleißigen Schülers wurde mir. So arbeitete ich wohl anderthalb Jahre und hatte auch wohl erlernt, was mir als künftigem Schulmann fehlte. Ich machte mir einen Lehrplan, teilte meine Zeit von morgens 4 Uhr bis abends 10 Uhr in die mir notwendigen Arbeiten und hielt mich fest daran. Meine Gesundheit litt nicht dabei, da bei äußerst magerer Kost und sechs Stunden Schlaf der sonst an schwere Arbeiten gewohnte Körper sich genügte.
Als der Bruder kein Geld für den Unterhalt mehr bewilligte, gab er in verschiedenen Familien Privatstunden und schrieb nächtlich Noten ab. So trieb er das wohl an zwei Jahre. Dann wurde ihm vom Fürsten angeboten:
wenn ich mittags und abends als Lakai an der Tafel aufwarten wolle und in seinem Vorzimmer schlafen, sogar freier Tisch und einfache Hauskleidung bewilligt. Dabei sollte mein Unterrichtgeben und -nehmen ungehindert seinen Fortgang nehmen; *so kam Münster 1793 auf Schloß Braunfels.* Des Mittags ging ich an den mir angewiesenen Tisch, wo die bloß weibliche Tischgenossenschaft mich recht freundlich empfing. Den 14. Dezember 1797 wurde mir auf den Geburtstag des jetzigen Fürsten zu Braunfels die Anstellung an der dortigen neufundierten Mädchenschule mit 150 Gulden *jährlichem* Gehalt. Es war damals das Gehalt eines Schullehrers eins der geringsten Gehälter. Ich war außerordentlich dankbar gegen Gott und den Fürsten,

aus meiner Lage und in Verhältnisse zu kommen, die meinen heißesten Wünschen entsprachen. Besonders aber wurde meine Freude erhöht, daß deine Großmutter sich entschloß, mein Schicksal zu teilen und am 1. Januar 1798 vor Gott und der Welt die treu gebliebene Hand als Gattin reichte – *die 28jährige Frau dem 23jährigen Mann* –, bis an ihren Tod 1816 am 12. März.

1809 wechselte ich meine Stelle vom Mädchen- zum Knabenschullehrer und damit meine Besoldung von 150 auf 450 Gulden einschließlich Naturalien; durch Privatunterricht 240 Gulden, Summe 690 bis 700 Gulden. Damals waren 5 Kinder, mein Vater, deine Urgroßmutter, eine Magd mit deiner Großmutter, *Frau Münster*, und mir, also 10 Personen, mit allen Bedürfnissen zu er- und unterhalten. Dazu kamen von 1798 bis Ende 1815 Einquartierung und Kriegsabgaben.

1814 starb mein Vater. *Krankenpflege hat Friederike Münster früh gelernt. 1813 war jeder dreizehnte Einwohner von Braunfels dem Flecktyphus erlegen. Er ergriff auch Frau Louise Münster und führte auch am 13. März 1816 sie 46 Jahre alt zu frühem Tod. Seiner Ältesten, der Friederike, kaum 16 Jahre alt, fiel nun die Erbschaft der mütterlichen Sorge für ihre sechs Geschwister und die 76jährige Großmutter anheim.*

Im Mai 1816 erhielt Andreas Münster das Angebot der Rentmeisterei Altenberg. Im Sommer mußte er schon die Landwirtschaft übernehmen und konnte am 1. September mit seinem Haushalt einziehen. Zugleich war er Kastellan, Schultheiß und Viehhändler.

Oft, wenn ich die Last *der jungen Friederike*, als Vorsteherin von zwei Knechten, zwei Mägden und ihren sechs Geschwistern mit der Großmutter und mir bedachte, so mußte mir bei all ihrem Ernst ihre Jugend, besonders in Beziehung der Hofhaltung, bange machen. Mein Beistand und Aufsehen in dem Haushalt und als Vater bestand nur in Worten. Im Sommer verließ ich um fünf, in der Heuernte sogar um zwei Uhr und im Winter mit dem Tag das Haus, um Wald, Feld und Wiesen, ein Revier von 1600 Morgen zu kontrollieren und die Arbeiter anzustellen, und selten des Mittags vor 12 Uhr kam ich wieder unter die Meinigen zu Tisch.

Am 1. Dezember 1817 heiratete Andreas Münster Magdalene Böttger, Tochter eines Arztes und Professors und brachte den Seinen eine Mutter und seinem Gesinde eine umsichtige Vorsteherin des Hausregiments.

Bei aller übrigen Tüchtigkeit war Andreas Münster leider nicht in der Lage, das Rechnungswesen der Rentei zu führen. Bei einer Revision stellte sich das hohe Defizit von 1600 Gulden heraus. Er war bis zur Verzweiflung unglücklich. Der Fürst trug auf vorläufige Dienstenthebung an, und er wurde, ohne gehört zu werden, zunächst seines Dienstes enthoben und auf halbes Gehalt gesetzt. Ihm blieb nichts anderes übrig, als um die Wiederherstellung seines guten Rufs Klage vor Gericht zu führen. Wie er die Prozeßkosten errungen und seine Söhne auf der Ingenieurschule, auf der Universität, auf der Bergschule, auf dem Gymnasium und in der Lehre unterstützt, davon schreibt er nichts. Seine Kinder waren wie er von Jugend auf an Arbeit und an die einfachste Lebensweise gewöhnt.

Diese große Willenskraft und die nahezu unverwüstliche Gesundheit hat Andreas Münster auch seiner ältesten Tochter Friederike auf den Lebensweg als Vätererbe mitgegeben. Die notvollen Jahre der Münsterschen Familie haben das Ihre dazu beigetragen, sie, die Älteste von den sieben Kindern aus erster Ehe, früh für den Ernst des Lebens heranreifen zu lassen.

Die beiden Prozesse, die Andreas Münster um seinen guten Ruf führte – den einen hatte er in erster Instanz gewonnen –, zogen sich hin. Im Anfang des Jahres 1828, als sich die Lage auf dem Altenberg immer mehr zugespitzt hatte, trafen die Bitten Theodor Fliedners und Friederike Münsters um Einwilligung in ihr Ehevorhaben dort ein.

Andreas Münster hat sein geliebtes Riekchen, das am meisten mit ihm getragen und seine und fremde Schuld mit ihm gelitten hat, dem Kaiserswerther Pfarrer gern gegeben.

Altenberg

Braunfels und Altenberg – Freunde

In dem schönen Münsterschen Fachwerkhaus am Burgweg in Braunfels verlebte Friederike Münster ihre Kindheit. Sie war am 25. Januar 1800 als erstes Kind geboren. Nach dem frühen Tod ihrer Mutter hat sie dem Vater den Haushalt geführt und die sechs Geschwister von vierzehn bis zu vier Jahren nebst der Großmutter betreut. Dann kam der Umzug von Braunfels auf den Altenberg, einem ehemaligen Prämonstratenserinnen-Kloster, zwei Wanderstunden lahnaufwärts. Als Magdalene Böttger als neue Mutter einzog, war die Stellung der Friederike nicht einfach. Sie fand jedoch Freunde, die ihr Leben entscheidend beeinflussen sollten.

Die Grafen von Solms-Braunfels, die seit 1582 der reformierten Lehre zugetan waren, haben sich durch die Jahrhunderte um das kirchliche Leben ihres Ländchens bemüht. Die Gemeinden kannten ihren Heidelberger Katechismus fest auswendig und waren zugleich offen für das lutherische Erbauungsschrifttum ihrer Zeit.
Solche Frömmigkeit war in dieser Zeit, der Zeit Goethes, des philosophischen Idealismus und des Rationalismus, nicht selbstverständlich. Die jungen Pfarrer, auch Theodor Fliedner, brachten vom christlichen Gymnasium, von der Universität und den Predigerseminaren ein rationalistisches Christentum mit. Da nannte Fliedner in seinem Abituraufsatz den Jünger Simon Petrus einen entschlossenen Freund und mutvollen Bekenner des Rechten und Wahren mit einem Gemüt, das von Liebe und dankbarer Anhänglichkeit an seinen göttlichen Freund und Wohltäter glühte.
Der neunzehnjährige Kandidat der Theologie bat um Erleuchtung des Verstandes und um Erwärmung der Herzen mit frommen Gefühlen, daß sie begeistert werden für Wahrheit und Tugend. Er *gab seiner Predigt über das* Scherflein der Witwe *das Thema:* Nachahmungswürdiges Beispiel evangelischer Wohltätigkeit, *und schloß sie mit dem Ausruf, daß* Wohltun und Menschenbeglücken unsere höchste Seligkeit sei.

Die Gemeinden aber des Braunfelser Ländchens hatten sich ein schlichtes Bibelchristentum bewahrt. Das machte sie bereit, für den Ruf der Zeit, Glauben und Liebe tätig sein zu lassen. Zwischen den Gemeinden und den jungen Werken der Innern und Äußern Mission spannen sich die Fäden hinüber und herüber.
Im November 1821 war der zwanzigjährige Tuchmacher Ludwig Göbel aus Braunfels an das Basler Missionshaus gegangen, das junge Glaubenswerk am Oberrhein. Als dann 1823 der sechs Jahre ältere Jurist Immanuel Traub dort eintrat, schlossen sich die beiden eng aneinander an. Beide wurden von solch einem Feuer durchglüht, daß ihnen die geordnete Ausbildung einer Missionsanstalt mit ihren vielen Anforderungen je länger, je mehr als ein Hemmnis erschien. Sie fühlten sich von Gott gerufen, auf apostolischem Weg ohne den äußeren Halt einer Missionsgesellschaft nach Südrußland zu gehen. Auf ihr wiederholtes, ernstes Drängen wurden sie am 27. Oktober 1824 von dem Komitee entlassen. Man nahm es ihnen ab, daß sie es ernst und treu mit der Sache Christi meinten, und geleitete sie mit Gebet auf ihren neuen Weg.
In und um Braunfels bildete sich ein fester Kreis von "Geschwistern", zu denen auch die Altenberger gehörten. Friederike Münster wurde durch die Entschiedenheit dieser

beiden jungen Männer in der Tiefe ihrer Seele getroffen; das war Geist von ihrem Geist. Ihre Freundin Katharine Göbel war eine Verwandte des Tuchmachers Göbel, der öfter auf dem Altenberg einkehrte. In dem Winter 1824 auf 1825 war die Not der Altenberger bei aller Einschränkung durch den schweren Prozeß auf das höchste gestiegen.

Nachdem viele Ausgaben an Gerichtskosten waren, auch um Zinszahlungen angefragt wurde, ward eines Abends in Beratung mit deiner Urgroßmutter, Großmutter, Großonkel und mir guter Rat teuer. Woher 500 bis 600 Gulden nehmen? Friederike besorgte mit Katharine Göbel den Haushalt. Keins wußte einen Ausweg, wir saßen seufzend: Gott, du wirst helfen. Da klopfte an die Tür, und auf das Herein trat der Vetter von der Kathrinchen, Heinrich Göbel, ins Zimmer, ganz durchnäßt, mit dem freundlichsten Guten Abend, dabei ein Säckchen auf den Tisch setzend mit den Worten: Aus Liebe! – Was!! Woher? Von wem? Ich habe von keinem Menschen Geld zu hoffen. So nehmen Sie es denn aus der Hand des Herrn, war die Antwort des Bringers. Wir alle lagen im Staub vor Gott, dem Retter und Nothelfer.

Ich bat, den Geber mir zu nennen, aber es wurde mir keine Antwort, nur die Bitte um Bescheinigung des Empfangs. Es waren 800 Gulden – also mehr, als ich bedurfte, um meine Verlegenheit zu beseitigen. Traub hatte 500 und Reichard 300 Gulden gegeben.

Von diesen Zusammenhängen ahnte Friederike Münster zunächst nichts. Aber es prägte sich ihr tief ein, wie die beiden jungen Menschen ohne Geldmittel, gestützt allein auf das Vertrauen zu Gott, nach Südrußland aufbrachen.

Die Briefe, die aus immer weiterer Ferne kamen, ließen Friederike Münster die Erlebnisse ihrer Freunde teilen. Der Weg führte die beiden von Leipzig nach Berlin, Breslau, Posen, Bromberg, Marienberg bis Königsberg, wo sie nach drei Monaten ankamen, gleichsam von Hand zu Hand weitergegeben. Durch ihre Briefe erfuhr sie, wie es ein auf keiner Karte aufgezeichnetes, geheimes Stützpunktsystem für solche sonderbaren Boten gibt. Die durch den Glauben an Jesus zusammengehören, sind bereit, einander auch die nötigen äußern Hilfen zu geben. Sie kämpfte im Gebet mit den Missionaren um den Glauben, sich auch durch widrige Umstände nicht vom Ziel abbringen zu lassen: Weder von Breslau noch von Memel aus konnten die Missionare nach Rußland herein. Schließlich fuhren sie mit einem Segler nach Kopenhagen, wo sie ein Schiff nach Petersburg besteigen konnten. Dort kamen sie Anfang August 1825 an. Aber es war ein ernstes Unternehmen, im orthodoxen Rußland protestantische Mission zu treiben.

Die beiden Missionare haben das ersehnte Ziel, die Krim, nicht erreicht. Ende 1828 ist Immanuel Traub in Petersburg seiner Lungenkrankheit erlegen. Ludwig Göbel kehrte zurück und wurde Armenschullehrer in Hinterpommern. Friederike Münster aber bewahrte ihre Briefe, die in Abschrift auch an ihren neuen Wirkungsort, nach Düsselthal, gelangen werden. Der letzte ist gleichsam das Vermächtnis dieser glaubenseifrigen Männer: aus der Weite ihrer Pläne wurden sie in ein enges Haus voll Kinderelend geführt, dort ihren Glauben und ihre Liebe zu beweisen.

Petersburg, den 24. Juni 1826, Gott hat uns ein großes Feld gezeigt; dies Feld ist die große Anzahl armer deutscher Kinder, die in einem sehr traurigen Zustand sind. Schon seit Ostern bin ich bei einem lieben Bruder, der in seiner Schule über dreihundert Kinder hat. Es gibt hier sehr viel zu tun. Friederike Münster kann euch das wohl schon aus Erfahrung sagen. Teilt ihr diese Nachricht von uns mit, denn wir möchten gern hören, wie es mit den Kinderanstalten in Deutschland geht. Grüßt sie herzlich von uns sowie auch den Grafen von der Recke. Der Herr segne sie und alle ihre lieben Kinder.

Totaler Einsatz – Entlassen

Eine gute halbe Stunde weit von Düsseldorf liegt in einer fruchtbaren Ebene, die nach Osten von dem Grafenberg begrenzt wird, am Düsselbach die 1802 säkularisierte Trappistenabtei Düsselthal. Die Gebäude, Gemüse- und Obstgärten umfassen 36 Morgen und weitere 80 Morgen Acker- und Wiesenland. In diesem ehemaligen Kloster hatte der menschenfreundliche Graf von der Recke-Volmerstein im Jahr 1822 eine Rettungsanstalt eingerichtet. Sein Herz schlug für die verwahrlosten Kinder, die nach den Befreiungskriegen bettelnd über die Landstraßen zogen. Nach dem Neubau eines dreistöckigen Mädchenhauses konnte die Anstalt insgesamt 60 Mädchen und 90 Knaben und junge Leute aufnehmen. Mit dem Kinderrettungswerk war eine Proselytenanstalt verbunden, ein Heim und eine Handwerkerschule für zum Christentum übergetretene jüdische junge Männer.

Der Graf treibt das Werk, um seine Worte zu wählen, "zur Verherrlichung des Heilands Jesus Christus; er will sie, die zum Teil kleine Teufel sind, säubern und dem Heil des Evangeliums zuführen". Es ist nicht zu verkennen, daß alle, die hier für die Jugend wirken: Lehrer, Aufseher, Handwerkermeister, Gehilfen und Dienstboten, mehr oder weniger bemüht sind, sich die Gesinnungen der fürsorgenden Liebe anzueignen. Einen reichlichen Erwerb kann hier keiner suchen. Es geht alles spärlich und ärmlich her; aber es ist im ganzen an den Kindern zu bemerken, daß sie sich von dem Geist der Liebe angeweht fühlen.

Dies Liebeswerk des Grafen von der Recke am Niederrhein war auch im Nassauischen nicht unbekannt geblieben. Regelmäßig gingen Gaben nach Düsselthal. Ein ehemaliger Braunfelser Kreisschreiber war dort als Aufseher bei den Knaben. Auch in Friederike Münster war der Wunsch geweckt, dort zu helfen.

Graf von der Recke an Friederike Münster, Düsselthal, 3. April 1826
Ihr zutrauliches Briefchen, liebes Friederikchen, hat auch mir Zutrauen zu Ihnen eingeflößt, wenngleich ich Sie auch so sehr lange auf Antwort warten ließ, was mir recht leid tut. Ich habe Ihrem lieben Vater näher geschrieben. Haben Sie aber Lust und Geschicklichkeit, eine Lehrerin bei meinen Kinderchen zu werden, so ist jetzt Gelegenheit dazu, da in diesen Tagen eine fortgeht, so sagen Sie mir es bald. Erwägen Sie aber auch, was dazu gehört: hauptsächlich brennende Liebe zu unserm Heiland und zu den Kindern und ein demütig kindlicher Sinn. Mir muß es natürlich höchst wichtig sein, eine recht passende Person zur Lehrerin zu haben, und lieber würde ich Sie auf Probe nehmen, wenn Sie sich das gefallen lassen wollen. Dann wäre es mir aber lieb, wenn Sie recht bald herkämen oder es mir gleich abschreiben. Nun, überlegen Sie es. Der Herr ist unser Rat und Weisheit.

Friederikes zehn Jahre jüngere Schwester Luise war groß genug, um der zweiten Mutter im Haushalt beizustehen. So trieb es Friederike Münster auf einen eigenen Weg. Ihre frühe Selbständigkeit mochte es ihr gegenüber der zweiten Mutter nicht immer leicht gemacht haben. Auch die Großmutter Münster ließ nicht gern etwas gelten, was ihren Wünschen zuwider war. Friederike vertraute ihre Not ihrem Tagebuch an. Da heißt es am 1. Mai 1825:

Wie schwer mir fällt zu gehorchen, hast du mir in diesen Tagen gezeigt. Wie gern folgte ich nur bloß meinem Sinn. Zuwider ist es mir, bekennen zu müssen, daß ich hier ganz und gar andern Sinns muß werden. Wie leicht ist das Joch, das du, o Jesus, mir auflegtest: nur Menschen, von denen ich weiß, wie sie mich lieben, verlangen von mir Gehorsam und Unterwürfigkeit, und doch möchte ich meinem Sinn folgen. Ach, Herr, vergib mir, und gib, daß ich alles, alles lerne tun ohne Murren. Lehre du mich. Du siehst, wie sich mein Ich empört. Lehre mich Unterwürfigkeit, gib mir Gehorsam gegen die Eltern, nicht aus Zwang, sondern aus Liebe gegen dich. Denn auch du, hohes Vorbild, warst untertan.

Wohl im April 1826 verließ die nunmehr 26jährige Friederike Münster auf die Aufforderung des Grafen von der Recke hin ihre Heimat, um ihre Aufgabe an den verwahrlosten Mädchen in Düsselthal zu finden. Schon im September jedoch wurde sie schwer krank. Fünf Wochen schwebte sie zwischen Leben und Tod und kam lange nicht wieder zurecht. Bei der Krankheit – Geschwulst und heftigste innere Krämpfe – dürfte es sich um ein Frauenleiden gehandelt haben.
Der Pfarrer der Düsselthaler Anstalten, Wilhelm Schmidt, der ihr während ihrer Krankheit ein treuer Seelsorger war, sagte von ihr, er habe während seiner langjährigen Seelsorgepraxis keinen Menschen gefunden, der, vor den Pforten der Ewigkeit stehend, sich so klar seines Verhältnisses zu dem Allheiligen bewußt gewesen, solche innige Gewißheit der Versöhnung und solchen Seelenfrieden genossen. Ende Februar fielen mit den ersten freundlichen Sonnenstrahlen auch die Strahlen der Hoffnung in ihre Seele. In dieser schweren Krankheitszeit sind die biblischen Betrachtungen aus dem Schatzkästlein von Johannes Goßner ihre Hilfe gewesen. Das Wort aus 2. Mose 15: Ich bin der Herr dein Arzt, *hat sie sich groß auf die erste Seite eingetragen:* Am Fiebertage meine Freude und Wonne…

Im März schrieb Graf Werner: Im Mädchenhaus haben wir sechzig rohe, wilde, rasende Mädchen, aber keine liebende Persönlichkeit; ob die Münster wieder Lehrerin werden kann, steht dahin. *Im April schrieb Friederike an ihren besorgten Bruder Wilhelm:* Meine Hoffnung wächst mit jedem Tag, daß ich wieder ganz gesund kann werden. Ich laufe fast den ganzen Tag in der Luft herum und fühle mich gestärkt und munter, einzelne Krankheitszufälle verspüre ich noch. *Endlich im Mai konnte sie ihre Arbeit aufnehmen und schlief auch wieder mit ihren Mädchen auf dem Schlafsaal.* Ich bin munter, aber doch etwas hinfällig. Sei zufrieden, auch meinetwegen. Der Vater im Himmel konnte mir keine liebere Stelle anweisen als diese, und glaubst du, sie sei manchmal zu schwer für mich, so sage ich dir, ich könnte nichts Leichteres brauchen. Ich freue mich unbeschreiblich der Kinder, und es kann keine falsche Freude sein, weil sie geprüft ist.

Viel Leid *teilte Friederike Münster mit ihren Pflegebefohlenen und ihren Mitarbeitern, aber auch viel* bleibende Freude *und wußte sich schließlich der Anstalt so verbunden, daß sie sich* ein Leben ohne Düsselthal nicht mehr denken konnte.

Von Mitte September 1826 bis Mitte Juli 1827, volle zehn Monate, war Graf Adelbert abwesend – auf Hochzeitsreise. (Während seiner Abwesenheit hatte sein Bruder, Graf Werner, die Leitung des kaum fünf Jahre alten, schnell gewachsenen Werks übernommen. Nach des Grafen Rückkehr zeigte es sich, daß trotz seiner außerordentlichen Fähigkeiten ihm seine Pläne über den Kopf gewachsen waren. Die Mißstände in Düsselthal wurden Stadtgespräch bis ins Wuppertal und darüber hinaus. Fliedner, dem nüchternen Pfarrer in Kaiserswerth, der jedem seiner Unternehmen von vornherein eine durchdachte wirtschaftliche Grundlage gab, mußte der Graf in seinem Wesen fremd bleiben. Er konnte nicht anders, als sich auf seiten seiner Gegner stellen, des Anstaltspfarrers Schmidt, des Arztes, des Verwalters, der Lehrer und der andern Beamten. Er gab ihnen nicht unrecht, wenn sie den vielen Unordnungen und Mißgriffen, die der Graf bei der Erziehung der Verbrecherkinder und der Verwahrlosten beging, damit begegneten, daß sie von ihm ein Mitbestimmungsrecht forderten. Andernfalls würden sie die Lage der Anstalt bei der Regierung anzeigen. Da der Graf das Ultimatum unbeantwortet ließ, nahm die Sache ihren Lauf. Schmidt machte die Eingabe an die Regierung in Düsseldorf, weil sein Gewissen ihn dazu verpflichtete. Die Regierung nahm sich der Sache an und gab ihm und den andern Bittstellern in allem recht, konnte aber freilich den Grafen nicht abhalten, den Pfarrer Schmidt aus seinem Amt zu entlassen.

Damit waren auch Friederike Münsters Tage in Düsselthal gezählt. Von natürlicher Lebhaftigkeit und mit einem klaren Blick, der sich nichts vormachen ließ – ihres Vaters Tochter – äußerte sie recht entschieden ihre Meinung. Sie war kein Mensch, sich aus dieser Sache herauszuhalten, zumal sie dem Pfarrer, der einer der Haupttreibenden der Anklage war, seit ihrer schweren Krankheit eng verbunden war. So entschloß auch sie sich, von Düsselthal zu scheiden. Die nicht zwei Jahre ihres dortigen Aufenthalts waren in jeder Hinsicht eine schwere Schule für sie. Welche Aufgaben und welche Anforderungen ein Anstaltsleben stellt, welche Möglichkeiten es bietet, welche Nöte und Gefahren es mit sich bringt, davon hat sie manches erfahren. Aber die selbstgewollte Trennung von dem Grafen schlug ihr eine tiefe Wunde. Sie hatte ja nicht nur die mancherlei Mißstände gesehen – sie hatte auch mit brennendem Herzen Anteil genommen an dem starken Gottvertrauen des Grafen und an seinem kindlichen Beten. Ich darf nicht an Düsselthal denken, sonst leidet mein Glaube fast Schiffbruch, schrieb sie zwei Monate später. Noch nach zehn Jahren, als Friederike Fliedner sich bereits als die fähige Vorsteherin der Diakonissenanstalt erwiesen hatte, wurde es ihr nicht leicht, an den Grafen zu schreiben: In Fliedners Abwesenheit traf im Juni 1838 eine Bitte aus Düsselthal ein um Ausgleich der obwaltenden Mißhelligkeiten wegen einer Lotte Pange. Mit schwerem Herzen erhellte sie die Verhältnisse von ihrem Standpunkt aus und dankte für alle Liebe.

Für alle Liebe – noch immer war ein Stück ihres Herzens mit Düsselthal verwachsen und blieb es, während die Männer im Gegensatz gegeneinander an ihren Werken reiften.

Ausweg aus der Zwickmühle

Pfarrfrau und Mutter

Am 1. Februar 1828 würde Friederike Münster Düsselthal verlassen. Was sollte werden? Eine Rückkehr nach Altenberg kam nicht in Frage. Infolge des Prozesses steuerte dort alles auf eine Katastrophe zu.

Als sie nach ihrer schweren Krankheit sich so langsam zurecht fand, hatte der Düsselthaler Anstaltsarzt de Valenti dringend für sie eine Luftveränderung gewünscht; er wußte, daß bei den schwierigen Geldverhältnissen der Rettungsanstalt nicht genug zu ihrer Pflege getan werden konnte, und wollte ihr auf diese Weise helfen. So war sie durch Vermittlung der ihr befreundeten Amalie Jacobi auf das Landgut Pempelfort gekommen. Dies lag eine Viertelstunde vor den Toren Düsseldorfs hinter dem heutigen Hofgarten. Die Genesende war ganz in die Familie des Regierungsrats Georg Arnold Jacobi aufgenommen worden. Dieser zweite Sohn des Philosophen Friedrich Heinrich Jacobi hatte das schöne Gut an der Düssel geerbt, auf dem einst Goethe, Herder und Hamann Gastfreundschaft genossen hatten. Anstelle des deutschen Idealismus hatte ein schlichter Bibelglaube dort Einzug gehalten. In der geistigen und geistlichen Luft des Hauses und im freundschaftlichen Verkehr mit der zwei Jahre jüngeren Amalie Jacobi und den andern Töchtern des Hauses hatte Friederike Münster sich sehr wohl gefühlt. Während dieses Aufenthalts in Pempelfort schloß sie sich eng an Amalie an, und sie blieben auch nach ihrer beider Verheiratung auf das herzlichste befreundet.

Als nun die Düsselthaler Angelegenheit stadtbekannt wurde, machte Jacobi der bedrängten jungen Münster das vom Standpunkt jener Zeit aus ehrenvollste und großmütigste Anerbieten, die Frau Geheimrätin in der Haushaltführung zu unterstützen und den Töchtern beim Kleidermachen zu helfen.

Das war ja die gegebene "Berufsmöglichkeit" einer unverheirateten Frau aus besserer Familie: der notvolle Weg, als fünftes Rad am Wagen sein Leben zuzubringen. So sehr Friederike Münster den Jacobischen Töchtern zugetan war – das war ihr klar, daß dies vornehme Haus ihr keine erfüllte Lebensstellung bieten würde. Sie wäre viel lieber einem andern Ruf gefolgt: dem einer Betreuerin der gefangenen Frauen im Düsseldorfer Gefängnis. Da Friederike Münster jedoch ihren Angehörigen kaum klarzumachen vermochte, warum sie Düsselthal verlassen mußte, konnte sie ohne weitere Beschwerung ihres Gewissens gegen den Willen der Eltern sich nicht auf etwas Neues einlassen. Die Brüder waren fast außer sich über diesen Einfall, und dem Vater entgingen noch nach Monaten tiefe Seufzer bei dem Gedanken, seine geliebte Tochter an einem solch unmöglichen Ort wie einem Frauengefängnis wirken zu sehen.

So blieb ihr denn nichts anders übrig, als mit Einverständnis der Angehörigen zum 1. Februar 1828 Jacobis auf unbestimmte Zeit zuzusagen, um versorgt zu sein. In dieser notvollen Lage erreichte sie der eingangs abgedruckte Werbebrief Fliedners, der ihr beides bot: Ehe und Beruf; der beides von ihr erwartete, die Hingabe an einen geliebten und verehrten Mann und zugleich die Hingabe an einen Auftrag in der Not der Zeit. Um dieses Auftrags willen war sie ja nach Düsselthal gegangen. In dem uns heute so merkwürdig anmutenden Werbebrief sah Friederike Münster sich ihr einen neuen Weg erschließen, dem sie mit Freuden zu folgen wagte, und sie dankte es Fliedner, der von vornherein für alle Verhältnisse klare Bahn zu machen suchte. Seinem festen Willen, den Beruf, der für ihn ein Ruf Gottes war, über die Ehe zu stellen, brachte sie von ihrem eigenen Ruf her das größte Verständnis entgegen.

Friederike Münster war dem unternehmenden Kaiserwerther Pfarrer von einem Kaufmann Wiering in Düsseldorf und dessen Schwester Sophie Wiering als Helferin für die schwierige Aufgabe an den Frauen im Düsseldorfer Gefängnis empfohlen worden. Daraufhin hatte er diese Düsselthaler Lehrerin aufgesucht und wohl in mehreren Begegnungen kennengelernt. Sie zeigten ihm, daß er mehr als eine Helferin gefunden habe, nämlich die ihm bestimmte Lebensgefährtin.

Wer war dieser Theodor Fliedner? Er stellt sich in seinem Werbebrief mit so treffender Selbstkenntnis und -erkenntnis vor, daß nur noch die äußeren Daten hinzuzufügen sind: als das dritte von elf Kindern der Pfarrersleute war er am 21. Januar 1800 in Eppstein, einer kleinen Stadt am Südhang des Taunus, geboren. Er verlor mit dreizehn Jahren seinen Vater, studierte Theologie auf den Universitäten Gießen und Göttingen und dem Predigerseminar Herborn, nahm vorübergehend eine Hauslehrerstelle in Köln an und traf am 18. Januar, drei Tage vor seiner Mündigkeit, in Kaiserswerth ein, um die dortige evangelische Gemeinde zu übernehmen. In den sechs Jahren seines Pfarramts hatte der vielseitige, zielbewußte junge Mann schon einiges unternommen. Eine vierzehnmonatige Kollektenreise für seine Gemeinde hatte ihn nach Holland und England geführt. Die Eindrücke dieser Reise veranlaßten ihn, eine interkonfessionelle Rheinisch-Westfälische Gefängnisgesellschaft mit dem Sitz Düsseldorf zu gründen; als deren Sekretär war er auf Friederike Münster gestoßen.

Wenige Tage, nachdem Fliedners überraschende Werbung an sie herangetreten war, schloß sie ihr 28. Lebensjahr ab; sie war nur um vier Tage jünger als der Brautwerber. Im Vaterhaus zu früher Selbständigkeit herangereift, hatte sie diese Selbständigkeit gerade jetzt in den Anstaltswirren Düsselthals bewiesen. Doch die Überlegenheit Fliedners, die Fülle seiner Gaben wie sein ganz auf ein großes Ziel angelegtes Wesen ließen bei ihr nur Staunen und Dankbarkeit aufkommen, daß sie die Seine werden sollte. So hat ihr auch Fliedners Hervorkehrung des Mannesrechts, Herr im Haus zu sein, keine Bedenken gemacht. Er wollte von vornherein ihrer lebhaften Entschluß-kraft und leidenschaftliche Entschlossenheit, die er für seine Pläne so gut gebrauchen konnte, für die Ehe Grenzen setzen.

Friederike Münster hat nur nach einem gefragt, nämlich ob das Angebot der Weg Gottes sei. Bereits indem sie so fragte, wurde ihr Gewißheit zuteil. Meine Seele fühlt sich ruhig, gläubig kann ich Ihre Hand nehmen.

Mit 28 Jahren steht Friederike Münster am Wendepunkt ihres Lebens. Sie ist gescheitert, und sie ist nicht mehr jung. „Ihre Anlagen hatten von Jugend an in ihr gearbeitet. Sie träumte von großen Dingen. Hätte sie ihre Träume verschwiegen, sie

hätte sich viel Leiden erspart. Ein hohes Vorgefühl beherrscht sie. Um so tiefer ist sie jetzt ihrer Bestimmung zuwider in die tiefste Tiefe gestürzt. Jetzt ist sie auf der rechten Probe. Wird sie da bewährt erfunden, führt sie die Vorsehung durch das Hinterpförtchen auf einmal aus einem Extrem ins andere."
An dies Zitat eines Zeitgenossen hatte die junge Münster sich einst gehalten. Es wird das Thema ihres Lebens sein. Jetzt, in der größten Tiefe, als sie Düsselthal verlassen mußte, als ihr die Heimkehr nach dem Altenberg versperrt, die Gefängnisarbeit versagt war und ihr graute vor der Sinnlosigkeit eines gesellschaftlichen Daseins, tat sich ihr in der Werbung des Kaiserwerther Pfarrers durch das "Hinterpförtchen" ein neues Leben auf. Anstatt nach Pempelfort kehrte sie doch nach Altenberg zurück, aber nicht um dort vergebens Zuflucht nach einem mißglückten Unternehmen zu finden, sondern als erwartungsfrohe Braut. Mit offenen Armen wurde sie von ihrem Vater, der ihr nach Herborn entgegengereist war, empfangen. Sie legte über die verworrenen Altenberger Verhältnisse den Morgenschein der Freude.

Seiner Hochwürden, dem Herrn Pfarrer Fliedner zur Kaiserwerth, Altenberg, 25. Februar 1828
Mein inniggeliebter Fliedner, wie dankte ich Gott, da ich gestern deine liebe Handschrift erblickte. Recht sehnlich verlangte mich danach. Die Trennung von drei Wochen ohne eine Nachricht von dir dünkt mir zu lange ... Die Freude des Wiedersehens stärkt und erquickt meinen Leib, und ich hoffe mit Zuversicht zum Herrn, daß Er mein Übel heilen wird und dir die Freude schenkt, daß ich verjüngt ganz dein werde ... Hier im Haus fand ich alles verändert. Die Großmutter weg, die Brüder weg ... Ich mußte mich an diese Stille und Ruhe erst gewöhnen. Meine Schwester – *Luise Münster* – hat in der Zeit meiner Abwesenheit die Haushaltung besorgen gelernt. So werde ich denn bedient, und manchmal erschrecke ich, was du sagen würdest. Da aber Küche und Kreuzgang sehr kalt und naß sind, so fühle ich, daß ich mich nun pflegen lassen soll, um nachher mit Gottes Hilfe desto treuer wieder arbeiten zu können ...
Wie danke ich dir für das liebe Brautkleid, das du mir durch Schwester*hand* hast zuschicken lassen, – ... Gleich nach dem Empfang des schönen schwarzen Zeugs konnte ich mir die Freude nicht versagen und schnitt das Kleid zu. Deine liebe herzliche Schwester wünschte, meinen Geschmack getroffen zu haben: ich hätte nicht anders wählen können und kann ihr und dir so recht von Herzensgrund versichern, daß ich mit unbeschreiblich großer Freude daran arbeite, daß es mir bei jedem Nadelstich wohl ist ... Ich erfreue mich wiedergeschenkter Gesundheit.

Friederike Münster mag die kurzen Wochen vor der Hochzeit nach dem Wunsch ihres Verlobten dazu benutzt haben, in der Hauswirtschaft, im Gartenbau und in der Obstwirtschaft von ihren erfahrenen Eltern zu lernen. Nur bei dem empfohlenen Klavierspielen kam nicht viel heraus, ihre Finger waren durch die lange Entwöhnung zu ungelenkig geworden. In buntem Wechsel von Äußerem und Innerem plaudernd, geben die beiderseitigen Briefe einen Einblick in ihre Brautzeit. Sie muß es ihrem Verlobten gestehen, daß sie sich noch nicht so recht ein Leben für ihn in sich denken kann. Die junge Friederike Münster hatte die Ehelosigkeit als ihren Weg angenom-

men; die Härte und der Ernst des Lebens waren ihr so lieb geworden, daß sie an solch eine Freundlichkeit des Lebens *wie die Ehe* nicht mehr dachte. *Jetzt aber freut sie sich mit jedem Tag mehr der nahen Vereinigung, wo sie gemeinschaftlich aus Gottes Fülle leben dürfen.*

An Demoiselle Friederike Münster, Adresse Herrn Domänenrentmeister Münster zu Altenberg bei Wetzlar, Kaiserswerth, 5. März 1828
Meine liebe, teure Friederike, ... da die Zeit immer näher heranrückt, wo das Band, das unsere Herzen umschlingt, auch äußerlich geknüpft werden soll, so bitte ich dich, mir in deinem nächsten Brief einen Haarring, der genau an deinen Finger paßt, zu schicken, damit ich dem Goldarbeiter in Düsseldorf das Maß des Ringes für dich angeben könne. Es wird dir doch auch wohl am liebsten sein, daß die Ringe ganz einfach und nicht zu breit seien? In das Innere des Ringes schlage ich vor, schreiben zu lassen außer unsern Namen:
Ewig Eins in Ihm!
da man sich doch nicht oft genug daran erinnern kann, daß eine unauflösliche Gemeinschaft und Einssein unter menschlichen Herzen nur insofern stattfinden kann, als sie Eins sind mit Ihm .. Ewig dein Theodor Fliedner.

Am 15. April sollte die Trauung in der Dorfkirche von Oberbiel stattfinden. Fliedners Reiseplan war: Freitag, den 11., mit der Post über Elberfeld nach Herborn, Ankunft dort Samstag abend, Sonntag Gottesdienst in Herborn, wo er den tüchtigen Hüffel, einen Vetter seiner Braut, predigen zu hören hofft. Von da zu Fuß etwa 30 km nach Altenberg, um dann in ihre Arme zu eilen. Am Dienstag Trauung, Mittwoch Verwandtenbesuche, Donnerstag nach Wiesbaden zu seiner Mutter und den dortigen Verwandten, Sonntag sechs Uhr morgens mit dem Dampfschiff von Mainz bis Köln, Dienstag, den 22. April, mit der Schnellpost nach Kaiserswerth. Der gar zu eilige Reiseplan entsprach ganz Fliedners Tempo, an das sich seine künftige Frau wohl bald gewöhnen mußte. Im Verzeichnis der Kopulierten 1828 der evangelischen Gemeinde in Oberbiel ist eingetragen: Herr Georg Heinrich Theodor Fliedner, evangelischer Prediger zu Kaiserswerth und Fräulein Friederike Wilhelmine Münster, eheliche Tochter des Herrn Rentmeisters Münster zu Altenberg wurden den fünfzehnten April in der Kirche kopuliert.

Am 26. April 1828 zog Friederike Fliedner als Pfarrfrau in das Kaiserswerther Pfarrhaus ein. Der Schatten, der über ihrer Brautzeit lag, bedrängte auch das Glück der jungen Ehe. Fliedner hatte sich schon in ihrer Düsselthaler Zeit genaue Kenntnisse des verwickelten Prozesses verschafft. Da er die Erfolglosigkeit weiteren Prozessierens erkannte, reiste er schließlich im Oktober 1828 nach Altenberg, um persönlich seinen Schwiegervater zu veranlassen, nachzugeben und sich mit einer Pension zu begnügen. Diese traf mit dem Bedeuten, Altenberg bis den 28. Dezember 1828 zu verlassen, ein. Am 29. ließ Andreas Münster alles, was er entbehren konnte, mit Ausschluß des Zugebrachten der Großmutter, an den Meistbietenden verkaufen, sandte den folgenden Tag den Rest nach Braunfels, die Großmutter mit Luise nach dem Kurhessischen zum Besuch ihrer Verwandten. Und er ging in Begleitung seines

Bruders, die notdürftigste Kleidung in einem Ränzchen auf dem Rücken, nach Braunfels zu den Seinigen. Sein bis diesen Tag gedienter Knecht trug sein Ränzchen bis zur Fähre. „Der Übergang der Lahn war mir ein Durchgang durchs Rote Meer. Der Pharao und seine Macht konnte mich nicht mehr erreichen. Meinen Blick nach der Feuersäule gerichtet, erkannte ich die Flammenschrift: Fürchte dich nicht, ich bin allenthalben bei dir, dein Gott."

Andreas Münster mußte mit 53 Jahren ein Wanderleben beginnen, bis er im August 1832 als Verwalter eines Guts, Haus Berge bei Witten, einen ihm zusagenden Arbeitsplatz fand. Im Jahr darauf hatte er die Freude, daß sein Sohn Friedrich als zweiter Pfarrer in Thalfang angestellt wurde. Die junge Friederike hatte sich einst am Lebensweg des Joseph aufgerichtet. An diesem Wendepunkt im Leben ihres Vaters erstand es wieder, das Bild des Joseph, der – verkauft, ausgetrieben, gefangen – siebenfältig mehr ererbte, als er verloren hatte. Wie hat der Herr alles so wohl gemacht.

Inzwischen hatte Friederike Fliedner in Kaiserswerth ihre neue Heimat gefunden. Die Caesaris insula, die Flußinsel, das Werth des Kaisers, nämlich Friedrich Barbarossas, war im Mittelalter stark befestigt. 1181 wurde Kaiserswerth freie Reichsstadt. Barbarossa hat die Kaiserpfalz, eine mächtige Burganlage aus Basaltsteinen, noch weiter vergrößert. Durch die Belagerung im spanischen Erbfolgekrieg waren im 19. Jahrhundert von der mittelalterlichen Herrlichkeit nichts als Trümmer übriggeblieben. Durch die Abdämmung des rechten Rheinarms an seinem Südende war es auch keine Insel mehr. Nur sehr langsam erholte sich das Städtchen von den Kriegsschäden.

Um das Jahr 1830 zählte es 1450 Einwohner, davon waren 1280 Katholiken, 120 Protestanten und 50 jüdische Händler und Handwerker. Seit die Stadtbefestigung geschleift war, galt Kaiserswerth als offene Stadt. Aber der Wohnraum beschränkte sich – wie auch noch heute – auf ein Gebiet von nur 500 × 900 Metern, da das außerhalb der alten Wälle gelegene Gelände, das alte Rheinbett, wegen seiner tiefen Lage Jahr um Jahr den Rheinhochwassern ausgesetzt ist. Alle 190 Häuser lagen innerhalb der alten Befestigung, wo auch noch Raum genug war für kleine und größere Gärten.

Zwei Ärzte, zwei Apotheken und zwei Hebammen sorgten für die Gesundheit, ein Armenhaus konnte zwölf arme Kranke aufnehmen. Das Städtchen, das obwohl rechtsrheinisch, doch zum Erzbistum Köln gehörte, lebte vom Handel und Verkehr. Es lag ja an dem verkehrsreichen Strom. Auch ging die holländische Straße hindurch und verband es unmittelbar mit dem zehn Kilometer entfernt liegenden Düsseldorf. Während das "Dorf an der Düssel" als Hauptstadt des Regierungsbezirks heranwuchs, wurden der als Handels- und Verkehrsstadt neu aufgebauten Barbarossastadt allmählich die öffentlichen Einnahmen entzogen. Schon 1795 war das Zuchthaus nach Düsseldorf verlegt worden. 1804 wurde der Rheinzoll aufgehoben, den bis dahin jedes Schiff, das stromabwärts oder stromaufwärts kam, zu entrichten hatte. Mit dem Wegfall der langwierigen Zollformalitäten entfielen gleichzeitig die vielen Gäste in den Schenk- und Speisewirtschaften. 1809 wurde die holländische Straße in gerader

Nord-Süd-Linie außerhalb der Stadt vorbeigeführt, die heutige Alte Landstraße. 1810 wurde das Stadtgericht aufgelöst und nach Ratingen verlegt. Da die Stadt ihrer Struktur und ihrer Lage nach auf diese öffentlichen und privaten Einnahmequellen angewiesen war – 1825 zählte sie allein 60 Schenk- und Speisewirte! – verarmte sie sehr. Sie suchte ihre Lage durch gewerbliche Unternehmungen zu verbessern: eine Tabakfabrik und zwei Likörfabriken beschäftigten insgesamt sieben Arbeiter; in der Essig"fabrik" tat der Eigentümer selbst die Arbeit. Die von den Fabrikanten Preyers und Petersen in dem ehemaligen Zuchthaus, auf dem heutigen Barbarossawall, groß angelegte Samtweberei, beschäftigte 150 Gesellen, Mädchen und Kinder; sie mußte jedoch 1822 wegen Zahlungsunfähigkeit ihren Betrieb einstellen.

Der Zusammenbruch der Samtweberei traf besonders die evangelische Gemeinde, deren Hauptstützen die beiden Fabrikanten waren. Diese kümmerliche Gemeinde bestand aus reformierten und lutherischen Gliedern. 1786 und 1787 wurden mit Hilfe auswärtiger Gelder, Kollekten und Baumaterialien Schule und Pfarrhaus erbaut. Für die 40 bis 50 evangelischen Schulkinder war ein eigner Lehrer angestellt. 1811, 24 Jahre später, konnte endlich auch die Kirche eingeweiht werden. Zur Gemeinde zählten jetzt etwa zwanzig Familien, einige alleinstehende Witwen, 16 Insassen der Invalidenkaserne, dazu noch einige Familien und Einzelpersonen in Kalkum, Angermund, Huckingen und Lank. Die laufenden Ausgaben der Gemeinde konnten von den Zinsen des Kapitals gedeckt werden, das Theodor Fliedner von seiner Kollektenreise nach den Niederlanden und nach England mitgebracht hatte.

Es war eine einst hochberühmte, aber jetzt arme Stadt und eine sehr arme evangelische Gemeinde, in die Theodor Fliedner an jenem 26. April 1828 seine Frau Friederike als Pfarrfrau einführte.

Schon Fliedners Werbebrief zeigt, daß er kein Mann war, der sich in Muße mit der kleinen Gemeinde, die ihm nicht viel zu tun gab, begnügte. Mit einem feinen Gespür für die kommende Zeit, suchte er sich in ihr einen Platz für seine Tatkraft zu erobern. Er war außerordentlich tätig in Sachen der von ihm ins Leben gerufenen Rheinisch-Westfälischen Gefängnisgesellschaft und war oft unterwegs. Im übrigen saß er an dem umfangreichen Manuskript über seine Kollektenreise nach Holland und England. Nun war ihm vom Arzt dringend eine Kur in Wiesbaden angeraten worden wegen seines Rheumatismus und seines Hustens. Es war die erste längere Trennung der jungen Eheleute. Fliedner konnte bei seiner Mutter wohnen, die fünf Wochen wurden ihr nicht leicht; aber sie wollte geduldig warten lernen. Sie besaß ja jetzt als Pfand ihrer Liebe das ersehnte Kind. Am 23. April 1830 war die kleine Luise geboren; sie war gerade drei Monate alt, als Fliedner abreiste. So hatte sie genug mit dem Kind und den Gästen zu tun, und im übrigen füllten ihre Zeit die Pflichten des Hauses in dem weiten Bereich, den damals eine Hausfrau ihr eigen nannte.

Friederike Fliedner war wirklich die "Frau des Hauses" vom Keller bis zum Söller mit dem dazugehörigen Garten. Da war eine Kuh zu versorgen, um billig an Milch und Butter zu kommen. Jahr um Jahr wurde ein Schwein aufgezogen. Drei Morgen Garten-, Obst- und Wiesenland, die bis herunter an den Kittelbach gingen, wollten bestellt und in Ordnung gehalten werden. Tausend Pflanzen waren gerade in die Erde

gekommen. *Gras war zu mähen; die Weißdornhecken waren immer neu zu verzäunen, um den Obstdieben den Weg zu versperren; Pflaumen, Birnen und Äpfel waren abzunehmen und auf dem Söller zu bergen; von dem Fallobst wurde Kraut gekocht. Bohnen waren ins Faß zu bringen, Kartoffeln in den Keller; Bier war zu brauen; Würste mußten gemacht werden. Dazu die Arbeiten im Haus und die große Wäsche, die auf dem Rasen gebleicht wurde. Jahraus, jahrein kamen die Kälker, um die Zimmer, Küche und Flure zu weißen. So hatte Friederike Fliedner als Frau des Hauses ihren großen Aufgabenbereich. Männer für die Gartenarbeit konnte sie aus der in der Nähe liegenden Invalidenkaserne haben. Doch sie brauchte auch Hilfe im Haus: noch war jeder Tropfen Wasser an der Pumpe zu holen; noch gab es keinerlei technische Arbeitserleichterungen; noch besorgte die Hausfrau alle Fleisch-, Gemüse- und Obstvorräte für den Jahresbedarf selbst. Aber mit der Hausmagd wie mit dem Kindermädchen hatte Frau Fliedner wenig Glück; immer wieder entpuppten sie sich als frech, diebisch und unwahr, und dieselben bekannten Cox-Jungens, die die Äpfel stahlen, waren hinter den Mädchen her. Nun, mit diesen Dingen mußte die Hausfrau fertig werden können, und Frau Fliedner wurde damit fertig; auch mit den Nöten, die die Kinderkrankheiten mit sich brachten, und mit den mancherlei Aufgaben, die die Armut und Verwahrlosung vieler Gemeindeglieder ihr stellten. Aber als dann das zweite Kind gekommen war, hätte sie doch gern für dauernd eine gute Stütze im Haus gehabt.*
Leider gelang es nicht, ihre zehn Jahre jüngere Schwester Luise Münster dazu zu gewinnen. Der Lebensstil des Kaiserswerther Pfarrhauses war streng. Fliedner bemerkt in einem Brief an sie:

Bei dem letzten Aufenthalt dahier zeigtest du durch deine für die Düsseldorfer Lustbarkeiten mitgebrachten Kleider und durch deine vertrauten Verbindungen mit Weltlichgesinnten, daß du keineswegs das Verzichten auf weltliche Gesellschaften und Lustbarkeiten für eine in bezug auf unsere häuslichen und Gemeindeverhältnisse notwendige Bedingung erkanntest. Wir mußten es daher für Pflicht halten, dich aufs Deutlichste und Unumwundenste hierüber aufzuklären, damit du genau wüßtest, was für Opfer dein Aufenthalt bei uns von dir fordert.
Du weißt, Riekchen und ich halten es für unsere Pflicht und für die Pflicht jedes entschlossenen Christen, den weltlichen Gesellschaften und sinnlichen Lustbarkeiten als Tanzen, Schauspiel usw. zu entsagen und die nach solcher äußerlichen Befriedigung sich in uns allen regenden sinnlichen Lüste und Begierden mehr und mehr zu überwinden, zu unterdrücken oder, wie die Schrift sagt, zu kreuzigen und zu töten; den ganzen Sonntag für unser Seelenheil nützlich anzuwenden und unsere Lust am Herrn und seinem Wort und seinem Werk zu stärken, aber nicht unsere Sinnenlust ... Dabei üben wir keinen Gewissenszwang aus, da ein jeder unserer Hausgenossen, der nur mit Widerstreben und nicht mit Willigkeit von seinem anstößigen weltlichen Treiben abstehen will, unser Haus verlassen kann und kein Heuchler zu werden braucht.

Dieser Lebensstil entsprach den reformierten Kreisen des Niederrheins. Luise Münster war anders aufgewachsen als ihre Schwester. Doch sooft Frau Fliedner ein Kind erwartete, durfte sie auf die bewährte Hilfe der Luise rechnen, daß sie ihr in den

schweren Wochen die Sorgen der wachsenden Fmailie und des Haushalts abnahm.
Frau Fliedners Art war doch wohl anders als diese strenge Grundsätzlichkeit ihres
Mannes. Unter den Taufpaten der kleinen Luise Fliedner stand an erster Stelle Ludwig
Hüffel, ein Verwandter der Münsters, Professor an dem Predigerseminar in Herborn
und jetzt Prälat in Karlsruhe. In seinem Dankbrief an Fliedner ließ er die junge Mutter
als die liebe Frau mit den fromm-gottlosen Augen grüßen. Was meinte er wohl mit
jener Bemerkung? Vetter Hüffel hatte sie auch einmal sein schalkhaftes Bäschen
genannt und ein andermal die gute Frau mit den Schalksaugen.
Vielleicht meinte er ihre natürliche Lebhaftigkeit, ja, fast jugendliche Mutwilligkeit,
die sich in ihren Augen widerspiegelte, während sie im übrigen die würdige Pfarrfrau
darstellte. Vielleicht dachte er auch daran, daß ihre Augen etwas wiedergaben von
dem Widerspruch ihres Wesens: auf der einen Seite letzte Demut, ein Glaube, der sich
so innig an Gott gebunden wußte, daß sie ihm getrost alles überließ; andrerseits ein
kluges, berechnendes Verfolgen ihres Weges mit einer fast draufgängerischen Lebhaftigkeit, als ob es nur an ihr läge und sie von keinem Gott wüßte, der alles in seinen
Händen hält. Fromm-gottlos?

Frau Fliedner wußte ihren Weg zu gehen, auch als ihr Mann auf drei Monate nach
England reiste. Aber als sie dann über fünf Wochen ohne Nachricht blieb, kam sie in
große Not.

Reverend Mr. Fliedner, London, Kaiserswerth, 7. Juli 1832
So bist du noch in diesem Leben, du geliebter, teurer Mann! Dank sei der
Barmherzigkeit des Herrn, der dich uns allen noch erhalten hat. Es war ein schwerer
Kampf, dem Herrn im Glauben den geliebten Isaak zu opfern, wenn es sein Wille
war. Ich wußte vom 30. Mai bis zum 6. Juli nichts von dir. Es liegt in meinem Herzen
kein Vorwurf an dich, mein lieber Fliedner. Sonderbar, alles war besorgt; viele mußte
ich trösten. Darum vergib mir, wenn dich meine Nachforschungen in Verlegenheit
setzen.

Am 23. April hatte sich Fliedner rheinab auf seine Englandreise eingeschifft, die ihn bis
nach Edinburgh und Glasgow führte. Die endlich erschienenen beiden ersten Bände
seiner Kollektenreise nach Holland und England beschränkten sich auf seinen
Hollandaufenthalt im Jahr 1823/24. Für sein Englandbuch brauchte er jedoch
vertiefte Einsichten in das dortige Kirchen-, Schul-, Armen- und Gefängniswesen. Wie
unermüdlich er unterwegs war, zeigen die Daten eines Briefs: Glasgow 15. Juni;
Lanark 17. Juni; Dumfries in Südschottland 18. Juni; Liverpool 23. Juni; Manchester
24. Juni; London 26. Juni; 28. Juni. Zugleich zeigt dieser lange Brief, wie sehr er
täglich Frau und Kind und Gemeinde verbunden war: Daß du der lieben Luischen ein
Ziegenlamm geschenkt hast, freut mich sehr. Es gibt ihr Unterhaltung und unschul-
dige Freude. Noch mehr freut es mich, daß du ihre Unarten streng bestrafst; es ist
jetzt eine wichtige Zeit für ihre Zucht. Sehr lieb ist mir, daß du mir einige Nachricht
aus dem Vaterland geschrieben hast. Schreibe mir doch auch ja, wie es mit der Cholera
steht und wo sie jetzt ist. Gott segne dich und die lieben Kindlein und lasse dich eine
rechte Mutter für die Gemeinde sein.

Fliedners Brief enthält das Stichwort, das die kontinentalen Zeitungen aufregte und das die Ursache der nervösen Stimmung der Friederike Fliedner wie der Gemeinde verrät: die Cholera, die seit 1830 immer noch in Europa aufflackerte. Zwar bis in den Juni mußte die Presse ihre Nachrichten: Cholera in Saarlouis, Cholera in Genf, in Metz, in Erfurt widerrufen. Seit Anfang Juli war es jedoch nicht mehr zu verheimlichen, daß die tödliche Krankheit in Metz wütete und alles, was fliehen konnte, ihr zu entfliehen suchte. Holland und Belgien verhängten Quarantäne. Jedes geringste Jucken, jeder Ausschlag ängstete die Gemüter. Im Kaiserswerther Pfarrhaus aber war ein recht böser Ausschlag aufgetaucht. So malte sich ihre geängstete Seele aus, wie der geliebte Mann irgendwo im fernen Schottland krank und ohne Pflege läge. Jeder Tag ohne Nachricht steigerte ihre Angst, so daß sie schließlich den kühnen Schritt tat, bei dem preußischen Gesandten in London nach ihm zu fragen.

Indessen, auch Fliedner wartete auf Nachricht. Er war des Rennens im fremden Land, in dem tobenden Geräusch, dem Gewühl und Qualm der unermeßlichen Hauptstadt so müde. Und das Reisen war nicht weniger anstrengend. Von Manchester nach Liverpool genoß er zwar die wunderbare Errungenschaft der Technik, auf der vor zwei Jahren fertiggestellten ersten Eisenbahnstrecke in einem Dampfwagen ohne Pferde- und Menschenkraft zu fahren, schneller als Vögel dahinfliegend. Aber im übrigen war er noch auf die Postkutsche angewiesen, und wenn die nicht weiterging, dann reiste er 20 km zu Fuß bis zur nächsten Poststation. So war er bis hoch in den Norden nach Edinburgh gekommen. Er blickte von einem der Felsen inmitten der Stadt auf das weite Meer und rief mit Maria Stuart: Eilende Wolken, Segler der Lüfte, wer mit euch wandert, mit euch schiffte! Grüßet mir freundlich mein Heimatland! Er sehnte sich nach seiner Frau, nach seiner Gemeinde, nach dem stillen Kaiserswerth. Auch im Lärm einer riesigen, modernen Bandfabrik, die 700 Menschen beschäftigte, war er in Gedanken daheim. Das Geschenk, das er von dort seiner Frau ankündigte, scheint uns gering: Strumpfgummiband – damals war es letzte Neuheit. Noch wurden die gewebten Strümpfe mit einem breiten Band unter dem Knie festgehalten.

Im Pfarramt wurde Fliedner in diesen drei Monaten von seinem Schwager, dem angehenden Theologen Friedrich Münster, vertreten. In ihren seitenlangen Briefen gab Frau Fliedner ihrem Mann ein lebhaftes Bild ihres Tagewerks und ihrer Mutterfreuden, ihrer Hausfrauen- und ihrer Gartensorgen, – es war ein sehr regnerischer Sommer. Sie berichtete ihm von den Vorfällen in der Gemeinde und in der Politik, von den Sorgen um ihren Bruder Friedrich und von ihrem Verlangen nach ihrem Mann.

Es bedarf keines Beweises, daß du an mich denkst, *schrieb sie ihm;* ach, das bezweifle ich nie. *Ihr Herz aber schwankte zwischen Verlassenheit und Vertrauen:* Du weißt, mein Lieber, wo ich bin. Aber du bist unstet, und ich weiß nicht, wo du lebst, wenn ich deine Briefe lese. – Meine Gedanken waren mehr als je bei dir, da ich täglich mehr das Drückende des Witwenstandes fühle, in dem ich oft ratlos und verlassen dastehe. Ach, wäre doch Fliedner da! Ich muß mich meines Unglaubens und meiner Angst schämen, wenn ich so um dich sorgen will. Laß uns dem Herrn recht innig danken, der uns auf dieser armen Erde so viel gegeben hat. Behalte mich lieb – du mußt mich ja lieb behalten, ich bin ja dein.

Von den lieben Kindern, bester Mann, kann ich dir sagen, sie gedeihen. Sie blühen in Gesundheit und Kraft. Am auffallendsten wird dir die kleine zarte Simonettchen – *jetzt sechs Monate alt* – erscheinen, die fast allein sitzt, an äußern Dingen teilnimmt und außerordentlich lebhaft, dabei aber sehr zufrieden ist. Auch schenkt der Herr dem Kind des Nachts süßen, ruhigen Schlaf, so daß sie meistenteils gegen fünf Uhr des Morgens zum ersten Male Durst hat, währenddem die große – *nun zwei Jahre alte* – Luise zwei- bis dreimal geweckt hat. Sie schreit oft im Schlaf auf, ruft den Katzen oder Sultan. So schrie sie verflossene Nacht: Gib einen Stein, dich werfen. Als ich zu ihr kam, sagte sie: Mutter, ich bin bang. Warum denn, Luischen? Der Hund gebeißt. Der Hund hatte sie am Tag gebissen, weil sie ihm einen Knochen aus dem Maul nehmen wollte. Heute morgen habe ich sie auf der Kirchtreppe erwischt; sie sagte: Heute Sonntag ist; es läutet; in Kirche gehen; singen. Fast jeden Tag sagt sie: Heute Sonntag ist. – Luise mußt du dir denken ganz von Wiesenblumen umgeben. Alle, die bei ihr sind, fordert sie auf, Blümchen zu pflücken. Das Lamm läuft ihr nach wie ein Hündchen. Ihre meiste Unterhaltung ist: Papa, Lamm, Sechser, England. Oft sagt sie: Komm, zu Papa gehen. Als ich fragte: Wo setzt dich Papa hin? sagte sie: Auf Schulter. Wie wird sich dein Herz freuen, die Kinder zu sehen. Was uns besonders erfreuen kann, ist die außerordentliche Liebe, die sie für Simonettchen hat.

Schone dich nur, damit dein Übel nicht rege wird. Trage auch nicht zu lange deine Leibwäsche, was du so leicht vergißt. Tue in zwei Tagen, was du wohl gern in einem tun willst. Darum bittet dich, aber ohne Angst und Unruhe, Deine Friederike.

Dann kam jenes wochenlange Warten auf Nachricht und mit ihm die große Angst, bis sie endlich am 6. Juli Fliedners langen, in Glasgow angefangenen Reisebericht erhielt und mit ihm die Ankündigung seiner baldigen Rückkehr.

Frau Fliedner an ihren Mann
7. Juli 1832 ... Wie freue ich mich, dich zu umarmen. Wie sehnsüchtig sehe ich den Rhein hinunter, wo du am 23. April meinen Blicken entschwandest. Ach, es ist ein langes Vierteljahr nun bald um. In Zukunft werde ich mit größerm Zagen mich von dir trennen, da ich das Harte erfahren habe, wiewohl unser Mund den Herrn loben muß, der uns so gnädig bewahrte.
Auch sollst du mir dein Buch schenken und meinen Namen hineinschreiben, damit du es nicht an andere verschenken kannst. Deine Friederike. Die Cholera ist in Luxemburg ausgebrochen.

Am 23. Juli traf·Fliedner endlich in Kaiserswerth ein. Nach seiner Rückkehr häuften sich seine Arbeiten. Jede Woche war er einige Tage für die Gefängnisgesellschaft unterwegs. Er war kräftig und gesund, so daß seine Frau sich keine Sorgen wegen der Anstrengungen machte, vielmehr sich über seinen Eifer freute. Für Frau Friederike aber, die wieder ein Kind erwartete, nahte ein schweres Jahr.

Erst um die Mitte des neunzehnten Jahrhunderts kam es zu jenem großen Aufschwung der experimentellen, naturwissenschaftlichen und technischen Möglichkeiten, die die Medizin erst eigentlich zu einer Wissenschaft gemacht hat. Noch galten die seit über zwei Jahrtausenden überkommenen Anschauungen und Lehren. Man stand den schweren Krankheiten hilflos gegenüber. Brech- und Abführmittel sowie Blutentzug durch Aderlaß und Blutegel spielten eine große Rolle. An der Ursache der ansteckenden Krankheiten rätselte man vergeblich herum. Bezüglich der allgemeinen Sauberkeit war man nicht empfindlich. Die Krätze, eine der verbreitetsten Volkskrankheiten, tauchte wiederholt im Pfarrhaus auf.

Immer kommen meine Klagen wegen des Leids, das der Herr über uns verhängt hatte... Mein verzagtes Herz möchte immer fragen: Warum kommt Krätze über mein Luischen, das ich so bewahren und bewachen wollte? Diese Ursache hatte Luischens Krankheit, ohne daß wir es ahnten... Als mir der Ausschlag zu langwährend wurde und ich auch etwas mitbekam, nahm ich vor einem Monat meine Zuflucht zu Günther in Duisburg, und die Mittel hat der Herr gesegnet, so daß wir uns für geheilt betrachten können. Luischen ist sehr munter und schläft auch des Nachts ruhig. *Schließlich war auch Fliedner noch angesteckt worden. Endlich heißt es:* Die böse Krätze hat uns im alten Jahr gottlob ganz verlassen, nachdem sie uns volle zwei Moante geplagt hatte. *Aber die Folgen des innerlich gegebenen Schwefels waren noch nicht vorbei.*

Im Mai des nächsten Jahrs, während Fliedner in England war und die Cholera die Gemüter ängstigte, tauchte bei dem Kind wieder ein böser Ausschlag auf und bald auch bei der Mutter und dem im Januar angekommenen Schwesterchen. Der besorgten Frau blieb nichts übrig, als abermals die teure Reise nach Duisburg zu dem befreundeten Arzt zu unternehmen, nachdem sie auf seinen schriftlichen Rat wieder tüchtig Schwefel geschluckt hatte... Es war nicht die letzte Krätze, die die Familie durchzustehen hatte.

So besorgniserregend damals der heute leicht zu heilende Krätzebefall war, weitaus bedrängender war die Hilflosigkeit gegenüber den Beschwerden der Schwangerschaft und der Frauenleiden. Vor der Geburt des ersten, eines totgeborenen Kindes, zu der der Kaiserswerther Arzt hinzugezogen war, war die Mutter zweimal zur Ader gelassen worden; vor der Geburt der Luise sechsmal! Über die Zwillinge berichtete Fliedner den Schwiegereltern:

Herrn Rentmeister Münster, Wohlgeboren in Gunterhausen bei Darmstadt, Kaiserswerth, 4. Januar 1832
Mein lieber Vater und Mutter, am 1. Januar abends sechs Uhr hat mich die liebe Riekchen mit Zwillingstöchtern beschenkt. Es war ein schwerer, doch nicht sehr langer Kampf... Das älteste Kindlein, Cornelie genannt, ... das schon im Mutterleib durch die Lage viel gelitten hatte, ist indes nach dreißig Stunden wieder entschlafen, sanft und unbemerkt auf dem Schoß der lieben Luise *Münster*, die zu unserer großen Hilfe bei uns ist. Das andere Kindlein aber, Simonette, wenngleich sehr klein und zart, ist doch nebst der Mutter nach den Umständen wohl und munter. Möge der gnädige Gott es ferner behüten und stärken sowie die teure Mutter, die eben jetzt im Milchfieber liegt...

Theodor Fliedner

Mit den Folgen eines gefährlichen Eingriffs der Hebamme – sie hat die eine Nachgeburt mit der Hand abgelöst – wird Frau Fliedner noch lange zu tun haben. Auch hatte sie ein schlimmes Bein, wohl eine Venenentzündung, von der schweren Zwillingsgeburt zurückbehalten. Dazu kamen Beschwerden, die nach Fliedners Beschreibung auf eine Magenschleimhautentzündung hindeuten: ständig mangelnde Eßlust und Brechreiz. Das hatte aber wohl weniger mit dem Wochenbett zu tun als mit den Nachwirkungen des "tüchtigen Schwefelschluckens" der Krätzekur.

Ein Jahr später kam Frau Fliedner in neue Bedrängnis. Wieder gingen Briefe zu dem vertrauten Duisburger Arzt. Aber sie wollte sich gern einmal zu einer Frau aussprechen. Amalie Jacobi, mit der sie seit ihrem Aufenthalt in Pempelfort eine innige Freundschaft verband, war als Frau des Wilhelm Focke vor einem Jahr ihrem Mann in seine Heimat, dem fernen Berlin, gefolgt. Ihr tat sie die Not ihres Herzens auf.

An Frau Bergsekretär Focke in Berlin, Kaiserswerth, den 21. Februar 1833

Meine beste Amalie, da ich von den Folgen eines heftigen Schreckens noch krank bin, schreibe ich Dir, Liebe, von meinem Lager aus. Ich war in großer Gefahr, die der gnädige Gott abgewendet hat, daß ich kein frühes Wochenbett halten mußte. Ich bin aber sehr angegriffen und gereizt und schwach, habe beständig gegen Empfindlichkeit und Heftigkeit zu kämpfen.

Fliedner sitzt tief in seinen Büchern. Ich muß hart gegen mich kämpfen, daß ich alles zufrieden bin in meinem Innern und mich ganz in Gottes Willen ergebe, dabei Freudigkeit des Geistes habe und Gelassenheit des Gemüts. Ich habe noch gar nicht die willenlose Aufopferung, meine liebste Hoffnung ganz dahinzugeben, mit meinem lieben Mann in jener innigen Gemeinschaft zu leben, wo einer des andern Herz in Händen hat, in der Gemeinschaft der Heiligen. Ich fühle, daß ich mich dunkel ausdrücke. Du hast deine Kämpfe gehabt als Braut, ich habe gar keine gehabt. Du weißt, es war gut und wohl; das glaube ich auch, es ist gut und nötig für meine Seele. Der Herr helfe mir zur Klarheit, daß ich den rechten Weg gehe und immer bitte: hilf mir auf den rechten Weg...

Ewig eins in Ihm, so hatte einst Fliedner in das Innere der Eheringe einschreiben lassen. Und zum vorjährigen Weihnachten hatte er es sich und ihr aufs neue ins Herz geschrieben: Darin steht ja die rechte eheliche Liebe, daß ein Gatte den andern auf dem Weg zur Seligkeit fördere...

Der tüchtige Duisburger Arzt kann trotz der genauen Beschreibung, die man ihm zu machen versucht, die Ursache des kranken Zustands nicht erkennen. Wie sollte die Fernbehandlung da viel ausrichten können? Sie hatte die Hebamme rufen lassen, die sagte, sie sei in Hoffnung. Sie hat keinen Zweifel mehr, daß sie im vierten Monat ist.

Der zweimal entronnenen Gefahr einer zu frühen Niederkunft fühle ich mich zum drittenmal entgegengehen... Mein erstes Kind kam tot zur Welt, ich hatte in der Schwangerschaft schrecklich gelitten. Bei meinem zweiten Kind habe ich sechsmal Adergelassen, was mir immer sehr gut bekommen ist, auch bei den Zwillingen dreimal, wo ich wenig an diesen Beängstigungen zu leiden hatte... 12. April... 14. April...

Wieder geht ein Brief der bedrängten Frau in das ferne Berlin:

Mit mir, meine liebe Amalie, will es nicht zum Besten gehen. Ich bin oft in großer Gefahr gewesen. Auch jetzt schreibe ich noch aus dem Bett, nachdem ich sehr schlimme Tage gehabt habe. Fliedner ist sehr besorgt um mich, daß ich vollkommene Ruhe halte. Er läßt oft seinen Büchertisch, um sich um Dinge zu bekümmern, die ihm keine Freude machen. Dabei ist er sehr weich und geduldig. Die Kinder wachsen ihm zur süßen Freude heran. Es ist etwas sehr Liebliches, wenn sich zuweilen im Kind die verborgene Sehnsucht nach Gott zeigt. So will Luischen – *sie ist jetzt drei Jahre* – oft beten. Sie spricht ihre Bitten und Dank kindlich aus und fragt dabei oft: Lieber Gott, hast du mich lieb? Sie kann aber auch derb unartig sein. Die beiden Kinder haben sich sehr lieb. Luischen gibt Simonettchen viele gute Lehren. Die Kleine will von Luischen gefüttert sein, was sie auch recht verständig tun kann. So reicht eine Freude der andern die Hand.

Amalie Focke-Jakobi

Die schwere Zeit geht ihrem Ende zu. Frau Fliedner nimmt ihre Pflichten wieder voll auf. Sie weiß, daß sie sich getäuscht hat und jetzt kein Kind haben wird.

Es könnte den Anschein erwecken, daß Friederike Fliedner eine zarte, leicht kränkelnde Frau war. Bei tieferer Einsicht in dies Frauenschicksal und zugleich in den damaligen Stand der ärztlichen Wissenschaft scheint jedoch das Gegenteil der Fall zu sein. Es gehörte wohl ein kräftiger, zäher Körper und eine kerngesunde Veranlagung dazu, so schwere Krankheiten trotz der merkwürdigen Behandlungsmethoden zu überwinden und vor der Geburt eines Kindes einen sechsmaligen Aderlaß ohne Schaden für sich und das Kind zu ertragen. Die Nöte um das erste, totgeborene Kind scheinen noch Nachwirkungen der rätselvollen Düsselthaler Krankheit zu sein. Die Nöte des Jahrs 1833 waren zweifellos die Folgen des unverantwortlichen Eingriffs der Hebamme bei der Zwillingsgeburt. Eine andere Konstitution als die der Münsterschen Familie würde dein Unwohlsein bedenklich machen, *schrieb um 1838 ihr Bruder Friedrich – das heißt doch, daß er bei seiner Schwester Friederike mit der zähen Natur ihres Vaters rechnete. Für Frau Fliedner war es selbstverständlich, daß die Frau für den Mann da ist. Das machte sie bereit, die "Leiden der Liebe" willig zu tragen.*

Frau Fliedner an Frau Focke, Kaiserswerth, 12. April 1834

Meine liebe Amalie, als wir deinen Brief mit den sieben Talern erhielten, war ich seit einigen Stunden eine sehr, sehr glückliche Mutter. Denn der Herr hatte uns am 19. März des Morgens um drei Uhr mit einer Tochter beschenkt. Ich hatte nach einem harten, aber kurzen Kampf das noch nie geschmeckte Glück, mich so ganz der Neugeborenen zu freuen, da ich so stark und gesund war. Auch die süße Kleine sah so freundlich aus und sah uns an und ließ sich die dargebotene erste Nahrung wohl schmecken. Die Freude der Kinder über das neue Schwesterchen war unbeschreiblich. Mein lieber Fliedner sah dabei so ganz glücklich aus. Er konnte nicht lange bei uns bleiben, da er sich desselben Tages noch zum Abendgottesdienst vorbereiten mußte, da wir hier in den Fasten auch eine Mittwochabendkirche haben. Luischen und Simonettchen, *jetzt 4 und 2 Jahre alt,* wurden von meiner Schwester des Abends an mein Bett gebracht, um gute Nacht zu sagen, und Luischen dankte da dem lieben Gott für alles Gute, was ihr beifiel. Auch sagte sie: Ich danke dir, lieber Gott, daß du uns Julchen gegeben hast. Sie dankte mit Tränen, weil sie sehr müde war, und Simonettchen sprach ihr wie gewöhnlich alles nach.

Als die Kinder zu Bett gebracht waren, kommt meine Schwester zurück, um die an meinem Bett ruhende Kleine aufzunehmen. Meine Schwester war sehr still und hatte das Kind am Ofen auf dem Schoß. Es fing eben an, in der Kirche zu läuten. Da sagte ich: Luise, wenn du Sorgen für das Kind hast, so sage es Fliedner, ehe er zur Kirche geht, damit er das Kind erst taufen kann. Ich konnte mich im Bett aufrichten. Sie gab mir die liebe Kleine und rief Fliedner, der auf dem Weg nach der Kirche begriffen war. Sie empfing die Taufe und den Namen Julie. Die Seele kehrte zu Gott zurück. Ich hielt die sanfte Engelshülle in meinen Händen. – Fliedner mußte zur Kirche. Er predigte über die Worte: ER TRUG SEIN KREUZ. — Der Herr schenkte mir großen Frieden, große Ruhe. Ich konnte beten: Herr, laß mich nicht wie eine neidische Mutter meinem Kind nachsehen, sondern gib, daß ich ihm von ganzem Herzen das schöne Plätzchen gönne, das du ihm bereitet hast –

Aber ich fühle mich doch als eine Einsame, eine Verlassene, als eine Verstörte, als eine, die ihres Kindes abermals beraubt ist, und das Mutterherz schreit oft: es ist doch zu viel, drei. – Ach, der treue Herr wird mich auch wieder aus diesem Wochenbett erlösen. Seine liebende Hand wird mich sicher führen, mir meine Sünden vergeben und mein Weinen in Lachen umkehren. Unsere drei Kinder ruhen nebeneinander, bis sie der Herr auferwecken wird am Ende der Tage.

Mit Luischen und Simonettchen geht es dem Leibe nach sehr gut. Auch entwickeln sich die Kinder dem Geist nach uns zur unaussprechlichen Freude. Luischen ist viel um mich und liest ihre Buchstaben und strickt am Strumpfband. Simonettchen ist aber noch verbannt, da das Kind so unruhig, so lebendig ist und beständig plaudern muß, daß mich ihr Dasein zu sehr angreift...

Getrost hatte Friederike Fliedner 1833 an ihre vertraute Amalie Focke nach Berlin geschrieben:
Den fünften Jahrestag unseres ehelichen Lebens haben wir den 15. April still und mit Freude und Dank gegen Gott zugebracht. Was hat der Herr uns so viel Gutes getan.
Bis zu ihrer Eheschließung war Friederike Münsters Weg nach ihren eigenen Worten ein mühevolles Alleinwandern gewesen. Die nun hinter ihr liegenden Jahre haben sie in die Ehe mit Theodor Fliedner und in ihr Muttertum mit allen Freuden und vielen Leiden hineinreifen lassen. Die kommenden Jahre werden sie als ebenbürtige Partnerin in das Werk ihres Mannes stellen.

Für verwahrloste Frauen und Kinder

Ein Werk der gläubigen Frauen für die verirrten Frauen, so steht das Neue vor Friederike Fliedner. Als ihr die Sorge um die schlechte Besoldung der Gefängnispfarrer auf dem Herzen brannte, hatte Fliedner ihre Mithilfe zurückgewiesen. Jetzt aber ging es um verwahrloste Frauen, jetzt ging es um ein Frauenwerk. Fliedner war von dem Vorstand der Rheinisch-Westfälischen Gefängnisgesellschaft, die er selbst ins Leben gerufen hatte, aufgefordert worden, für die strafentlassenen evangelischen Frauen, die ein neues Leben anfangen wollten, ein Heim zu suchen als Übergang in das bürgerliche Leben. Aber keine der Gemeinden der Umgegend fand sich bereit, zu helfen. Da war es Frau Fliedner, die darauf drang, es in Kaiserswerth zu versuchen. Schwieriger noch war es, eine geeignete Vorsteherin für ein solches Werk zu finden. Frau Fliedner tastete ihren Bekanntenkreis ab, wer wohl geeignet wäre, sich für die aus dem Gefängnis entlassenen Frauen hinzugeben. Vor ihr standen Katharine Reichard aus Herborn und Katharine Göbel aus Braunfels, beide schon älter, 45 Jahre, beide lebendige Christen, beide mit den Gaben, die diese verantwortungsvolle Arbeit erforderte. Katharine Göbel hatte mit einigen Freunden in Braunfels ein Waisenhaus auf ihre Kosten eingerichtet, das ohne ihre Schuld von unchristlichen Behörden aufgehoben wurde.

Frau Fliedner an Frau Focke, Kaiserswerth, den 16. Juni 1833
Meine liebe Amalie, ein ganz besonderes Anliegen treibt mich jetzt zu dir. Schon lange hatte ich auf meinem Herzen, dir etwas von der Gefängnissache zu sagen, hatte

dir auch schon geschrieben. Allein Fliedner fand es für besser, daß ich noch schweigen möchte. Da ihm und nicht mir die Sache befohlen ist, so gehorchte ich, wiewohl es mir schwer wurde.

Jetzt komme ich denn, was allein die evangelischen weiblichen Entlassenen angehen soll. Ich fühle mich angetrieben zu suchen, ob ich auf diesem Weg der Sache nützlich kann werden, da ich sonst nichts für sie tun kann, die Notwendigkeit der Hilfe einsehe, auch fühle, daß es ein Werk des Glaubens ist, das der Herr stärken kann und stärken will, wenn es sein heiliger Wille ist. Von dem Komitee ist Fliedner der Auftrag zuteil geworden, für die evangelischen weiblichen Entlassenen, die Besserung zeigen und keine Unterkunft finden, einen Zufluchtsort zu errichten.

Da fiel mir die Kathrinchen Göbel und die Witwe Reichardt ein, ob diese sich zu der Sache berufen fühlten. Fliedner fand Kaiserswerth für die Sache geeignet, da die Gemeinde nicht weit von unserm Haus Häuser hat, wovon eins gemietet wird, wenn sich kein besserer Ort finden sollte.

Die Kathrinchen Göbel ist der Sache nicht abgeneigt; doch will sie erst hierherkommen, um zu sehen, ob sie der Sache vorstehen kann.

Die Gefängnisgesellschaft hat für diesen Zweck 100 Taler ausgesetzt, um die ersten Einrichtungen zu bestreiten. Es läßt sich berechnen, daß die Einrichtungen mehr kosten werden. Der Herr wolle die Sorge für die Entlassenen in gläubige Frauenhände legen, damit die Verirrten im Sinn Jesu Christi gepflegt werden. Warum sollte ich dir *nicht* sagen wollen, welch ein uns naheliegendes Werk solch ein Zufluchtsort ist, unter den inländischen Heiden zu wirken? Wie gern werden die Gläubigen zugreifen, daß etwas im Geist Christi geschehen kann, da die Regierung die Sache wünscht. Da das Haus erst soll errichtet werden, so würde der gläubigen Frauen Rat und Meinung auch nötig sein, damit kein in der Geburt krankes Werk entstünde.

Möge der gnädige Herr einen rechten Missionssinn unter seinen Gläubigen für die Gefangenen erwecken, die schon so lange Jahrhunderte fast vernachlässigt sind, die am Leib bestraft, der Leib genährt wird, aber für die Seele wenig gesorgt wird. Ach, Er will auch seine Gefangenen besucht haben.

Wie schwer es ist, solch einem Werk vorzustehen, kann man sich denken. Mit halsstarrigen, lügenhaften, diebischen, liederlichen Geistern umzugehen, ist schwer. Gibt es aber ein Werk der gläubigen Frauen für die verirrten Frauen, so würde leicht die Vorsteherin Rat, Hilfe und Beistand finden. Dabei müßte das Haus doch unter dem Komitee stehen; doch würde dies der Wirksamkeit nichts entgegen bestimmen, da der ganze Zweck des Damenvereins nur der sein kann, aus diesen lästigen Geschöpfen taugliche und fleißige umzuschaffen.

Den 23. In diesen Tagen – *17. Juni 1833* – ist die Kathrinchen Göbel von Braunfels bei uns angekommen. Sie hat auf der einen Seite viel Freudigkeit für die Sache. Auf der andern Seite hat sie viel Angst. Sie ist eine liebe, sehr liebe Person, die in den sieben Jahren, die ich sie nicht gesehen habe, noch zugenommen hat in ihrer großen Sanftmut und Liebe. Kaiserswerth ist nun auch bestimmt zu dem Ort, wo sie wirken soll. Nicht weit von unserm Haus will sie sich einmieten, und dann soll denn das Werk im kleinen beginnen. Wir müssen nun überlegen, was alles zur Einrichtung nötig ist.

Wir denken hauptsächlich daran, daß von Anfang an alles einen festen Plan haben soll, damit unter den Augen der Frauen keine Rückschritte geschehen müssen; daß es eine einfache, bürgerliche Haushaltung gibt, damit die Frauenspersonen in Zukunft als nützliche Dienstboten zu gebrauchen sind. Die Kathrinchen hat, soviel ich beurteilen kann, vorzügliche Gaben, um dem Haus vorzustehen. Sie hat viel Verstand und festen Willen. Auch im Häuslichen hat die Sache eine zuverlässige Stütze, da sie einen sparsamen Haushalt zu führen weiß. Wieviel Ursache habe ich, dem Herrn zu danken, daß er eine so liebe Freundin in meine Nähe führt, besonders da ich so lange einen innigen Umgang entbehren mußte.

Es mußte Frau Fliedner sehr daran gelegen sein, daß die Fürsorge für die aus dem Gefängnis entlassenen Frauen, über deren Schwierigkeit sie sich im klaren war, in gläubige Frauenhände gelegt würde; viermal wiederholte sie in dem obigen Brief diesen Gedanken. Noch keine vierzig Jahre waren es her, daß in Kiel die Frage aufgeworfen worden war, ob man nicht zur Gesellschaft der Armenfreunde auch Frauen zuziehen solle. In den Verhandlungen darüber wurde zwar das Zartgefühl, die Wärme, Geduld und Treue, die Scharfsichtigkeit und Empfindsamkeit des andern Geschlechts anerkannt; aber man hielt seine Mitarbeit doch für unpassend und fürchtete namentlich das Übergewicht, das das Wollen eines reizenden und talentvollen Frauenzimmers fast immer über das Wollen der Männer hat. Sonst ist mir nirgend auch nur der Gedanke an eine Mitarbeit der Frauen begegnet, *bemerkt einer der erfahrensten Kenner dieser Sache.*
Seit aber in den Freiheitskriegen Frauen aller Stände in großer Zahl aus dem Bereich des Hauses in die Öffentlichkeit getreten waren, um sich für die Pflege von verwundeten und kranken Soldaten zur Verfügung zu stellen, blieb mit der Erinnerung an die große Zeit auch die Erinnerung an diesen Frauendienst lebendig. Anfang der dreißiger Jahre sprach man mancherorts von einer öffentlichen kirchlichen Wirksamkeit der Frau. Erstaunlich bleibt, daß der Gedanke so früh in der kleinen Rheinstadt Kaiserswerth aufgegriffen und mit solcher Entschlossenheit vorangetrieben wurde. Ebenso erstaunlich ist, daß Frau Fliedner die Fürsorge für die aus dem Gefängnis entlassenen Frauen als einen Missionsdienst an inländischen Heiden beschrieb.

Das Aufnahmebuch des evangelischen Asyls für weibliche Entlassene zu Kaiserswerth enthält als erste Eintragung in Fliedners Handschrift:
Numero: 1 Name: Mina Enders – Wohnort oder Geburtsort: Unterbarmen –Alter: 20 Jahre – Tag der Aufnahme: 1833, 17. September – Aus welchem Gefängnis: Werden – Vergehen und Strafe: zweimal wegen Diebstahl, zuletzt zu 1½ Jahren verurteilt – Betragen im Asyl: anfangs still und fleißig, später wieder leichtsinnig, buhlerisch, bisweilen frech. Nur flüchtige Rührungen. – Tag der Entlassung: nach Hörstchen zu Schullehrer Schäfer, nach zwei Monaten nach Wesel zu Prediger Verhoeff
Bemerkungen: später wegen Diebstahl 1836 verurteilt und nach Werden auf 5 Jahre. Verheiratet in Barmen

Das sind nüchterne Akteneintragungen. Was Frau Fliedner in jenen Septembertagen durch das Herz gegangen ist, darüber äußerte sie sich freimütig gegenüber ihrem neun Jahre jüngeren Schwager Georg, den sie wie einen Bruder liebte, in einem Brief, den nicht "der Herr Pastor korrigiert hat."

Frau Fliedner an Georg Fliedner, Kaiserswerth, 27. September 1833
Das Gartenhaus wird nun von einer Barmerin bewohnt. Die Göbel ist vollkommen hergestellt, und so zaghaft sie früher war, so viele Freudigkeit hat sie jetzt. Wir haben recht zu danken, daß uns zaghaften, kleinmütigen Seelen in diesem Erstling ein williges, lernbegieriges Kind zugeführt wurde. Denn sie ist als unmündiges Kind zu betrachten. In früher Jugend ganz vernachlässigt, hat sie fast alle ihre Kenntnisse dem Unterricht im Zuchthaus von Verhoeff, *dem Pfarrer der Anstalt*, und Julie Keller zu danken. Sie ist unsrer Hilfe ganz bedürftig, da sie jetzt schon als zwanzigjähriges Mädchen zweimal in Haft war, durch Vater und Geschwister zum Bösen verführt. Nicht immer wird die Sache so freundlich sich zeigen. Aber ich halte es für so ein recht evangelisches Werk, wo der Heilige Geist gern hilft in den armen, irrenden Seelen, auch in unsern ungläubigen Thomasseelen, daß wir gewiß zu unserer Beschämung ausrufen müssen: Mein Herr und mein Gott. Nur muß ich noch bemerken, daß ich persönlich mit der Enders, so heißt sie, gar nichts zu tun habe, als daß ich ihr ihr Essen und Trinken besorge. Die Göbel gibt ihr Unterricht im Nähen und Lesen im Gartenhaus. Dahin holt die Enders auch ihr Essen.

Das erwähnte Gartenhaus, ein Raum von 14 qm Bodenfläche, liegt nahe dem Pfarrhaus auf dem alten Festungswall mit einem weiten Blick über den Rhein. Es diente im Sommer als Eßzimmer. Auch stand dort das Spinett, damit das Üben nicht störte. Jetzt wurde es Arbeitsraum der Mina Enders. Inzwischen war Frau Focke in Berlin nicht untätig geblieben.

Frau Focke an Frau Pastorin Fliedner, Berlin, 31. August 1833.
Mein liebes Riekchen,... Dein Gefängnisbrief mit Fliedners Anhang ist durch Gottes Gnade auch nicht auf die Erde gefallen, Gott schenkte mir gleich die Freudigkeit für die Sache, und ich überlegte nur, wie es anzufangen wäre, den Leuten die Sache nahezubringen. Da setzte ich mich denn flugs hin und machte einen Aufsatz, so gut es ging, in dem ich die Sache auseinandersetzte und am Schluß um Beiträge bat. Mit Focke wurde dann der Aufsatz gemeinschaftlich revidiert und korrigiert.
Nun habe ich ihn einmal an die Oberpräsidentin von Schönberg nach Stettin und einmal an meine Schwägerin Karoline geschickt. Letztere befindet sich augenblicklich in Polen und hat auf der Rückreise vielleicht Gelegenheit, etwas einzusammeln. Beide waren Mitglieder des früher hier bestehenden Gefängnisvereins, dessen Auflösung mit dadurch veranlaßt wurde, daß kein Unterkommen für die Entlassenen zu finden war; wenigstens weiß ich bestimmt, daß dieser Übelstand häufig besprochen und beklagt worden ist...

Im Wirtschaftsbuch des "Asyls" findet sich die Eintragung: 30. Oktober durch Senatorin Focke zu Berlin Geschenk 8 Taler. Liebe macht erfinderisch. Aber dem

Pfarrer Fliedner schien es doch nicht so ganz recht gewesen zu sein, daß hier persönliche Nachrichten zur Veröffentlichung benutzt wurden, wie Frau Fliedner vorsichtig ihrer Amalie beizubringen versuchte.

Frau Fliedner an Frau Focke, Kaiserswerth, 5. November 1833
Deine tätige Teilnahme, meine liebe Amalie, gibt uns eine rechte Aufmunterung. Für die empfangenen 8 Taler sage ich dir den herzlichsten Dank. Jede neue Anerkennung der Notwendigkeit eines solchen Zufluchtsorts muß uns ja eine Aufforderung sein, immer fester und zuversichtlicher das neue Werk anzusehen. Fliedner wird dir darüber schreiben, was zur Mitteilung für andere brauchbar sein wird; ich schreibe dir, wie sich die Sache für mich gestaltet hat.

Du wirst dich sehr wundern, wenn ich dir sage, daß der erste Zögling noch mit der Katharine Göbel in unserm Haus ist. Die Sache war von Anfang an für uns unangenehm. Nun hat Fliedner ein auf unserer Straße gelegenes Gemeindehaus gemietet, das den 11. November frei wird. Eine Entlassene war von Düsseldorf von der Gesellschaft tauglich gefunden, hierherzukommen. Da sich meine Kräfte wieder gestärkt hatten und schon viele Beiträge an Geld gekommen waren, so hatte ich kein Bedenken, die Person in Gottes Namen kommen zu lassen, da ich ja an mir selbst den lebendigen Beweis habe, daß der Herr zur rechten Stunde wieder Gesundheit schenken kann. Die Göbel blieb sieben Wochen krank. Zu Ende dieses Krankseins kam dann die Mina Enders, von der dir Fliedner ausführlich geschrieben hat.

Damit du eine richtige Übersicht des Ganzen bekommst, bemerke ich die häusliche Einrichtung. Oben in unserm Haus habe ich ihr eins von den kleinen Kämmerchen zum Schlafen eingeräumt; die Göbel hat unten im Haus die hintere Stube zum Schlafen. Das Gartenhaus ist die Arbeitsstube der Enders, wo ihr die Göbel den nötigen Unterricht erteilt. Auch holt die Enders dorthin ihr Essen. Habe ich Arbeit für sie, so gebe ich den gewöhnlichen Tagelohn, den die Göbel wie alle andern Arbeitsverdienste in Rechnung bringt. Dagegen bekomme ich täglich drei Groschen Kostgeld für die Enders. Durch diese strenge Scheidung ist es uns geglückt, daß von Anfang an die Enders allein unter dem Befehl der Göbel steht. Dadurch geht die Sache still in meinem Haushalt, ohne daß sie für beide Teile zu störend wird.

Auch hat die Sache den Gewinn, daß die Göbel alles Nötige und Unentbehrliche für eine Haushaltung nach und nach anschaffen kann, so die nötigen Möbel als auch Leinen und Hemden, Bettücher und Handtücher, was die Enders näht. Zum Bett für die Entlassenen haben wir bestimmt: 1 Strohsack, 1 Strohpfühl, 1 Federkopfkissen, 2 wollene Bettdecken. Auch soll jede allein schlafen – *d. h. nicht zu zweien in einem Bett, wie es weithin noch üblich war.* Zu allen diesen nötigen Anschaffungen hat der Herr bis diese Stunde der Göbel das nötige Geld in die Kasse gelegt, und das wird Er ferner tun.

Elberfeld zeigt sich sehr teilnehmend. Der Herr gebe nur, daß die Vorsteher nicht allein auf diese Gaben bauen, sondern daß sie mit Weisheit und Verstand ausgerüstet werden, dem Haus eine Einrichtung zu geben, daß es sich zum Teil in sich selbst ernährt.

Die Göbel hat sich ihr Bett, ihr Weißzeug kommen lassen, daß für die Vorsteherin weiter keine Anschaffungen nötig sind. Ihre Kapitalien belaufen sich so, daß sie jährlich 200 Gulden *gleich etwa 2400 DM* Zinsen beziehen kann. Durch ihre eigene Wohnung kann sie davon in Braunfels anständig leben. Durch ihre Abwesenheit verliert sie viel. Darum ist es von Anfang an mein Wunsch gewesen, daß der Vorsteherin ein bestimmtes Gehalt festgesetzt würde. Die Göbel verlangt und erwartet keins. Aber wir wissen, liebe Amalie – *aus den gemeinsamen Düsselthaler Erfahrungen* –, was solch ein Wirkungskreis oft Lücken hat, wo es sehr gut ist, wenn die Vorsteherin für sich in der Stille etwas tun kann. Auch sind die Bedürfnisse für den Leib weit größer als in jeder andern Lage des Lebens. Ich habe dies noch vor niemand ausgesprochen, aber vor dir kann ich es tun; du weißt, daß bei diesem Wunsch nicht Unverschämtheit zugrunde liegt, sondern um von Anfang an Hindernisse zu beseitigen, die die Tätigkeit hindern und Personen in unnützen Kampf stürzen. Der Herr mache uns frei von Eigennutz und Heuchelei.

Meine Schwester wird mich im Frühjahr wieder pflegen müssen. Gestern, liebe Amalie und lieber Focke, sah ich zum ersten Male wieder die Dächer von Düsselthal. Ich fuhr mit der Göbel und meinem Luischen an Düsselthal vorbei nach Erkrath zu den lieben Kellers. Da stellten sich denn so recht vor meine Seele alle die vielen lieben Menschen, die dort gearbeitet, gekämpft und erkannt haben, wie sie so gar nichts tun können – wie sie nun alle zerstreut sind, zum Teil heimgegangen. Mögen doch alle recht tätig im Weinberg des Herrrn wirken, der überall ist – der nicht in Düsselthal war, wie wir uns ihn dachten.

Welche Gaben an Geld und an Naturalien einkamen, und wie sie verwendet wurden, das zeigt das Wirtschaftsbuch des Asyls, dessen erste Eintragungen im Juli und August 1833 Fliedner selbst gemacht hatte. Von September an führte dann Katharine Göbels klare Frauenhandschrift das Buch weiter. Die ersten Blätter der Ausgabe mit ihren kleinen und großen Posten geben ein Bild, wie dieser neue Haushalt eingerichtet wurde und was zum täglichen Bedarf der Haushaltsführung gehörte.
Am 10. Dezember war es endlich so weit, daß Katharine Göbel mit Mina Enders aus dem Pfarrhaus in ein am andern Ende der Wallstraße gemietetes Gemeindehaus umziehen konnte, ein geräumiges Haus, in dem für zwölf Schützlinge Platz war. Nun konnten am 13. und 14. Dezember endlich drei weitere Frauen aufgenommen werden, alle aus dem Arbeitshaus in Brauweiler, 22 bis 30 Jahre alt.

Am 19. Dezember 1833 hatte Fliedner an Goßner in Berlin geschrieben: Wir zweifelten lange, eine christliche Diakonisse finden zu können, die in der Kraft des Glaubens und der Liebe Christi gleich Mrs. Fry sich der Pflege dieser unglücklichen Verirrten und Verlassenen in der von meiner Frau angegebenen Art hingäbe. Doch siehe, unser Kleinglaube ist beschämt worden: wir haben eine solche gefunden. *Da ist das Stichwort aufgetaucht, das den Namen Kaiserswerth in alle Welt tragen wird. Fliedner bezeichnete hier Katharine Göbel als Diakonisse.*

Frau Fliedner an Frau Focke, Kaiserswerth, 9. Februar 1834
Liebe, ich schreibe eben jetzt, weil ich noch schreiben kann, und um dir und deinem Focke zu sagen, wieviel Gutes der Herr diese Zeit am Asyl getan hat. Als wir an dich schrieben, war es sehr dunkel in der Zukunft, später wurde es noch mehr finster, da

wir keine Hilfe wußten und in einer Woche drei neue Ankömmlinge kamen, die wegen ihrer hilfsbedürftigen Lage nicht konnten zurückgewiesen werden.

Die Frau Pastorin Döring hatte sich von Anfang an der Sache mit großem Ernst angenommen. Die Frau von der Heydt besprach sich mit der lieben Döring und war der Meinung, daß Fliedner einen schriftlichen Aufsatz sollte senden, den sie dann durch den Boten, der die Missionsblätter umträgt, wolle zirkulieren lassen. Fliedner tat nach Verlangen, und siehe, die Herren Geistlichen, Frau von der Heydt, Frau Wichelhaus ändern manches, geben den Aufsatz in Druck, bestreiten die Druckkosten und geben die Blätter um. Fliedner war nicht wenig überrascht, als er nach einer kleinen Reise diese Blätter hier vorfand und ich ihn den Beitrag erraten ließ, wo er von 10 Talern immer höher und höher hinaufsteigen mußte bis auf 90 Taler. Diesem Beispiel folgte auch Barmen, und so, liebe teure Amalie, konnten alle vorliegenden Rechnungen bezahlt werden. Nun können auch mit ruhigem Herzen alle die vielen nötigen Einrichtungen getroffen werden, die für solch ein Haus oft unentbehrlich sind. Aber wie leicht wird dies durch diese kräftige Hilfe. Der Herr segne die lieben Wuppertaler Christen, die so viel, so vieles für sein Reich tun!

Die erste Aufgenommene ist in einen Dienst untergebracht bei einem gläubigen Schullehrer. Leider zeigte sich öfter, daß sie noch zu keiner wahren Sinnesänderung gekommen war. Die drei übrigen sind noch hier. Die eine werden wir nehmen, wenn mir der Herr wieder Gesundheit und Kräfte geschenkt hat. Für die zwei andern bemühen wir uns um passende Dienste, damit es immer zur rechten Zeit Platz gibt für die Neuankommende. Auch fühlt die Göbel und Fliedner, daß ein zu langer Aufenthalt im Asyl nicht förderlich ist, da alte Bekanntinnen sich immer wieder treffen, wo denn leicht frühere Sünden feiner fortgesponnen werden. Die Sache macht Fliedner sehr, sehr viele Arbeit und viele Gänge und viele Sorgen. Der Herr gebe ihm ferner Gesundheit, Kräfte und Glauben...

Frauen für Frauen – wohl hat Fliedner um dies Werk viel Arbeit, aber die Verantwortung hatten Frauen übernommen.

Frau Focke an Frau Fliedner, Berlin, 23. November 1834
Wir haben schon lange auf Nachricht von euch gewartet... Für die Gefängnisse und von den Gefängnissen habe ich schon oft meinen Mund aufgetan, aber es ist auf sehr trockenen Boden gefallen. Man zuckt die Achseln und beklagt, daß nichts zu machen sei. Als ich einmal vom Asyl erzählte, belehrte man mich mitleidig, da könne trotz des guten Anscheins auch in Kaiserswerth nichts draus werden. Warum? – weil hier in Berlin nichts draus geworden ist; mit den Leuten sei einmal ganz und gar nichts anzufangen.

Genau an demselben 23. November saß Frau Fliedner am Schreibtisch:
Schon lange hoffte ich auf Nachricht von deiner Hand... Verflossene Woche sandte mir deine Frau Mutter ein Kleid von dir fürs Asyl. Die Göbel hat es zu Sonntagsschürzen bestimmt, wozu es ihr sehr willkommen war, da die neuen Ankömmlinge wie gewöhnlich doppelte Kleidung haben müssen. Gestern ist wieder eine abgegangen zu einem Dienst nach Barmen. Hier sind gegenwärtig drei. Zusammen ist jetzt die 15. aufgenommen. Die Gehilfin ist auch angekommen. Die Göbel sagt von ihr, sie sei

eine sehr treue Seele. Eine wahre Beruhigung ist es mir, daß die Göbel aus dem gebundenen Leben etwas erlöst ist, besonders da sie in der letzten Zeit sehr gedrückt und körperlich angegriffen war.

In Berlin ist nichts draus geworden – *in Kaiserswerth ging die Sache, getragen von gläubigen Frauen, still und langsam an, obwohl die meisten der aufgenommenen Frauen und Mädchen so sehr verwahrlost waren, daß tatsächlich mit ihnen nichts anzufangen war und die Bemerkungen im Aufnahmebuch sich häufen:* Fortgeschickt, ohne ihr ein Unterkommen zu verschaffen. Nach x, von dort fortgelaufen. *Es war schon eine schwere Aufgabe für Katharine Göbel; aber Fliedner meinte,* die liebe Göbel hat, ihr selbst unerwartet, jeden Tag mehr Mut, je mehr die Arbeit und Pflege wächst, und paßt nach unserer Überzeugung, die immer gewisser wird durch die tägliche Erfahrung, ganz ausgezeichnet für einen so schweren Posten.

Vielleicht hat Friederike Münster ihr "liebes Kathrinchen" vor Augen gehabt, als sie einst in ihr Tagebuch schrieb: Selig sind die Sanftmütigen, die Duldenden, die etwas können über sich gehen lassen, ohne heftig und bitter zu werden, ohne in Unruhe und Unordnung zu geraten. *Kräftige Gesundheit und gute geistige Gaben sind wohl viel wert; aber daß dies Erstlingswerk der Frauendiakonie den angefangenen Weg fortsetzte, möchte wohl der stillen Tragkraft einer Katharine Göbel zuzuschreiben sein, jener Tragkraft, die die Bibel Sanftmut nennt. Friederike Fliedner hatte die Initiative an der ersten Kaiserswerther Gründung. Aber sie hatte keine Stellung, die ihr selbst ein Gestalten ermöglichte. Ähnlich erging es ihr in der Kleinkinderschulsache.*

Frau Focke an Frau Fliedner, Berlin, 1. März 1834
Mein liebes Riekchen, ich habe dir für zwei liebe Briefe zu danken und kann es doch nur in großer Eile tun, da ich die beifolgenden sieben Taler doch baldmöglichst in deine Hände wollte kommen lassen. Pflegt nur die liebe Göbel damit, soweit es reicht.
Zu den neuesten wohltätigen Einrichtungen hier gehört ein kürzlich *von Goßner* errichteter Krankenverein, der sich über ganz Berlin verbreitet, und die Errichtung von Bewahrschulen für kleine Kinder von zwei bis sieben Jahren, beides sehr wohltätige Anstalten, deren Bedürfnis in einer so großen Stadt wie Berlin lange und dringend gefühlt worden ist...

Frau Fliedner an Frau Focke, Kaiserswerth, 20. April 1834
...An der Gründung der Kinderschule und Krankenpflege nimmt besonders Fliedner den innigsten Anteil. Wir lasen die Anzeige davon in Julius Jahrbüchern. Das viele Aufblühende in der Evangelischen Kirche erfordert so viele Handreichung der Gläubigen, daß ich wohl weiß, daß es schon schwer wird, wieder für etwas Neues zu sammeln.
Das Asyl hat nun im ganzen sieben Entlassene aufgenommen, davon sind drei in Diensten – eine habe ich im Dienst , von denen bis jetzt gutes Zeugnis gegeben wird.

Eine mußte wegen Beharren in ihren alten Sünden zurückgeschickt werden, was die Göbel sehr tief betrübt hat. Drei sind noch gegenwärtig im Asyl, und es kommen auch noch neue dazu. Ihre Hauptbeschäftigung ist gegenwärtig die Ausstellung ihres großen Gartens.

Der Herr segne die Kleinekinderschule und stärke die Vorsteher derselben, dann werden die Gefängnisse nicht mehr so viele bewahren müssen. Auch bei der Judengesellschaft ist dein lieber Focke tätiges Mitglied. Ich habe den Aufruf gelesen, der wieder neues Leben für Israel bringen soll. Eben tönt vierstimmiger Gesang aus der Kirche: Wacht auf, ruft uns die Stimme. Ich bete für Israel noch: ihr Licht werd hell, ihr Stern geht auf.

Fliedner konfirmiert heute vier Kinder, davon sind zwei Brüder, Waisen, die in die Barmer Gemeinde gehören, die Fliedner in die Hände gekommen sind. Er bringt den Knaben bei dem Küster in Kost. Da kommt auch der andere Bruder, etwa sechzehn Jahre alt, heran, der hatte Samtweben gelernt. Aber beide kannten keinen Buchstaben. Der Jüngste kam gleich in die Schule. Der Älteste, weil er schon einen Teil seines Brots verdienen konnte, bekam dann neben dem Religionsunterricht des Abends Lese- und Schreibunterricht von Fliedner. Beide Knaben haben sehr schnell gefaßt, so daß sie jetzt fast ohne Anstoß lesen. Dies ist abermals ein Beleg für die Notwendigkeit der Kinderschulen. Wie manche Kinderseele wächst wild auf, besonders in den großen Städten...

Das ist die zweite Hälfte jenes Briefs, in dem Frau Fliedner ihrer Amalie Focke die Geburt und den Tod ihrer kleinen Julie mitteilt. Wie sehr müssen diese beiden Frauen und Mütter von der Aufgabe der Christen durchdrungen sein, daß ihre persönlichen Briefe vom Rhein nach Berlin und umgekehrt so voll sind von diesen Fragen: der Not der entlassenen Frauengefangenen, dem Elend der Kinder und der unversorgten Kranken in den wachsenden Industriestädten, ja auch der Aufgabe an den Juden, die den beiden schon in Düsselthal nahe getreten war. Man spürt es den Worten der Friederike Fliedner an, wie sie unter Hintansetzung der eigenen Not bereit ist, zur Lösung dieser Fragen mit allen Kräften beizutragen, bis hin zu jenem Letzten und Tiefsten: ich bete für Israel...

Fliedner und seine Frau waren sich über die Wichtigkeit der Kinderbewahrschulen als Vorbeugungsmittel gegen die Verwahrlosung der Jugend einig. Am 26. März war in Düsseldorf ein Ausschuß zur Errichtung einer evangelischen Kleinkinderschule zusammengetreten, dessen Geschäfte Fliedner übernahm. Um seine in England gesammelten Kenntnisse zu erweitern, nahm er den von Frau Focke gegebenen Wink an und wandte sich an sie um Auskunft.

Frau Focke an Fliedner, Berlin, 4. April 1835
Verehrter Freund im Herrn, auf Ihre Fragen wegen der Kleinkinderwartschule gebe ich Ihnen mit Freuden, soviel an mir ist, den gewünschten Bescheid. Sie erhalten anliegend 1. den gewünschten Stundenplan; doch muß ich dabei bemerken, daß dieser Plan nicht etwa vom Vorstand angefertigt und in unsern Schulen eingeführt, sondern daß es vielmehr ein Privatentwurf des Herrn Boltmann, Vorstehers unserer vorzüglichsten Schule ist.

Über Ihre 2. Frage, die biblischen Bilder betreffend, kann ich Ihnen nicht ganz befriedigende Auskunft geben. Herr Boltmann hatte bis jetzt noch gar keine gebraucht, auch keine besessen. Erst ganz kürzlich sind ihm durch ein weibliches Mitglied des Vorstands einige illuminierte Holzschnitte aus dem Neuen Testament zum Schulgebrauch eingehändigt worden.
3. Die Kinder sitzen auf gewöhnlichen Schulbänken, die aber nach dem Hintergrund der Stube zu nach und nach etwas höher werden. Die kleinsten Kinder sitzen vorn, dem Lehrer zunächst, und nach der Größe immer entfernter. 4. Zum Spielzeug haben sie Bauklötzchen vorzüglich für die Knaben, für die Mädchen irdenes Kochgeschirr, auch wohl Puppen. 5. Das freie Mittagessen für die Kinder ist ein Gegenstand, der in der letzten Zeit viel zur Sprache gekommen ist. Man wandte dagegen ein, es würde den Eltern auf diese Weise zu bequem gemacht und sie zur Gleichgültigkeit in der Sorge für ihre Kidner verleitet. Jetzt wird wahrscheinlich der Vorschlag durchgehen, die Eltern sollen für jedes Kind einen Sechser bezahlen, die ganz Armen ausgenommen. ... 6. Die wohlhabenden Kinder zahlen allerdings unter dem Namen Beitrag ein beliebiges Schulgeld.

Am 4. Mai 1835 wurde auf Fliedners Betreiben in Düsseldorf in dem Haus des Herrn Martin Hilgers an der Lambertuskirche Nr. 241 die vorgesehene Kinderschule eröffnet, die ein Lehrer leitete. Sie blühte frisch auf und hatte im Juni bereits 36 Kinder. Frau Fliedner unternahm in Kaiserswerth eine Kleinkinderschule. Sie wurde jedoch nicht wie in Düsseldorf einem Lehrer, sondern einer Frau übergeben.

Fliedner an seinen Bruder Georg

17. Oktober 1835. Übermorgen fangen wir eine Strick- und Nähschule für unsere Gemeinde an. Frau Feldwebelin Hilse ist die Lehrerin und unser Gartenhaus für diese Weiber das Lokal. Auch unsere beiden Mädchen werden wir hineinschicken, wenn auch Netta – *3½ Jahre* – nur für eine halbe Stunde.
9. Juni 1836. Seit 1. Mai haben wir sogar hier in unserer Gemeinde eine Kleinkinderschule, worin schon 17 Kinder von zwei bis fünf Jahren *sind,* auch unser Nettchen, darunter auch viele katholische Kinder. Sie ist vorläufig in unserm Gartenhaus, wird aber nächsten Monat unten in Küsters Haus kommen, was jetzt dazu eingerichtet wird. Die Jetta Frickenhaus leitet die Schule mit großer Liebe, Geduld und Umsicht, ebenso die Strickschule des Abends, so daß von morgens acht bis abends acht unser Gartenhaus und Garten von Kindern angefüllt ist.

Henriette Frickenhaus, die Tochter des Essigfabrikanten Frickenhaus in Kaiserswerth, war 1808 geboren, also 28jährig, als sie den Kindergarten für ein Entgelt von 1 Taler monatlich übernahm. Sie hatte zugleich die Aufgabe, die künftigen Schülerinnen des Seminars für Kleinkinderlehrerinnen praktisch in der Kinderarbeit anzuleiten. Es mochte für Frau Fliedner nicht leicht gewesen sein, nun täglich die kleine Gesellschaft mit all ihrem Lärm im eigenen Garten zu haben. Endlich im August konnte sie nach Berlin schreiben:
Ich muß dir auch noch sagen, daß seit dem 3. August ein eignes Lokal für eine Kleinkindleinschule eingeweiht ist. Deine Geschwister haben die Wohnung gesehen.

Sie zählt seit Mai, wo sie in unserm Gartenhaus ihren Anfang genommen hatte, 32 Kinder. Die Katholiken wollen nun auch eine errichten.

Die Kleinkinderschule wird wie das Asyl klein bleiben, aber beide werden sie vorbildliche Einrichtungen sein, unentbehrlich für das kommende Frauenwerk, indem sie ihren Zweck darin finden, Stätten der Vorbereitung und Einübung zu sein für die vielen Frauen, die sich in Kaiserswerth zu den verschiedenen Frauenberufen ausbilden lassen.

Im Kirchenkampf anno 1835

Die evangelischen Gemeinden am Niederrhein, gleichviel welchen Bekenntnisstandes, waren wesentlich geprägt durch die im 16. Jahrhundert unter schweren Verfolgungen entstandene reformierte "Kirche unter dem Kreuz", eine auf deutschem Boden einzigartige freie Gewissens- und Glaubenskirche. Durch zwei Jahrhunderte hatten sie ihre synodal-presbyterialen Grundsätze der Freiheit und Selbständigkeit kirchlichen Handelns gegenüber den Landsherrn verfochten. Der Gottesdienst vollzog sich auch in lutherischen Gemeinden durch die ständige reformierte Einwirkung in schlichten Formen. Als Preußen dann 1824 im Zug der Verwaltungsneuordnung die Rheinprovinz bildete und das Konsistorium in Koblenz einrichtete, wurde aus der alten Gemeindekirche am Niederrhein eine landesherrlich regierte Kirche. Die Gemeinden versuchten, über die Synoden ihre Rechte zu wahren. Ganz offen entbrannte der Kampf, als König Friedrich Wilhelm III. die Einführung der von ihm ausgearbeiteten Agende auf Ostern 1835 befahl. Damit keine Zeit war, einen Widerstand ins Werk zu setzen, sollten die Presbyterien davon erst in der Karwoche in Kenntnis gesetzt werden.

An Frau Bergsekretär Focke, Berlin, Kaiserswerth, um den 20. Juni 1835
Geliebte teure Freundin, so will ich denn nicht länger schweigen, sondern von Herzen mit dir reden, du liebe Amalie. In welch ernste Zeit hat uns der Herr versetzt. Wie sollen wir auf unserer Hut sein, damit wir seine Wege sehen, daß wir unsere Augen abwenden von aller Menschen Lehre allein zu dem Ewigen, Unvergänglichen hin. Dies ist ja eine gesegnete Zeit. Darum will ich nicht klagen, nicht murren, sondern dir nur sagen, wie sich die Sache für meine kurzsichtigen Augen gestaltet, ich meine die Agendensache. Jetzt nach genauer Prüfung erkenne ich bestimmter, daß ich mich zu der Sache nicht bekennen kann, nicht bekennen darf, auch abgesehen von der unwürdigen Art, wie die Sache betrieben wird, welches allein schon Zeugnis ist gegen sie. Ich sehe eine gnädige Führung Gottes mehr in meinem Leben, denn sonst brächte die Agendensache Unfrieden in unsere Ehe. So nehme ich es nimmermehr an und lehre meine Kinder gerade das Gegenteil von dem, was gefordert wird, und fürchte nicht des Königs Grimm, fürchte aber den Dreieinigen Gott, der das Davon- und Dazutun verboten hat. Darum habe ich auch Fliedner unaufgefordert versprechen können, daß ich ihm, wenn die Synode schlecht ausfällt – was ich fast glaube bei der

allgemeinen Menschenfurcht, die dem Herrn Klerus anklebt –, die Ohren nicht vollzuweinen, sondern ruhig mitleiden, was der Herr sendet.

Hier die Gemeinde hat den Auszug angenommen, wie ihn die Kölner Synode festgestellt hatte. Im Braunfelsischen, Kreis Wetzlar, ist alles in Schreck gekommen. Denn es ward den Geistlichen vom Konsistorium befohlen, sie taten es aus Gehorsam. Was tun die Bauern? Sie gehen nicht in die Kirche. So geht aus den großen Gemeinden Leun, Tiefenbach, Bernbach usw. nicht ein einziges Gemeindeglied zur Kirche. Die Bauern sagten: Gut, die Agende soll in der Kirche gelesen werden; aber wenn uns ein Mann von Berlin geschickt wird, dem sagen wir ganz höflich, wir wollen sie nicht hören. Als die Gemeinde sah, daß des Nachmittags frei blieb, gehen sie nachmittags zur Kirche. So haben diese Gemeinden Pfingsten ihre Kinder nicht konfirmieren lassen, kein Abendmahl genommen. In den Militärlazaretten geht schon der Geistliche mit dem Küster hin, mit einem Schüsselchen Sand und Schippchen, und bewerfen so den Sarg mit Erde im Lazarettzimmer – ist dies ehrwürdig? Ich könnte noch viel sagen, aber es sei genug. Die Ja-Brüder wie die Nein-Brüder, alle schütteln den Kopf.

Die Provinzialsynode ist auf den 3. August in Neuwied festgesetzt. Weißt du, daß Konsistorialrat Cunz in Koblenz seit Ostern aus allen kirchlichen und königlichen Ämtern suspendiert ist, weil er die Agende nicht annahm? Im Jahr 1835 ist so etwas geschehen, unter der Regierung des geliebten Königs. Auch dies darf fast nicht laut gesagt werden, alles ist geheimnisvoll. So sage ich Fliedner auch nicht, daß ich so ausführlich an dich schreibe. Es ist besser, denn auch ihm wurde gesagt, er soll nicht von der Agende sprechen. Meine Schwester hatte es im Nebenzimmer gehört, als der Oberpräsident *von Bodelschwingh* hier war, um ihn zurechtzusetzen. Auch der liebe Stolberg, *Regierungspräsident,* war hier mit von Oven. Stolberg hat in Liebe gebeten. Fliedner war tief bewegt, als er weg war. Denn die Liebe zum König wird nach der Annahme der Agende gemessen.

Die ganze stürmische Sache hat mit vielen Einfluß auf meine geschwächte Gesundheit gehabt, da es in eine Zeit fiel, da ich sehr angegriffen war. Denn Minchen – *geboren 5. April 1835* – ist mir ein rechtes Andenken an den Agendensturm in der Osterwoche. Ich habe sie nach sieben Wochen entwöhnen müssen. Auch jetzt bin ich noch sehr kraftlos. Die drei Kinder haben Röteln gehabt. Jetzt haben sie Wasserpocken. Sie waren einige Tage recht krank, jetzt sind sie munter. Minchen ist ein sehr liebliches Kind...

Über Fliedner scheint viele Trübsal heranzurücken. Von allen Seiten regt sich die giftige Zunge. Der Herr wolle ihn in seine Hand nehmen und nicht in der Menschen Hände fallen lassen. Er wird als Aufwiegler, als Betrüger verschrien. Es ist mir, als hätte sein Wirkungskreis in Düsseldorf bald ein Ende. Hat doch die Gnade Gottes ihm durch vieles hindurch geholfen.

Die Niederschrift dieses stark gekürzt wiedergegebenen Briefes mit seinem unge-
wöhnlich heftigen Ton hatte sich über sechs Wochen hingezogen. Man spürt ihm die
ganze Erregtheit jener Auseinandersetzungen zwischen den rheinischen Gemeinden
und dem preußischen König an. Jede Anordnung von Berlin wurde als Eingriff in ihre
kirchliche Freiheit herausgestellt. Besonders empfindlich war man gegenüber den

katholisierenden Bestrebungen Friedrich Wilhelms III. – Frau Fliedner hat ein anschauliches Bild über die kirchliche Lage im Bergischen Land und in den Bauerngemeinden ihrer Heimat entworfen. Wenn die Pfarrer sich mehr als gehorsame Beamte des Staates denn als Diener der Kirche erwiesen, wußten diese Gemeinden ihren Standpunkt zu vertreten.

Bis tief in ihre Seele, ja bis ins Leibliche hatten Friederike Fliedner diese kirchlichen Kämpfe durchschüttert: Das neugeborene Kind Mina blieb ihr ein Andenken an den Agendensturm in der Osterwoche.

In dem Ringen der rheinischen Gemeinden um die Freiheit und Selbständigkeit ihres kirchlichen Handelns wußte sich diese Frau eins mit ihrem Mann, der in vorderster Linie stand. Aber man spürt es immer wieder: sie fühlte sich nicht als sein Abbild. Ein neuer Ton in dem Verhältnis zu ihm taucht hier auf. Aus der Anschmiegsamkeit der ersten Jahre begann Friederike Fliedner sich aufzurichten zur ebenbürtigen, reifen Frau, die bis zur Heftigkeit ihre Meinung zu vertreten wußte. Fest gegründet in dem reformierten Bekenntnis ihrer Heimatkirche, bot sie sich ihrem Mann in erstaunlicher Freiheit und mit selbständigem Denken als Kampf- und Leidensgenossin an. In Sorge um ihn sah sie schon seine Wirksamkeit in Düsseldorf beendet: doch wo Menschen ein Ende sehen, ist oft Gottes Anfang im Kommen.

Ja zum Beruf –

Die Pflegerinnenanstalt

Anfang April 1836 hatte sich Gelegenheit geboten, eins der größten und schönsten Häuser von Kaiserwerth zu kaufen, das zugleich den Vorteil hatte, nahe bei dem evangelischen Pfarrhaus zu liegen. Fliedner hätte gern seine Frau zu Rat gezogen. Aber sie ging gerade ihrer schweren Stunde entgegen. Am 13. April wurde sie von einem toten Knaben entbunden. Als Fliedner ihr dann am dritten Tag von dem Haus sprach, lag sie ihm mit aller Macht an, es so bald als möglich im Namen des Herrn zu kaufen. Am 20. April 1836 traf Fliedner die Vereinbarung mit der bisherigen Besitzerin Decker; am 30. Mai gründete er den Verein für Bildung evangelischer Krankenpflegerinnen und Lehrerinnen – das sind die beiden ersten Daten jenes entscheidungsreichen Jahres 1836, das Frau Fliedner vor die Aufgabe ihres Lebens stellen sollte. Von ihren Kindern war Luise jetzt sechs Jahre alt. Sie war im Mai zu Herrn Lehrer Lekebusch in die Schule gekommen, die gleich rechts neben der evangelischen Pfarrkirche lag. Simonette, vier Jahre, wurde mit andern Kleinkindern der Gemeinde von Henriette Frickenhaus in der Kleinkinderschule betreut. Mina war jetzt ein Jahr. Über den neuen Plan ging ein ausführlicher Bericht nach Berlin.

Frau Fliedner an Frau Focke, Kaiserswerth, 19. August 1836
Herzlichen Dank, liebe, teure Amalie, für deinen lieben, zärtlichen Brief... Deiner Teilnahme war ich gewiß, auch gewiß, daß du mein Leid durch deine liebe Mutter erfahren hattest. Oft hatte ich die Feder angesetzt, aber, liebe Amalie, ich konnte den Herzensdruck nicht aussprechen. Solange ich wieder bei Kräften bin, was schnell geschah, bis auf Brustschmerzen, die sich auch nach und nach verloren haben, ist mir wenig Zeit geblieben, über mich selbst und an mich selbst zu denken, da Fliedner in den ersten Tagen nach meiner Entbindung das große, drei Stockwerk hohe Haus gekauft hat, dessen Garten und Tor auf unsere Wallstraße geht, um seinen alten, dir wohlbekannten Plan durch Gottes Hilfe in das Leben treten zu lassen, wegen der Krankenpflegerinnen. Es sieht nun einmal wieder so aus, als ob er jemand etwas abstehlen wollte. Du weißt aber auch, wie klar er schon vor drei Sommern daran dachte. Er hat manchen harten, sehr harten Kampf gehabt. Jetzt erheben sich die Katholiken und wollen die Stadt nicht verpestet haben, wie sie sich ausdrücken. Des Herrn Wille geschehe. Wir wissen, daß es auch im Irdischen der armen Stadt Nutzen schafft. So mag es denn der Herr versuchen, mag helfen; Weisheit und Verstand geben; Hilfe, Kraft und Trost sein.
Ich wollte mich um nichts Besonderes bekümmern, da ich glaubte, daß ich genug mit meiner Haushaltung und allem andern zu schaffen habe. Ich dachte, ein passendes Frauenzimmer solle sich in unserm Haus häuslich niederlassen und alle Vorbereitungen besorgen. Allein es fand sich nicht gleich jemand, und so habe ich denn, nachdem

ich Fliedner einige Tage gewiß sehr betrübt habe, da ich nichts tun wollte, angefangen, die nötige Leinwand und Bettwerk machen zu lassen. Mit der Arbeit ist auch die Lust zur Sache gewachsen. So will ich denn tun, was ich kann, bis jemand da ist, was gewiß geschehen wird zur rechten Stunde.

Gestern hat der Hauseigentümer das beabsichtigte Krankenhaus geräumt. Nun muß erst gekälkt, gemauert werden. Ich hätte beinahe vergessen, dir zu sagen, wie gütig deine Mutter das Krankenhaus beschenkt hat: einen großen Kleiderschrank, den ich neu anstreichen lasse, einen Proviantkasten, eine Kinderbettstelle, sieben Stühle, zwei Tischchen.

Ich wollte mich um nichts Besonderes bekümmern... Ich hatte Fliedner einige Tage gewiß betrübt, da ich nichts tun wollte... *Es war wie ein vorahnendes Zurückweichen, ein letztes Wehren vor einer unausweichlich vor ihr stehenden, zu großen Aufgabe; vor einem Kampf, in dem Friederike Fliedner ihre letzten Kräfte hergeben wird. Aber sie stand fest hinter den Plänen ihres Mannes. Beide befanden sich in einer eigentümlichen Lage. Im benachbarten Düsselthal hatte Graf Adelberdt von der Recke-Volmerstein gerade in diesem Frühjahr drei Damen zur Ausbildung als Diakonissen aufgenommen und damit das Diakonissenstift eröffnet. Von diesem Plan hatte er bereits im Vorjahr die Öffentlichkeit unterrichtet durch die Herausgabe seiner Schrift:* Die Diakonissin oder Leben und Wirken der Dienerinnen der Kirche für Lehre, Erziehung und Krankenpflege. *Fliedners Hauskauf und die Gründung des* Evangelischen Vereins für christliche Krankenpflege in Rheinland und Westfalen, *der das neue Kaiserswerther Werk tragen sollte, mußte als Konkurrenzunternehmen wirken, wenn Fliedner auch zunächst das Wort Diakonisse vermied. Vielleicht war sein schnelles Handeln tatsächlich als Gegenschlag gegen das Reckesche Diakonissenstift gemeint. Die schweren Düsselthaler Erfahrungen seiner Frau mochten sie beide beurteilen lassen, was von dem neuen Unternehmen des Grafen zu halten war. Es war ihnen um der Sache willen wichtig, daß von vornherein die richtige Grundlage gelegt würde. Ihres Mannes Plan war in langen Jahren gereift, das wußte Frau Fliedner, und sie erinnerte Frau Focke an Gespräche vor drei Sommern. Und: Konkurrenz belebt das Geschäft!*

Sophie Wiering, der Friederike Münster schon in ihrer Düsselthaler Zeit befreundet war, war es, die die 1800 Taler, etwa 32 000 DM in unserm Geld, eine ihr unerwartet zurückgezahlte Hypothek, Fliedner zum Kauf des Hauses anbot. Es verdient festgehalten zu werden, daß für die erste neuzeitliche Bildungsanstalt für Frauenberufe eine Frau das Kapital zur Verfügung gestellt hat.

Dies Haus am Kaiserswerther Markt hatte einst dem Mitbegründer der evangelischen Gemeinde, dem Seidenfabrikanten Dietrich Christoph Petersen, gehört. Verglichen mit den meistens schmalen, oft nur zwei oder drei Fenster in der Front aufweisenden Häusern fiel dies dreistöckige Petersensche Stammhaus durch seine sieben, mit einem Stichbogen abschließenden Fenster und durch seine breite Außentreppe auf. Das Erdgeschoß liegt, wie in den von Hochwassern des Rheins gefährdeten Städten, in einem Meter Sockelhöhe. Eine bequeme, schwere Eichentreppe führte bis unter das Dach. Dies breite, behäbige Bürgerhaus umfaßte insgesamt achtzehn Zimmer von durchschnittlich zwanzig Quadratmetern Grundfläche; hatte die Pumpe in der

Küche; hatte Badestube, Waschküche, einen Hof mit Hintergebäuden und einen fast dreiviertel Morgen großen Garten hinter dem Haus. Der letzten Besitzerin, einer Anna Maria Decker, gehörten ferner die zwei nach Westen an das Petersensche Stammhaus anschließenden Häuschen. Für das in Aussicht genommene Krankenhaus war es günstig, daß gleich das nächste Eckhaus die Hansensche Adlerapotheke war.

Über die erste Inneneinrichtung berichtete Fliedner an den Grafen Stolberg in Düsseldorf am 14. August 1836: Zehn Bettstellen sind bereit, wovon Herr Göring eine geschenkt und Frau Geheimrat Jacobi eine andere. Die übrigen habe ich machen lassen mit fünf Nachttischchen. Auch sind acht neue Bettmatratzen und Kopfmatratzen fertig, wovon vier bereits mit Pferdehaaren gefüllt sind, 12 Bettücher, 12 Kopfkissenbezüge, 6 Federkissen, 8 Mannshemden, 10 Frauenhemden, 24 Handtücher, 6 große Bettdeckenüberzüge, 8 Strohsäcke, 2 Waschkufen. Auch Herr Superintendent Snethlage und Herr Göring haben mir zu genannten Einrichtungskosten bereits jeder seine 25 unterzeichneten Taler geschickt. Darf ich für diese Einrichtungskosten mir auch Ihren unterzeichneten Beitrag von 50 Talern erbitten?

Als nun "Ausgabe auf Ausgabe kam wie Welle auf Welle", wanderte Fliedner nach Elberfeld und Barmen. Hier fand er so viele herzliche Teilnahme bei Vornehmen und Geringen, Christen und Weltleuten, daß er im Lauf des November und Dezember über tausend Taler sammelte. *Zu dem baren Geld kamen noch Naturalgeschenke. Ein am 19. September aus Mönchengladbach eintreffender Ballen enthielt unter anderm 95 Meter neue Stoffe und fünf Bettücher, die ein Fräulein Lamberth gesammelt hatte.*

Am Einzugstag, dem 11. Oktober 1836, war so viel Mobiliar zusammengekommen, daß – nach dem ausgegebenen Tagelohn zu urteilen – sieben bis acht Mann zu tun hatten, das untere Stockwerk und die freigewordenen Räume im oberen Stockwerk einzurichten, in denen nach dem Auszug ihrer Bewohner einen Monat lang die Maurer, Schreiner und Kälker tätig gewesen waren.

An jenem selben 11. Oktober kam die etwas über 30jährige Albertine Pieper aus Düsseldorf, die bereit war, in der Krankenpflege zu helfen, wenn sie sich auch nicht auf längere Zeit verpflichten wollte. Ferner waren zwei Mägde eingestellt. Als Fliedner zwei Tage später die „Pflegerinnenanstalt" eröffnete, war alles zu einem guten Anfang vorhanden – die Zukunft sollte erweisen, daß der 13. Oktober 1836 das entscheidende Datum des Beginns der neuzeitlichen Krankenpflege werden würde.

Und was war Frau Fliedners Anteil an diesem Anfang? Wie Fliedner berichtete, war sie schon Anfang August in voller Tätigkeit und hat vier Betten mit Matratzen eingerichtet. Einrichten, das heißt: messen und rechnen; Stoffe und Stroh und Roßhaar und Federn und Garn einkaufen; zuschneiden und nähen; füllen und zunähen und zeichnen, alles Stich für Stich mit der Hand; das heißt auch wachsen – Wachs zum Wichsen der Kopfkissen steht in den Ausgaben. All diese Arbeit machte die Hausfrau nicht allein, dafür holte sie sich die Näherin ins Haus oder brachte ihr die Ware hin. Vier Betten einrichten ist also nicht ein ein- oder mehrmaliger Kaufakt, sondern eine vielfältige Arbeit. Als Fliedner gerade in den beiden entscheidenden Anfangsmonaten November und Dezember volle vier Wochen im Bergischen war, um

die Einrichtungskosten zusammenzubringen, da war seine Frau für alles verantwort-
lich. Die Ausgaben für Butter und Nierenfett bis zu den Bezahlungen der großen
Stoffrechnungen wie die Arbeits- und Nählöhne stehen alle von Frau Fliedners Hand
im Wirtschaftsbuch eingetragen. Sie selbst schreibt über jene Tage die beiden Sätze:
Meine Arbeit ist groß und viel; *und:* Es blieb mir wenig Zeit, an mich selbst zu
denken.

Das von Fliedner geführte „Pflegerinnenbuch", ein aus alten Briefumschlägen
zusammengenähtes Heft, führt die Mitarbeiterinnen und Mitarbeiter an, die als erste
den Weg in die neue Bildungsanstalt fanden:

A. Krankenpflegerinnen

1. Albertine Pieper – die Zahl 1 ist später durchgestrichen – von Düsseldorf,
hierhergekommen 11. Oktober 1836, abgegangen 5. August 1837, hat sich auf keine
Zeit verbindlich machen wollen, auch kein Salär – *Gehalt* – annehmen wollen.
1. Gertrud Reichardt – *ursprünglich als 2 gezählt,* 20. Oktober 1836 hierhergekom-
men, engagiert zu 30 Talern jährlich und freier Hauskleidung zur provisorischen
Vorsteherin...
Das Stichwort Diakonisse ist in dem Heft noch nicht gefallen.
Die Pieper *und die Reichardt wurden Pflegerinnen genannt. Die Anschrift:* Fräulein
Reichardt Wohlgeboren *entsprach der Höflichkeit gegenüber Frauen aus dem gehobe-*
nen Bürgerstand. Die Anrede: Freundinnen in dem Herrn *war in christlichen Kreisen*
üblich.
Der Albertine Pieper hat es einen harten Kampf gekostet, nach Kaiserswerth zu
dürfen. Der Vater war so verstimmt darüber, daß es ein Vierteljahr gedauert hat, bis er
ihr den ersehnten ersten Gruß sandte.
Gertrud Reichardt war als Tochter des aus Wesel stammenden Chirurgen Jakob
Heinrich Reichardt am 3. September 1788 in der Schifferstadt Ruhrort geboren. Sie
war ihrem Vater beim Verbinden der Kranken zur Hand gegangen und später einem
ihrer Brüder, der wie der Vater Chirurg war. Schon 1834 hatte Fliedner daran
gedacht, sie als Vorsteherin für das Asyl zu gewinnen, und hatte sich bei seinem
Amtsbruder Gottfried Peuchen in Ruhrort nach ihr erkundigt.

Peuchen an Fliedner, Ruhrort, 18. Mai 1834.
Fragen Sie mich offen um meine Ansicht über die Tauglichkeit der Reichardt zu dem
fraglichen Dienst, so spreche ich mich darüber entschieden verneinend aus. Die
Person ist christlich, aber ich fürchte, daß sie sich *nicht* selbst kenne. Ihr äußeres,
stilles, fast umgangloses, etwas bequemes Leben scheint ihr wenig Gelegenheit zur
Verleugnung des eigenen Willens zu geben... Zu erwähnen ist übrigens, daß sie für
die Magdalenenpflege zuwenig Welt- und Menschenkenntnis und die Gabe, die
Geister zu prüfen, besitze, ferner zu gesetzlich sich stelle und überhaupt auch der
erforderlichen körperlichen Rüstigkeit ermangeln möchte. Dies meine unvorgreifli-
che Ansicht.

Gertrud Reichardt war zwölf Jahre älter als die gleichalten Eheleute Fliedner und war bereits 48 Jahre, als sie nach Kaiserswerth kam. Sie war eine kluge, mütterliche Frau mit guten Anlagen, von großem Pflichtgefühl, ausgeprägtem Sinn für Ordnung und höflichen Umgangsformen. Aber es erwies sich bald, daß an Peuchens Urteil etwas dran war. Es zeugt für Fliedners und seiner Frau nüchterne und mutige Lebenseinstellung, daß sie doch auf Gertrud Reichardt zugingen und sie in ihren Unzulänglichkeiten und Schwächen nahmen, wie sie war.

Das Pflegerinnenbuch fährt fort:
2. Beata Roth von Wilhelmsdorf in Württemberg, hierhergekommen den 10. Dezember 1836, um die Probezeit von 3 bis 6 Monaten auszuhalten und dann mit einem Gehalt von 25 bis 30 Talern einzutreten und freier Hauskleidung. *Später hinzugesetzt:* Wieder von hier abgereist 3. April 1838.
3. Johanna Maria Deters von der Bauernschaft Blankenhagen, Hof Piepenbruch, aus der Gemeinde Gütersloh, 26 Jahre, hierhergekommen 16. Januar 1837. 5 Taler zum voraus gegeben.
4. Helena Osthoff von Ruhrort, geboren 15. Juni, alt 24 Jahre, hierhergekommen 18. April 1837. Vom Kinderdiakonissenamt zum Krankendiakonissenamt übergegangen, wo Pastor Peuchen schrieb, daß die Eltern einwilligten, 8. Juni 1837. Aber schon von 1. Mai an Kranke gepflegt. 6. Juli sie aufmerksam gemacht auf Tändeleien des Doktors und zur Vorsicht ermahnt...
5. Franziska Lehnert von Rendsburg, alt 35 Jahre, angekommen 18. Juni 1837 ... abgereist 9. Dezember...
6. Katharina Weintraut von Treysa bei Ziegenhain in Kurhessen, 21. August 1837, 21 Jahre, angekommen 8. Oktober 1837. 21. November mit ihr gesprochen, da ihr den Tag vorher das Amt der Ordnerin übergeben war.
7. Karoline Hermann, 21 Jahre alt, aus Halle, angekommen 28. Oktober 1837, von hier wieder abgereist 7. April 1838. *Karoline war gekommen, um sich als Kinderpflegerin ausbilden zu lassen, blieb dann im Krankenhaus, wußte aber doch nicht recht, wohin sie nun steuern sollte.*
3. März 1838: Ihr gezeigt ihre Unwahrhaftigkeit an mehreren Exempeln; ihre Selbstsucht, nur ihrem Willen zu folgen; und ihre Schwatzhaftigkeit und Begierde, ihren Unmut auf andere Pflegerinnen zu übertragen, und gefragt, worin sie zuviel Gesetzlichkeit in der Anstalt glaube... Als sie bemerkte, sie habe hier viel weniger Liebe und freudiges Christentum gefunden als in Halle, zeigte ich, daß ihr junges Christentum daran schuld sei, daß sie hier ein Paradies zu finden geglaubt; daß hier, wo Selbstverleugnung, Gehorsam und Ordnung herrschen müßten, eine Schule und Probe für das wahre Christentum sei; daß übrigens die Reichardt und Johanna Freudigkeit behalten hätten, auch Katharina sie hätte.

B. Krankenwärter

1. Holstein aus der hiesigen Invalidenkaserne 17. November 1836 im Krankenhaus eingetreten für drei Taler monatlich. 17. Januar 1837 austretend, weil schwächlich und kränklich.

C. Mägde

1. Elisabeth von der Morlen von Geldern, 5. November 1836; einen Taler Mietgeld erhalten und gemietet für 16 Taler 22 Silbergroschen. Abgegangen aus dem Dienst 9. Oktober 1837...

D. Kinderpflegerinnen, Kinderdiakonissen

1. Katharina Bube von Düsseldorf, 13. Oktober 1836 ins Krankenhaus gezogen, um da noch Magddienst eine Zeitlang zu versehen und sich dann für die Kleinkinderschule vorzubereiten. 11. Januar 1837 nach Düsseldorf abgehend.
2. Lina Kessler von Marburg, hier von Bonn vom 31. Oktober 1836 bis 4. Januar 1837.

E. Hilfsgeistliche

1. Kandidat Wilhelm Josten von Duisburg, 2. Februar 1837 hier angekommen, abgegangen 16. Juli 1837, 6 Taler monatlich.
2. Kandidat Johannes Ball von Elberfeld, angekommen 11. August 1837.

Offenbar hatte Fliedner das Vorbild der Brüdergemeine vor sich, wenn er die Pflegerinnen jetzt nicht mehr als Fräulein, sondern als Schwestern mit dem Zunamen: Schwester Reichardt, Schwester Pieper, und als Mitarbeiter vierzehntägig zu Konferenzen zusammenrief. Aber es lief anders, als er plante. Der Verantwortlichkeit, die er diesen Frauen zutraute, waren sie nicht gewachsen.
Das von Fliedner geführte Konferenzbuch berichtete über das Werden.

1. Konferenz in der evangelischen Pflegerinnenanstalt zu Kaiserswerth seitens des Pfarrers Fliedner und seiner Frau mit den Krankenpflegerinnen Gertrud Reichardt, Albertine Pieper und Beata Roth, den 12. Dezember 1836:
Da Schwester Reichardt wiederholt erklärte, daß sie die obere Leitung der Haushaltung nicht zugleich mitbesorgen könne und ihre Kraft nur für die Pflege der Kranken hinreiche, so wurde der Schwester Pieper die Führung der Haushaltung sowie das Empfangen des Haushaltungsgeldes und das Aufschreiben der Haushaltungsausgaben allein übergeben unter der obern Leitung der Pastorin Fliedner, an die die Schwester Pieper auch monatlich über die Haushaltungsausgaben Rechnung abzulegen habe.

Ende 1836 waren in der Bildungsanstalt drei Pflegerinnen, ein Wärter, zwei Mägde, die angehende Kinderlehrerin Katharina Bube in einer Zwischenstellung zwischen Magd und Pflegerin – insgesamt sieben Personen. Die Zahl der Kranken: mindestens fünf Frauen und zwei Männer, im ganzen wohl zehn. In die Verpflegung gehörten ferner die beiden angehenden Kindergärtnerinnen, so daß der Haushalt rund zwanzig Personen umfaßte.
Die Fürsorge für diese kleine Hausgemeinschaft ging im Äußeren bis in den Küchenplan und im Innern bis in den täglichen Hausgottesdienst, *den nicht der Pfarrer,*

sondern die Schwester Reichardt leitete; bis in die Feier des Heiligen Abendmahls: für alle, die am ersten Feiertag verhindert waren, es in der Kirche zu feiern – zu ihnen gehörte auch Frau Fliedner –, richtete Fliedner diese erste Hauskommunion ein, eine ernste und liebliche Feier.

In den weiteren Konferenzen wurden nach Eintritt neuer Pflegerinnen vor allem die Arbeit anders verteilt, so daß die Auszubildenden stufenweise in die Verantwortung hineinwuchsen.

Die treibende Kraft in der Bildungsanstalt war nach außen allein Fliedner. Er leitete die Konferenzen; er setzte die Ordnungen auf und machte sie kund; er hatte alle Fäden in seiner Hand; er bemerkte, er wies nach, er rügte. Von ihr heißt es wie von den andern Mitarbeitern: anwesend Pfarrerin Fliedner. Sie hatte die schwere Aufgabe, die Ordnungen mit Leben zu füllen. Sie tat es nicht, indem sie Gehorsam forderte, sondern indem sie einfühlsam auf die Frauen und ihre Lage einging. Einst hatte die 25jährige mit sich gerungen:

Gib mir die Liebe. Wer einen Funken deiner Liebe hat, hat viel, hat alles. Alles, was er denkt und tut, ist in Gott getan. Du bist Liebe, laß mich Liebe werden. Von deiner Liebe erwärmt, werde ich die Fehler anderer, die ich nicht verbessern kann, tragen lernen. Die Liebe ist nicht ungeduldig, die ist geduldig. Ach, und fehlt deine Liebe, dann fehlt alles. Wo andere fehlen, laß es mich dir ohne Unruhe des Herzens anheimstellen. Laß mich meinem Nächsten seine Bürde tragen helfen, er muß auch viel von mir tragen. Laß mich nie glauben, die Fehler meines Nebenmenschen reizten mich zu sündigen. Nein, sie zeigen mir nur, wie schwach und gebrechlich ich bin. Lehre mich, daß ich mich selbst recht erkenne, daß ich den eignen Willen abtöte. Herr, hilf mir und allen Ringenden, Kämpfenden dazu.

Die als Vorsteherin angestellte Gertrud Reichardt versagte sich der Verantwortung. Sie blieb jedoch als Diakonissin, das ist hier wortwörtlich zu nehmen – nämlich als Dienerin. Was das für ein Schritt vom Standpunkt der damaligen Zeit aus war, geht aus Fliedners Briefwechsel mit einem ihrer Brüder, dem Judenmissionar Johann Christian Reichardt in London, hervor.

Kaiserswerth, 25. Mai 1837:
Als wir Ihre liebe Schwester hierher beriefen, beriefen wir sie allerdings zur Vorsteherin. Wir fanden an ihr bestätigt, daß sie große Gabe habe, mit Kranken umzugehen, sowohl durch ihre frühere Erfahrung in körperlicher Behandlung derselben als auch durch ihr liebreiches und sanftes Wesen; daß sie ferner die geistliche Pflege derselben sowie die Hausandacht der Gesunden zu leiten sehr gut verstehe. Allein zugleich ergab sich, daß sie nicht die Energie und Charakterstärke hatte, um ein so großes Anstaltspersonal zu regieren; um im Notfall gegen Kranke wie Pflegerinnen und gegen das Gesinde Strenge zu gebrauchen und die Hauszucht mit Entschiedenheit zu handhaben, ohne die ein so großes Hauswesen nicht bestehen kann. Sie selbst hatte christliche Demut und Bescheidenheit genug, dies einzusehen und wiederholt zu bekennen: ich kann niemand etwas Unangenehmes sagen. Ferner ergab sich, daß sie, weil vorher stets nur an eine kleine Haushaltung gewöhnt, nicht Umblick und Geistesraschheit genug hatte, die große Haushaltung in allen ihren

verschiedenartigen *Zweigen* zu übersehen und zu dirigieren. Dies sei zu vielerlei für sie, wodurch sie verwirrt werde. Sie bezeugt, daß ihre innere Freudigkeit zu dieser Krankenpflege berufen zu sein, sehr gewachsen ist.

Der Versuch, in der Arzttochter Gertrud Reichardt eine Vorsteherin zu erhalten, war gescheitert. Aber es war in ihr die erste Frau gewonnen, die in aller Schwäche ihres Charakters und den Unzulänglichkeiten ihres gereiften Alters dennoch etwas von dem widerspiegelte, was das Geheimnis der Frauendiakonie ausmacht, eine letzte Hingabe zum Dienst Jesu, frei von allen andern Bindungen. So trägt sie doch mit Recht den Titel:
    "Die erste Diakonisse der Neuzeit".

Gertrud Reichardt

Es blieb die entscheidende Frage, daß sich für diese Frauensache die geeignete Frau als Leiterin fand. Theodor Fliedner ging auf Amalie Sieveking in Hamburg zu, die in der Kirche und in der Öffentlichkeit bereits einen Namen hatte. In einem ausführlichen Schreiben vom 8. Februar 1837 legte er der damals 43jährigen sein Anliegen dar:...

hier gilt es, die weiblichen christlichen Kräfte, die bisher vereinzelt und ohne hinreichenden Wirkungskreis durch strafbare Nachlässigkeit von uns Männern geblieben waren, in einem Brennpunkt zu sammeln und für das Reich Gottes dienstbar zu machen, eine Schar einheimischer Missionarinnen zu bilden, die die Barmherzigkeit Christi den verlassenen Kranken, den verwahrlosten Kindlein, den gesunkenen Armen, den verirrten Gefangenen eines ganzen Landes nahezubringen;... vieler irdischer und geistlicher Not vorbeugen durch frühe Erziehung und Vermahnung zum Herrn...

Amalie Sieveking ließ lange auf Antwort warten. Endlich, nach mehr als anderthalb Monaten, traf ihre Antwort in Kaiserswerth ein:

Fräulein Sieveking an Fliedner, Hamburg, den 27. März 1837
Verzeihen sie, mein hochverehrter Freund in dem Herrn, daß ich so spät erst ihre Zuschrift vom 8. Februar dieses Jahres beantworte. Bei meinem dreifachen Beruf lebe ich in einem solchen Drang von Geschäften, daß ich mit Wahrheit sagen kann, es ist seit dem Empfang Ihres Briefs die erste Stunde, in der ich eine solche Muße finde, wie ich sie zu einem Antwortschreiben an Sie brauche.
So ist es denn also verwirklicht, das schöne Ideal, das seit meinem achtzehnten Jahr – und ich bin jetzt in den Vierzigern – meinem Geist vorschwebte und mit so inniger Liebe von mir umfaßt ist? So ist er denn nicht zuschanden geworden, der fröhliche Glaube, den ich schon vor zehn Jahren einem abwesenden Bruder schriftlich bezeugte: es sei die Stunde nicht fern mehr, da der Herr auch seine protestantische Kirche durch solchen in seinem Namen geschlossenen Liebesverein verherrlichen wolle! Sie ist ins Leben getreten, die liebliche Schöpfung, und ich, ich sollte dieser Schöpfung vorstehen und würde also die Ahnung erfüllt, die mir seit langem schon tief im Innern die Lösung solcher Aufgabe als die letzte Bestimmung meines Erdenlebens verkündigt? Diese Andeutungen mögen Ihnen genügend beweisen, welche Reize die mir angetragene Stellung in meinen Augen hat; wie stark der Zug in meinem Herzen, Ihrer freundlichen Einladung zu folgen.

Das umfangreiche Antwortschreiben läßt in seinem Ringen klar durchblicken, wie sehr es sie verlockte, daß es aber nicht Gottes Ruf für sie war. Rückschauend vom zwanzigsten Jahrhundert, in dem das Hamburger wie das Kaiserwerther Werk offen vor der Geschichte liegen, kann man über solche Gewißheit nur staunen. Als Fliedner anfragte, hatte Amalie Sieveking, ohne daß es ihr bewußt war, ihr Werk, nämlich das des freiwilligen evangelischen Frauendienstes in der Gemeinde, bereits gefunden. Und dies Werk war, wie sie selbst spürte, an eine so volkreiche Stadt wie Hamburg gebunden. Die Weltstadt Hamburg, die zweitgrößte Stadt des alten Reichsgebiets, war bereits von den Massennöten der industriellen Zeit bis in die Tiefen durchschüttert; hier war der Boden reif für solchen Dienst. Von seiner Zeit aus und von ihm selbst her konnte Fliedner das Hamburger Frauenwerk nicht begreifen. ER sah das Kaiserswerther Werk, und er sah die befähigte Frau, die er brennend gern dafür gewonnen hätte. Am 6. Juni 1837 fragte er noch einmal bei Amalie Sieveking an und erhielt am 28. August eine entschieden ablehnende Antwort, zugleich aber einen Hinweis auf ein Fräulein Lehnert, die vielleicht die geeignete Frau sei.

Amalie Sieveking an Fliedner, Hamburg, 28. August 1837
...Ja, sollten Sie nicht vielleicht eben jetzt schon haben, was Sie brauchen. Als Sie mir schrieben, war Fräulein Lehnert noch nicht dort. Ich habe sie hier zu kurze Zeit gekannt, um mit Wahrscheinlichkeit bestimmen zu können, ob sie sich zu dem Posten einer Vorsteherin eigne; aber ganz unwahrscheinlich dünkt es mir nicht. Schon hier legte sie große Liebe und Eifer für die Sache an den Tag. Ihre Geistesbildung, soweit ich darüber urteilen kann, möchte ich auch für ausreichend halten, und in einem Punkt, nämlich in praktischer Kenntnis aller Details der Haushaltung, hat sie wahrscheinlich einen großen Vorzug vor mir. Nur ein Punkt stößt mir hier als ein wenig bedenklich auf. Es ist ihre zu große Neigung, an der Spitze zu stehen. Darüber bin ich von einigen Personen berichtet, denen ich meine, Glauben schenken zu müssen. Nun aber muß ich gestehen, daß kein Grundsatz der katholischen Schwesternschaften meine völligere Billigung gefunden als der, der die Behauptung aufstellt: diejenige sei die würdigste Oberin, die mit der größten Willigkeit sich unterordne. Es ist ja im Grund dieselbe Maxime, die unser Heiland aufstellt: Aber wenn selbst die Jünger des Herrn damals noch nicht frei waren von einer gewissen Neigung zu herrschen, so dürfen wir auch heutzutage wohl nicht allzu streng sein in unsern Forderungen an diejenigen, denen etwa ein Posten im Dienst der Gemeinde zu übertragen wäre. Ob nun aber Fräulein Lehnert, ob eine andere, es hat der Herr gewiß schon eine Jüngerin sich ausersehen, die er für den Platz in Kaiserswerth bestimmt.

Franziska Lehnert war in dem Krankenpflegeverein der Amalie Sieveking, die ihr Fliedners Anfrage nach einer Vorsteherin vermittelte. Am 28. April reichte sie ihr Bewerbungsschreiben ein und kam dann auf Fliedners zusagende Antwort zu einer Probezeit von sechs Monaten nach Kaiserswerth.
Bereits zwei Monate später wurde Franziska Lehnert jedoch durch Vermittlung eines Dritten aufgefordert, auf Wunsch einer Gräfin Bernstorf zu Gartow als Diakonisse in die dortige Gemeinde zu kommen.

Das Pflegerinnenbuch berichtet: 5. Franziska Lehnert von Rendsburg, alt 36 Jahre, geboren 5. Dezember 1800, angekommen 18. Juni 1837. 8. September mit ihr über das meiste hiervon gesprochen, und daß sie um mehr Liebe und Weisheit bitten müsse, weil sonst die Gabe zu organisieren nur zum Revolutionieren führe, und um mehr Treue im Kleinen, um nicht überzugehen in andere Ämter, so in das der Johanna *Deters* mit deren Kranken und in ihr Wäsche- und Leinwandamt, und um nicht so oft ihr eigenes Amt zu vernachlässigen; und daß sie sich nicht unnötige Sorge um das Geld für die Anstalt machen möge, daß ich dafür sorge und das zu verantworten hätte mit dem unentgeltlichen Aufnehmen und das Komitee damit zufrieden sei.

11. Oktober ihr wieder vorgehalten ihren Mangel an Demut und Liebe, daß sie so oft die Reichardt beneidet um ihre Stube und für Ungerechtigkeit gegen die andern dies ausgegeben; daß sie die Reichardt bei Kandidat Ball so oft anklage über schlechte Pflege, während der Doktor das Gegenteil sage; daß sie in der Reichardt ihr Amt eingreife, daß sie, wenn sie nicht mehr Demut und Liebe erhielte, zu keiner einfachen Diakonisse, geschweige zu einer Vorsteherin passe. 6. November: Sie erklärte, daß sie jetzt nach Erhaltung eines neuen Briefs zu Gräfin Bernstorf nach Gartow gehen wolle.

9. Dezember reiste Franziska ab. Am Tag ihrer Abreise in Düsseldorf bei der Wiering fing sie schon an, die Anstalt und uns zu verleumden, wir hätten ihr nicht genug Gelegenheit gegeben, Kranke pflegen zu lernen. Als die Rh sie fragte, ob wir noch Krankenpflegerinnen annehmen würden, sagte sie, nein, das glaube sie nicht; wir hätten keine mehr nötig.

Bei Franziska Lehnert war alles vorhanden, was bei Schwester Reichardt fehlte. Aber genau der Punkt, den Amalie Sieveking als bedenklich andeutete, erwies sich als so beherrschend in ihrem Charakter, daß von beiden Seiten der Versuch abgebrochen wurde.
Es geht in der Frauendiakonie um geschulte und tüchtige Frauen, die mit ihrem ganzen Leben Jesus in den Hilflosen dienen wollen. Darum ist der Diakonissenverband kein Verband wie andere Berufsverbände, sondern eine Dienst- und Lebensgemeinschaft derer, die Christus zugehören wollen, eine vita communis solcher Frauen, die einander wirklich Schwester sein wollen.

Kinderkrankensaal

Franziska Lehnerts Wirkungszeit als „Diakonisse" in Gartow war kurz; sie heiratete bereits 1838 den dortigen Pfarrer Johann J. P. Freytag. Für Frau Fliedner aber war es nach diesem letzten vergeblichen Versuch entschieden, daß sie zu all ihren Aufgaben die Leitung der Diakonissenanstalt behalten müsse, „weil niemand Besseres dazu da war."

Frau Fliedner an Frau Focke, Kaiserswerth, am 19. Juli 1837

Liebe, teure Amalie, nach jahrelangem Schweigen schreibe ich an dich, liebe Freundin, und klage mich recht an wegen meiner Nachlässigkeit und bitte dich, mir zu vergeben. Fliedner und ich haben so ein arbeitsvolles Jahr gehabt, was uns die Diakonissenanstalt bereitet hat, wofür wir nur loben und danken können; denn es ist eine süße Last. Aber es mußte manches unterbleiben, so auch der Briefwechsel mit euch, was wir doch verschuldet haben.

Als deine lieben Geschwister verflossenen Sommer hier waren, war schon das Haus angekauft. Der Bericht sagt euch, wann es bezogen wurde und wie es bis Mai dort aussah. Während dieser Zeit geht es durch Gottes Gnade immer voran. Die Pflegerinnen entwickeln immer mehr Kraft und Freudigkeit in ihrem schweren Beruf. Auch sind noch zwei neue in dieser Woche hinzugekommen. Auch ist noch eine dritte Krankenabteilung entstanden, nämlich eine Krankenstube für Kinder. Fünf Kinder, die alle nicht gehen konnten, wurden dort gepflegt. Ein anderthalbjähriger Knabe wurde in diesen Tagen zurückgeholt. Sieben weibliche Kranke und sechs männliche werden in diesem Augenblick gepflegt, wobei sehr schwere Kranke sind, besonders solche, die an langwährenden Wunden leiden. Die sechs Pflegerinnen tun sehr wohl im Haus; denn eine hat die Küche, eine die Leinwand, eine die Männer, eine die Frauen und zwei sind bei den Kindern, die außerordentlicher Pflege bedürfen. Ein Wärter ist da, um den Pflegerinnen Hilfe zu leisten bei den Männern, zwei Mägde, zwei Kleinkinderschullehrerinnen, so 28 bis 30 Personen. Du kannst dir denken, was dazu nötig ist. Und doch glaube ich kaum, daß man sich recht in alle Bedürfnisse einer neu einzurichtenden Krankenanstalt hineindenken kann. Darum ist es ein rechtes Wunder Gottes, wie der Herr in diesen neun Monaten geholfen hat und ja gewiß in den folgenden helfen wird, wenn er sein Reich durch dies Werk fördern will. Ich habe deshalb gar keine Angst und vertraue fest. Er wird geben, was die Anstalt bedarf. Ich führe bis jetzt noch die Ausgabe und die Einnahme, die Fliedner herbeischaffen muß; besorge die Anschaffungen im ganzen. Noch nie habe ich mein verliehenes Schneidertalent so benutzen müssen als in diesem Jahr. Die zuletzt angekommene Pflegerin Franziska Lehnert von Hamburg wird es mir zur rechten Zeit abnehmen.

Denn bald werde ich es niederlegen und mich pflegen lassen, was meine Schwester wieder tun will. Mein Zustand ist mir oft unbeschreiblich schwer geworden, da ich lange Zeit mit großer Angst und Schmerzen zu kämpfen hatte. Der Herr wolle sich über mich erbarmen und sich meiner in der Angst und Not gnädig annehmen.

Hätte ich euch nur hier und ihr könntet die Sache sehen, ihr würdet ein freundliches Bild sehen von christlicher Krankenpflege. Auch sehen, daß die Sache mit der evangelischen Freiheit so erreichbar ist als mit der klösterlichen Gebundenheit. Der Herr erhebe nur seine schützende und segnende Hand über die zarte, aufkeimende

Pflanze, daß ihr Frost und Hitze nicht schaden mögen; gebe Weisheit und Verstand, daß sie durch die rechte Zucht regiert wird...

Der Damenverein in Düsseldorf, wozu auch Auguste *Jacobi – Amalies jüngere Schwester –* gehört, an dessen Spitze die lieben Stolbergs stehen, tut der Anstalt sehr wohl. Die Frau Gräfin *Stolberg* kommt öfters hierher, war gestern wieder mit den Damen hier. Man fühlt ihr ohne Worte das lebendige Interesse an, das sie an der Sache nimmt. Ihr einfacher, häuslicher Sinn weiß in allen Dingen Rat. Der Verein sorgt unermüdlich für Leinwand, als Betttücher, Hemden, Mützen, Strümpfe; alte Leinwand usw. Auch hat der Verein ein ganzes Bett besorgt.

Nun, liebe Amalie, will ich schließen. Erlaube mir noch die Bitte für die Sache, daß ich sie dir an das Herz lege. Du hattest so ein reges Interesse an der Idee, wie du mit deinem Söhnchen *im Juni 1834* bei uns warst, und hast Fliedner durch deine Besprechungen recht gestärkt. So wirke du denn auch, wie und wo du kannst, und glaube mir, daß es sehr not tut. Denn die ersten Anschaffungen wie die nötigen Reparaturen als auch Baulichkeiten des Hauses erfordern sehr vieles. Dazu kommt das Laufende der großen Haushaltung, das Gehalt des Arztes, der Pflegerinnen, die Apothekerrechnungen usw. Die Christenheit ist reichlich besteuert. Die Welt noch mehr mit ihren kostbaren Pferderennen, ihren Schützenfesten, ihren unermüdlichen Vergnügungen. Ich denke oft: habt ihr so vieles, hast du, o Herr, doch alles.

Frau Fliedner an Frau Focke, Kaiserswerth, 17. Oktober 1837

Liebe, teure Amalie, den herzlichsten Dank für deine lieben Zeilen und für deine Teilnahme für die Diakonissenanstalt. Wie gern senden wir euch 24 Exemplare *des Vorberichts* mit der Bitte zum Herrn, daß er eure Mitteilungen segnen wolle und der Anstalt geben lassen, was sie bedarf. Ich habe keine Sorgen. Aber sagen darf man es, daß uns viel Gold und Silber not tut, ehe Neujahr herankommt. Die ganze Einrichtung ist sehr bequem. Ich war recht überrascht, als ich nach beinahe dreimonatigem Einsitzen zum erstenmal wieder in das Krankenhaus kam und da den vollendeten Anbau sah, wo auf sehr bequeme Art Badestube, Waschküche, Mangelstube und Totenkammer... mit dem Haupthaus verbunden sind. Das Laufende ist gottlob meistens bezahlt. Denke, wir brauchen monatlich gewöhnlich 50 Pfund Butter, an 300 Eier, 17 Taler an Fleisch, *etwa 200 Pfund,* 28 Taler für Brot, Milch usw. Schon seit Winter betrug das ganze Personal über dreißig. Gegenwärtig haben wir 15 Kranke. Verflossene Woche wurden vier genesen entlassen. Im ganzen hat das Haus im Lauf des Jahrs 51 Kranke gepflegt, 12 Lehrerinnen *angeleitet –* davon sind noch drei hier –, und nun erwarten wir die siebente Pflegerin.

Glaube nicht, beste Amalie, daß bei der verzeichneten Summe von Ausgaben etwas Luxus ist. Die Koch- und Verpflegungsart der Kranken richtet sich nach Vorschrift des Arztes. Die Pflegerinnen leben auch einfach; doch tut ihnen bei ihrem angestrengten Beruf kräftige und leichte Nahrung not. Sie sind von morgens fünf Uhr auf den Füßen bis am späten Abend. Ich sehe darauf, daß sie des Mittags Fleischsuppe haben, des Abends haben sie Wassersuppe mit den Kranken.

Gestern wurde das Jahresfest des Krankenhauses begangen. Es wurde von dem 13. auf den 15. *Oktober* verlegt als an einem Sonntag. Fliedner ging mit seinem

Kanditaten Ball und noch einem Württemberger Kandidaten, der zu Besuch da war, um sieben Uhr des Abends hin, denn früher haben die Pflegerinnen keine Zeit; und ich folgte nach um neun Uhr, als meine vier Kinder schliefen.

Nach Fockes letztem Brief ist euch die Botschaft schon zu Ohren gekommen, daß uns der Herr mit einer Tochter erfreut hat, *Johanna*. Morgen, den 17., wird sie zwei Monate alt; sie ist ein wohlgebildetes Kind, das recht kräftig aussieht. Ich war mit vier Wochen wieder gesund, daß ich mich beschäftigen konnte. Meine Schwester hat mich abermals mit großer Liebe gepflegt. Meine drei Kinder haben sehr heftigen Husten. Ich habe dadurch Tag und Nacht viel Unruhe. Der Herr wolle nur die kleine süße Johanna bewahren.. Ich hoffe noch immer, daß es nur Erkältungshusten, nicht Stickhusten wird.

Fliedner muß jetzt den Jahresbericht der Diakonissenanstalt anfangen nebst Rechnungsablage. Es wird aber noch eine Weile dauern.

Leider war es doch Keuchhusten, wie aus einem Brief Fliedners an seine Mutter hervorgeht.

Kaiserswerth, 19. Dezember 1837

... Endlich komme ich dazu, Ihnen wieder etwas von uns mitzuteilen. Meine Frau hat es seit langem an meiner Statt tun wollen. Aber teils war sie bisweilen unwohl, teils haben seit fünf Wochen unsere Kinder und am schlimmsten das jüngste, *jetzt vier Monate alt*, den Stickhusten, so daß meine Frau Tag und Nacht bisher wenig Ruhe hat. Doch läßt der Stickhusten jetzt etwas nach und scheint nicht gefährlich zu sein. Meine Frau ist soeben am Wurstmachen, da gestern unser Schwein geschlachtet ist und die hiesigen Metzger sich leider mit dem Wursten in Privathäusern nicht abgeben. Ich bin nun seit Jahr und Tag noch immer durch die Diakonissenanstalt so mit Arbeit überladen, daß alle Arbeit, die meine Gemeinde und das Asyl und die Gefängnisgesellschaft mir machen, nicht dadurch aufgewogen wird. Eine Hauptlast ist nämlich dabei, daß ich bis jetzt allein alles Geld für diese Anstalt, die täglich dreißig Menschen ernährt, zusammenzukollektieren habe. Doch ist der Herr bis jetzt auch so über alles Hoffen freundlich mit uns gewesen, daß wir für das erste Jahr, das mit 1. November geschlossen hat, an 4000 Taler eingenommen haben. In der Anstalt selbst geht es auch gottlob gut. Wir haben 18 Kranke und 6 Krankenpflegerinnen, wovon drei sich als sehr gut bewährt haben, eine mittelmäßig ist und zwei noch in dem Probehalbjahr stehen. Wir haben im ganzen bereits 57 Kranke gehabt, wovon 5 gestorben und 34 als genesen entlassen sind.

Darunter von Kinderhand: Ich grüße dich, liebe Großmutter, und Onkel Georg und alle die andern. Luise Fliedner.

Es sah damals im Kaiserswerther Pfarrhaus nicht viel anderrs aus als in mancher heutigen Familie: er hatte am Tag keinen Augenblick Ruhe mehr, und erst des Abends, wenn er sehr erschöpft und müde war, kam er an seinen Schreibtisch. Und ihr, der Mutter von vier Kindern, blieb auch keine andere Zeit als spät am Abend halb blind vor Schlaf. *Und wie ließ sie doch ihre Amalie an allem teilnehmen: an der Tätigkeit ihres Mannes; an ihren Kindern, an dem Werk, das sie ganz erfüllte.*

Fast drei Monate insgesamt war Fliedner in diesem Jahr unterwegs gewesen, um im Wuppertal, im Bergischen, in Duisburg, Ruhrort und Mülheim, in Mönchengladbach und Rheydt, in Köln, Neuwied und Koblenz die nötigen Gelder zusammenzukriegen. Da hatte Frau Fliedner die ganze Verantwortung zu tragen. Von Mitte Juli an mußte Fliedner dann in Kaiserswerth bleiben, um den Anbau zu beaufsichtigen, für den ein Düsseldorfer Baumeister den Plan gemacht hatte. An der Nordostecke wurde eine für das Krankenhaus unentbehrliche Klosettanlage hochgezogen. Im Anschluß an das Hinterhaus wurde ein schmaler Verbindungsbau hergestellt mit Badestube, Waschküche, Mangelstube und Totenkammer. Fliedners Anwesenheit war um so nötiger, als Frau Fliedner das Kind erwartete und nach ihrer Niederkunft das Haus noch nicht verlassen konnte – die hundert Meter zum Krankenhaus waren für ihre geschwollenen Beine zu anstrengend. Aber das Wirtschaftsbuch mit den kleinen und großen Ausgaben führte sie bereits wieder nach vierzehn Tagen. Im September und im Oktober 1837 hatte sie über je 450 Taler, etwa 8100 DM, Rechenschaft abzulegen. Da mochte sie sich wohl Sorge machen, daß sich freundliche Helfer fanden, denn die Einnahme aus den Pflege- und Kostgeldern deckten nur 4% der Ausgaben. Eindrücklich legte sie den Berlinern alles ans Herz.

So gingen Briefe und Berichte aus der kleinen Stadt am Rhein in die königliche Landeshauptstadt Berlin. Sie waren auch in die Berlinischen Nachrichten von Staats- und Gelehrten Sachen, eine der damals noch seltenen täglich erscheinenden Zeitungen, gedrungen. Im voranstrebenden Westen las man diese aktuelle Berliner Zeitung und erfuhr auf diese Weise, was im eignen Bereich sich tat.

Als Frau Fliedner im Juli 1837 sich die Zeit nahm, endlich wieder einmal an Frau Focke nach Berlin zu schreiben, war ihr zumute, als ob Jahre dazwischen gelegen hätten. Es lag allerdings auch ein Einschnitt vor, ein Einschnitt nicht nur in ihr Leben. Vom zwanzigsten Jahrhundert aus gesehen, haben diese elf Monate eine wichtige Entscheidung in der Kulturgeschichte der Frau gebracht: ihren ersten tappenden Schritt aus der oft sehr arbeitsvollen, aber doch behüteten Häuslichkeit in das Berufsleben mit seinen Möglichkeiten und seinen großen Nöten. Die Diakonissenanstalt als der Versuch einer Bildungsanstalt für Frauenberufe, zunächst für Krankenpflegerinnen und Kindergärtnerinnen, wird der Berufstätigkeit der unverheirateten Frau Bahn brechen. Frau Fliedner aber ist ein frühes Beispiel der berufstätigen verheirateten Frau und Mutter: sie hatte neben den eignen Haushaltsorgen und allen Beschwerden und Mühen des Mutterwerdens und Mutterseins die inneren Angelegenheiten der Pflegerinnenanstalt zu ordnen und mußte um ihrer Berufspflichten willen ihre Kinder in den Kindergarten geben.

Noch ist das Werk im Werden, aber Frau Fliedner darf schon sagen: ein freundliches Bild christlicher Krankenpflege, nicht in klösterlicher Gebundenheit, sondern in evangelischer Freiheit. Jenes Kind aber, das Frau Fliedner am 17. August geboren hatte, so schnell und glücklich wie noch nie, erhielt den Namen Johanna Gertrud Franziska Henriette: unter seinen sechs Taufpaten waren die drei Krankendiakonissen Gertrud Reichardt, Franziska Lehnert, und Johanna Deters – Ausdruck für die Hoffnung, mit der das Werden der jungen Anstalt die Eheleute erfüllte.

Die Ausgaben waren von so vielerlei Art und steigerten sich im ersten Monat so, daß Fliedner in großer Zuversicht ein Foliorechnungsbuch von 680 Seiten in Düsseldorf besorgte. Der über fünf Pfund schwere Band enthält im vorderen Teil die Einnahmen an Geld und an Naturalgegenständen, von Fliedner mit klarer Handschrift eingetragen. Sie bestanden in dem ersten Jahr, als die wirtschaftliche Grundlage der Pflegerinnenanstalt erst geschaffen werden mußte, zu 52½% aus Spenden, zu 43% aus Anleihen und nur zu 4½% aus Pflege- und Kostgeldern. Das zeigt den großen Mut des Anfangs und zugleich den regen Eifer Fliedners, der diese Gelder alle zusammengebracht hat. Es zeigt aber auch, wie groß das Vertrauen der Öffentlichkeit für das völlig neuartige Unternehmen war.

Der Ausgabenteil gehörte in Frau Fliedners Zuständigkeit. Die in ihrer großen Handschrift gemachten Aufzeichnungen geben die Wirtschaftsgeschichte des Anfangs der Kaiserswerther Anstalt und damit ein Stück allgemeiner Wirtschaftsgeschichte der Zeit wieder: Warenpreise, Reisen, Löhne und Gehälter. Sie veranschaulichen die Lebenshaltung in der Pflegerinnenanstalt. Da stehen die Ausgaben für Eichelkaffee und zwei Pfund Schokolade, für Seife und einen Krug Stiefelwichse, für steinerne Krankenkümpchen, für eine Klistierspritze,

Zwischen die vielerlei kleinen Posten trug sie die großen Brot- und Milchrechnungen von Sauberg ein, die Fleischrechnungen von Zanglie, die Butterrechnungen von Miesenholl, die vielen Baurechnungen; die Waschlöhne und Tagelöhne und die vielen Nählöhne; das Geld für den Schornsteinfeger und für Balbieren und Haarschneiden der Kranken; Porto für Mitbringen des Klaviers von Duisburg; Gehalt für Herrn Dr. Thoenissen; Steuer für das Haus, Feuerversicherungsbeitrag. Wie in einem Familienhaushalt, so ging auch in dem großen Haushalt der Pflegerinnenanstalt alles Geld durch die Hände der Frau. Seine Ausgaben für Reisen und für Bücher trug Fliedner selbst ein, auch die Apothekerrechnung von Hansen mit ihren über 60 Talern = etwa 1100 DM. Am 31. Oktober 1837 zog Fliedner dann die Summa der Ausgabe und fügte den Kaufschilling des Anstaltshauses mit 2265 Talern hinzu. Die Gesamtausgabe verteilt sich zu genau je ein Drittel auf den Hauskauf, auf die ersten Anschaffungen und auf die laufenden Ausgaben.

Bei näherer Untersuchung der Abrechnungen ergibt sich, daß die Ausgaben für die Ernährung in der Diakonissenanstalt fast bei dem dreifachen des preußischen Durchschnitts lagen. Das Essen entsprach – selbst im Vergleich mit dem wohlhabenden Rheinland – einer guten bürgerlichen Küche. Ein Fleischverbrauch von 800 Gramm wöchentlich lag weit über dem damaligen durchschnittlichen Normalverbrauch. Frau Fliedner verteidigte die gute Küche mit dem Hinweis: den Pflegerinnen tut bei ihrem angestrengten Beruf kräftige und leichte Nahrung not.

Ein legendenhafter, aber immer wieder angeführter Erinnerungsbericht, hat der Nachwelt die Vorstellung einer unsäglichen Armut der Anfangszeit vermittelt: "Weil nur sieben Bettücher vorhanden waren, stand Schwester Gertrud jeden Abend am Waschzuber und frühmorgens trocknete sie das Leinenzeug am Ofen in der Wohnstube."

Man muß sich die steifen, aus handgesponnenem Garn handgewebten Leinenbettücher jener Zeit vorstellen: diese schweren Tücher brauchten ihre zwei Tage, bis das Wasser ausgelaufen und verdunstet war. Die Legende mag dadurch entstanden sein, daß man in der kalten Jahreszeit die aus dem Schrank genommenen, klammen Leinenlaken am Ofen anwärmte, ehe man sie dem Schwerkranken über das Bett zog. Das beweist nicht etwaige Armut, sondern eine fürsorgliche Krankenpflege. Auch die nüchternen Eintragungen des Wirtschaftsbuchs über Anschaffungen und Geschenke, die Inventarverzeichnisse sowie manche Bemerkungen in Frau Fliedners Briefen machen keineswegs den Eindruck, als sei der Hausrat behelfsmäßig und ärmlich gewesen. Sie geben vielmehr ein Bild von einem guteingerichteten Haus und einer guten bürgerlichen Lebenshaltung. Es hieße, der organisatorischen Fähigkeit Theodor Fliedners und der Einsatzwilligkeit seiner Frau unrecht tun, die Legende von den ärmlichen Anfängen als Wirklichkeit zu nehmen.

Mit einem großen Fragezeichen fing das Jahr 1838 an. Wenn auch unter vielen Mühen, so doch voller Erwartung auf eine gesunde Fortentwicklung waren die drei Kaisers-werther Unternehmungen: das Asyl für aus dem Gefängnis entlassene Frauen, die Bildungsanstalt für Krankenpflegerinnen und das Seminar für Kinderpflegerinnen ins Leben getreten. Ende 1837 war die Witwe Hermann nach sechswöchiger Ausbildung an die Kleinkinderschule nach Wupperfeld gegangen und Josephine Walter im Januar 1838 nach Kleve. Eine weitere Bewerberin war nicht mehr zur Ausbildung gekom-men. Henriette Frickenhaus beschäftigte ihre Kinder allein in dem neuen Raum und auf dem großen Spielhof. Katharine Göbel hatte in dem geräumigen Haus des Asyls an der Wallstraße nur noch zwei Schützlinge zu betreuen, nachdem die siebzehnjährige Johanna Heim der Polizei übergeben werden mußte. Im Krankenhaus blieb die Krankenzahl wochenlang auf dreizehn stehen; die Zahl der Pflegerinnen nahm ab. Albertine Pieper, die sich von vornherein nicht verpflichten wollte, hatte im August 1837 die Anstalt verlassen, Franziska Lehnert im Dezember, Beata Roth und Karoline Hartmann gingen im April 1838. Was sollte werden? Neuanmeldungen lagen nicht vor, und zu allem mußte noch Ende Januar Gertrud Teichardt zur Pflege ihrer Schwägerin auf unbestimmte Zeit nach Duisburg beurlaubt werden. In dieser Gesamtlage wurde Theodor Fliedner von den Pocken befallen. Sie traten in so heftigem Grad auf, daß er drei Wochen ohne Bewußtsein war.

An Frau Pfarrerin Fliedner Wiesbaden, Kaiserswerth, den 6. April 1838
Liebe, teure Frau Mutter... Aus einem Brief vom 3. April sehen wir, daß ein Brief von uns nicht angekommen ist. Er enthielt die Nachricht, daß der allmächtige Herr den lieben Theodor aus großer Krankheit gerissen hat, die am 15. März ihren Anfang nahm und den 23. und 24. März die höchste Höhe erreicht hatte, daß wir alle seinen Hingang glauben mußten. Er hat in der Fantasie oft für seine Mutter gebeten. Von da an nahm die Krankheit allmählich ab, und er sitzt jetzt schon etwas im Sessel. Speise und Trank schmeckt ihm sehr gut. Durch die außerordentlichen Kämpfe des Leibes und der Seele bin ich jetzt sehr schwach, und wir müssen uns nun beide pflegen. Ich war in zwölf Tagen nicht aus den Kleidern oder aufs Bett gekommen, da wir keine Hilfe annehmen konnten, da es die bösartigsten Menschenpocken waren. Da das Haus abgesperrt werden mußte, so gab ich unsere vier lieben Kinder nach dem Krankenhaus – ich hatte noch keine angerührt, solange die Pocken ausgebrochen

waren. Es geht den Kindern bis jetzt sehr gut. Unter den Fenstern hat sie Fliedner auch gesehen, der ein sehr großes Verlangen nach den lieben Kindern hat. Jetzt brechen denn die Geschwüre aus, besonders im Gesicht, was ihn sehr entstellt. Genug, liebe, teure Mutter, die Zeit der gnädigen Heimsuchung Gottes ist nun soweit über – mögen wir nur dadurch geübt werden.

... Fliedners Reise hängt nun von seiner ferneren Genesung ab. Mein Bestreben wird es sein, ihn so schnell wie möglich zu Ihnen zu schicken, ehe sein tätiger Geist in Arbeit kommt. In der Fantasie hat er in der Arbeit gewühlt – jetzt nimmt er sehr wenig Anteil an allem. Die treue Natur fordert ihre Rechte. Er schläft sehr viel. Seine Augen stärken sich auch etwas. Da stehen einem auch so recht die unbegreiflichen Wege Gottes vor Augen. So einen restlos fürs Gute tätigen Menschen wie Fliedner legt er hin ohne Kraft. Andere leben bloß zum Schaden und bleiben stehen. Ach, wie gut ist es uns, liebe Mutter, daß wir die heiligen Wege Gottes anbeten und verehren gelernt haben...

Das Krankenhaus nur drei Pflegerinnen, das Asyl nur zwei Schützlinge, das Kinder-pflegerinnenseminar ohne Schülerinnen; knappe Ausgaben, die aber die noch knappe-ren Einnahmen um 90 Taler überschritten, und die Hypotheken dazu; Frau Fliedner am Ende ihrer Kräfte – das war die Lage der Pflegerinnenanstalt Mitte April 1838. Aber Theodor Fliedner schlief schon den tiefen Schlaf der Genesung.

Frau Fliedner an ihre Schwiegermutter, Kaiserswerth, 6. Juni 1838
... Fliedner hat schon seit drei Wochen gepredigt, auch Pfingsten das Heilige Abendmahl ausgeteilt. Er ist ... stark und gesund, nur noch sehr müde und die Haut sehr zart, da er von Kopf bis zu Fuß die alte Haut verloren hat. Sein Anblick wird Sie alle etwas überraschen, da sein Gesicht sehr fleckig ist, auch etwas narbig. Sonst sind seine Züge nicht entstellt. Auch seine Augen sind in gutem Zustand ... Er glaubt, daß er nach dem 20. Juni von hier abkommen könnte, wo die Synode gehalten wird, der er beiwohnen muß.

Endlich am 22. Juni konnte Fliedner mit gutem Gewissen Kaiserswerth verlassen, um sich bei seiner Mutter in Wiesbaden nach der schweren Pockenerkrankung zu erholen. Wie er schon im Vorjahr geplant hatte, wollte er jedoch die Gelegenheit benutzen, Beziehungen in Frankfurt am Main anzuknüpfen. Frankfurt war eine reiche Handels-stadt von 50 000, meist evangelischen Einwohnern – so durfte er hoffen, neben dem Wuppertal eine neue Geldquelle für die Diakonissenanstalt zu erschließen. Am 10. Juli, als seine Frau ihn längst in Wiesbaden glaubte, traf ein Brief in Kaiserswerth ein:

Fliedner an seine Frau, Heidelberg, 4. Juli 1838
Mein liebes, teures Weib, Du wirst erstaunen, daß ich von Heidelberg aus schreibe. Ich habe Frankfurt gestern abend verlassen, wo ich acht volle Tage war und große Freude genoß. Zu der Unterzeichnung für die Diakonissenanstalt sollte ich in Frankfurt nur einleiten und die Bahn brechen. Das übrige wollen die Frankfurter Prediger, die mit mehreren Ärzten eine Empfehlung der Sache unterschrieben haben, weiter verfolgen.

... In Frankfurt hat die Sache erstaunlichen Anklang gefunden. Hierher, *nach Heidelberg*, bin ich gegangen, zunächst um eine sehr reiche und wohltätige christliche Frankfurterin, Frau Nies, zu sprechen, die im Sommer hier wohnt, und für unsere Sache zu interessieren. Übermorgen will ich über Mannheim nach Wiesbaden – per Dampf bis Mainz – reisen, um da endlich meine Erholung anzufangen. Denn in Frankfurt war ich von morgens früh bis abends spät wie ein gejagtes Reh. Übrigens bin ich sehr wohl trotz aller Mahlzeiten, zu denen ich in Frankfurt jeden Mittag und jeden Abend eingeladen war... Diese Nacht zerbrach dem Eilwagen auf den Straßen Darmstadts die Deichsel durch einen betrunkenen Postillion. Wir wurden dadurch bloß aus dem Schlaf aufgerüttelt, mußten aussteigen, gingen im Mondschein voraus aufs Chausseehaus, bis der Wagen mit einer neuen Deichsel nachkam... Hier ist außerordentlich schöne Natur.

Winnenden bei Stuttgart, 7. Juli 1838
... kaum wirst du Dich von Deinem Erstaunen, mich in Heidelberg zu wissen, erholt haben, so siehst Du hieraus, daß ich im Württembergischen bin. Frau Nies in Heidelberg, die mir 54 Gulden = *etwa 550 DM* für die Anstalt gab, und andere Freunde rieten mir sehr, da im lebenslustigen Baden keine Diakonissen zu finden seien, nach Württemberg zu gehen und da die Sache anzuregen, da ich in dreiviertel Tagen in Stuttgart sei. So bin ich denn von dem wunderschönen Heidelberg... gestern bis Lauffen am Neckar gefahren; von da vier Stunden zu Fuß nach Großbottwar zu Pfarrer Burk gegangen, dem Herausgeber des Christenboten, wo ich gar herzliche Teilnahme fand. Die schwäbische Herzlichkeit in Wort und Tat erquickt sehr. Eins ihrer Kinder heißt Luisli, ein andres Nanettli. Grüße denn auch unser Luisli und unser Simonettli und unser Mineli und unser Hanneli von mir und den schwäbischen Kindern. Heute bin ich vier Stunden hierher gegangen, habe die hiesige Irrenanstalt, die Anstalt für verwahrloste Kinder und Taubstummenanstalt und zwei liebe gläubige Prediger kennengelernt.
Es ist ein herrliches, fruchtbares Land, das Württemberg, voller Weinberge, Obstbäume, Getreidefelder und schöner Wälder; dazu ist jetzt köstliches Wetter, so daß ich heute eine sehr angenehme Reise hierher hatte...

Wiesbaden, 17. Juli 1838
... Gestern nachmittag bin ich gesund und reich erquickt..., wenn auch körperlich etwas müde, wieder hier angekommen. Ich fand hier Deine beiden Briefe vor. Sonntag abend acht Uhr setzte ich mich auf einen Bauernleiterwagen in Graben und fuhr die ganze Nacht durch, auf einigen Heubündeln ausgestreckt, Gottes freien Himmel über mir, halb schlafend, halb wachend bis Mannheim, wo ich gestern morgen um sechs Uhr ins Dampfschiff stieg und gestern mittag zwölf Uhr hier ankam. Du siehst hieraus, daß ich mich eile mit meinen Reisen, um viel zu sehen und für unsere Anstalt anzuregen und doch bald wieder bei euch zu sein.

So war aus dem Erholungsurlaub nach schwerster Krankheit eine Werbereise für das Diakonissenwerk geworden, die ihn bis nach Stuttgart geführt hatte; ein kleiner Abstecher hatte sich zu einem Umweg von wohl über 700 km erweitert. Für etwa ein

Viertel der Strecke konnte Fliedner das Dampfschiff benutzen – seit 1826 verkehrte diese Errungenschaft der neuen Zeit auf dem Rhein. Für die Mutter, die nun schon 25 Jahre verwitwet war, und für die geplanten Verwandtenbesuche war gerade noch eine Woche geblieben.

Seine erstaunliche Lebenskraft hat Fliedner nicht nur die schweren Pocken ohne alle Nachwehen überstehen lassen. Die Zeit der erzwungenen Ruhe ließ ihn seine Pläne überdenken, um seine Kräfte dann um so gezielter einzusetzen.

Die Verbindungen, die Fliedner auf jener Erholungsreise mit dem schwäbischen Pietismus und der Brüdergemeine knüpfte, werden das Frauenwerk in Kaiserswerth maßgeblich beeinflussen. Das Gesangbuch der Bürdergemeine und ihre liturgischen Gesänge, die er mitbrachte, sind nicht in einem Bücherfach abgestellt worden. Er, der die Agende seines preußischen Königs und ihre Liturgien niemals im Gottesdienst benutzt hat, fand durch die Brüdergemeine Zugang zu der gemeinschaftsfördernden Kraft liturgischen Betens und Singens. Noch war es eine kleine Schar von Gehilfinnen und Gehilfen. Aber aus dem lieben Schwabenland werden bald tüchtige Frauen, die sich selbst zu geben bereit sind, den Weg zum Niederrhein finden.

Im Frühjahr 1838 sah es aus, als ginge es mit dem Diakonissenwerk zu Ende. Einst hatte Friederike Münster in ihr Tagebuch eingetragen.

... Wird der Mensch da, in der tiefsten Niedrigkeit, bewährt erfunden, so führt ihn die Vorsehung durch das Hinterpförtchen auf einmal aus einem Extrem ins andere ...

Der Tiefpunkt war überwunden.

Schwerer Entschluß

Frau Fliedner an Frau Focke, Kaiserswerth, 8. Juni 1838

Liebe teure Amalie, durch die Deinigen hast du wohl gehört, in welcher großen Todesnot Fliedner war. Schon als ich an euch schrieb, teilte ich euch mit, daß er hart krank war und ich in großer Angst, aber so ernstlich hatte ich es nicht erwartet, als es den 24. und 25. März allen, den Ärzten mit, erschien. Lob und Dank für die mächtige Errettung. Seiner Seele, die in der Fantasie sehr bereit war heimzugehen, konnte ich mit Freuden nachsehen, daß sie heimgetragen wurde in des Hirten Arm und Schoß. Aber was sollte aus mir werden? Nachher fühle ich es, als von Müdigkeit, der Angst und dem Kampf ich so krank wurde und das Zittern aller Glieder erst seit kurzem ganz verloren habe, daß ich es fast nicht hätte überleben können. Der Herr legt nie mehr auf, als wir können tragen ...

Mein Mann hat nun den ersten Ausflug gemacht nach Barmen, damit von dort unserer täglichen Notdurft abgeholfen würde. Er ging mit schwerem Herzen. Denn wir haben allein sechs Lehrerinnen hier, die sich in dieser Zeit vorbilden. Es ist so, daß Fliedner wohl wegen der Kasse immer heraus müßte, was der Herr meistens sichtbar segnet. Er könnte auch fast beständig unterrichten. Denn auch die Pflegerinnen bedürfen manchen Unterrichts. Und auch immer Briefe schreiben, was oft aus

Mangel an Zeit unterbleiben muß. So hat Fliedner mir aufgetragen, unsern Dank an Focke abzustatten für die empfangenen 12 Taler für die Anstalt. Auch trug er mir auf, beifolgende 30 Wegweiser *für die Besucherinnen der Kleinkinderschule* per Stück 3 Groschen ... mitzusenden.

Dem freundlichen Wink, die Frau Herzogin von Orleans *in Paris* um ihre gnädige Hilfe anzusprechen, ist Fliedner gefolgt und hat der königlichen Frau ein Schreiben nebst Bericht gesandt, was sie gnädig oder ungnädig aufnehmen könnte. Im ersteren Fall gebührt euch in Berlin der Dank, und ich werde euch den Erfolg anzeigen. Der liebe Herr weiß, daß wir noch ungefähr 700 Taler Schuld haben. Auch was wir täglich bedürfen, ist Ihm bekannt. Im *Krankenhaus* selbst herrscht große Stille, Ruhe und Ordnung. Ich habe stets große Furcht vor allem Anstaltswesen. Ich fühle, daß ich leicht zur Rechten und Linken die Bahn verliere. Der treue Herr wolle sich unser annehmen und uns zurechtführen.

Mein Häusliches, liebe Amalie, habe ich nun so eingerichtet, daß ich noch ein Frauenzimmer, *Luise Neubauer*, nebst zwei Mägden habe, der ich hauptsächlich meine kleine, sehr liebenswürdige, *zehn Monate alte* Johanna bei Tag und Nacht nebst der Haushaltung und Küche vertraut habe. Glaube aber nur nicht, als ob ich die Bequemliche spielen möchte. Die Mägde waschen alles – unsere Haushaltung *zählt* zehn Personen; arbeiten im Garten. Ich gehöre halb der Anstalt. Wir haben sehr viele Fremde hier zum Besuch. Es ging nicht mehr. Ich konnte nur mit bellendem Gewissen mich der Sache annehmen, wodurch Fliedner die wesentliche Erleiterung erhielt; meine Strapazen waren zu groß, und die Haushaltung litt zuviel dabei. Die Neubauer liebt besonders die Kleine sehr, was mir in Wahrheit das Wichtigste ist. Die vier Kinder sind uns bis jetzt recht zur Freude. Luise, *8 Jahre*, verrät vielen Ernst und großes Gedächtnis und guten Verstand. Nettchen, *6 Jahre*, hat ihre Gaben lange nicht, hat aber weit mehr Kindliches. Minchen ist nun drei Jahre alt; sie schreit viel, da sie früher kränklich war; ist jetzt recht gesund und stark.

Der liebe Graf von der Gröben *aus Düsseldorf* war hier, was uns sehr erfreute. Er hat später, als ihn Fliedner bat, bei dem Kronprinzen die Sache zu empfehlen, geantwortet, daß er es aus eigenem Antrieb schon getan habe. Er riet Fliedner ab, an den Kaiser von Rußland zu schreiben, worüber Fliedner des Herrn Grafen Rat in Anspruch genommen hatte, wohl an die Kaiserin, was er besorgen wolle, ohne daß Fliedner sich große Erwartungen machen möchte. Ihr seht, daß wir auf allen Seiten uns Mühe geben, die Schulden loszuwerden, die wir gemacht haben. Gottlob, wir werden nicht hart gedrängt. Vieles ist dabei an Handwerker, die ihr Verdientes nötig haben, was auch der Herr weiß. Darum wird er aus Gnaden helfen; und wenn er es nicht bei Hohen tun will, so mag er tun, wie er es will.

Zwei Pflegerinnen sind außerhalb bei Kranken. Auch wurde kürzlich wieder eine verlangt nach Frankfurt am Main für das dortige Krankenhaus, wie auch früher eine oder zwei nach Barmen, was wir nicht können, da wir nur ganz tüchtige, selbständige Personen an solche Orte geben könnten, wir erst einen Stamm im Haus haben müssen, woran sich Schwache mit heranbilden, woran es uns nicht fehlt. Denn oft werden uns Personen empfohlen, denen eine Unterkunft geschafft wird, die denn eben die Anfangsbuchstaben hier lernen sollen. Der Herr wolle die Liebe und Geduld schenken, die allerorten not ist.

... Auguste Jacobi ist fort*hin* sehr eifrig für die Anstalt. Zuletzt brachte sie mit den Damen ein ganz vollständiges Pferdehaarbett nebst allem Zubehör; Bettücher, Männer-, Frauenhemden, Überzüge, Handtücher, Tischtücher, Servietten, Schürzen, Taschentücher usw. Durch diese Vereine haben wir einen außerordentlichen Segen.

Nach der Rückkehr von seinem „Erholungsurlaub" war Fliedner voller Schaffensdrang. Er war alles in einer Person: Gemeindepfarrer; Sekretär dreier Vereine – des Rheinisch-Westfälischen Gefängnisvereins, des Vereins für evangelische Kleinkinderschulen, des evangelischen Vereins für christliche Krankenpflege in Rheinland und Westfalen; er war Direktor des Asyls; Inspektor der neuen Bildungsanstalt und als solcher Verwaltungsleiter, Schriftführer, Lehrer, Kollektant der Diakonissenanstalt. Ihr gehörte jetzt seine Hauptkraft. Im ganzen war er in dem Jahr seiner Krankheit 90 Tage unterwegs, um für die Anstalt zu werben und das Geld zusammenzuholen. Seine Bittbriefe gingen bis an den Zarenhof in Petersburg und bis in die französische Hauptstadt. Zu seiner Unterstützung vor allem in der Seelsorge im Krankenhaus und bei den strafentlassenen Frauen sowie für den Unterricht der Pflegerinnen und der Seminaristinnen hatte Fliedner den 30jährigen Kandidaten Johannes Ball eingestellt. Aber noch dringender war die Frage nach einer fähigen Frau als Leiterin.

Schon Mitte Januar 1837, als es sich herausstellte, daß Gertrud Reichardt die dafür nötigen Voraussetzungen nicht mitbrachte, hatte Frau Fliedner die Verantwortung übernommen in der Hoffnung, daß Amalie Sieveking gewonnen werden könnte. Als sich diese Hoffnung zerschlug und auch die auf Franziska Lehnert gesetzten Erwartungen sich nicht erfüllten, wurden Fliedner und seine Frau sich klar, daß in absehbarer Zeit mit einer Hilfe von draußen nicht gerechnet werden konnte. Da andererseits Fliedners Frau trotz aller Kinder- und Krankheitssorgen allmählich in das Amt der Vorsteherin hineingewachsen war, ergab es sich unvorhergesehen und ungewollt, daß sie es endgültig übernehmen mußte.

Ihr zu Hilfe wurde eine Luise Neubauer, die während Fliedners Pockenerkrankung die Kinder versorgt hatte als Haushälterin behalten, und Frau Fliedner bezog für sie von der Anstalt jährlich 25 Taler Gehalt und 25 Taler Verpflegungsgeld. Diese Entlastung war um so nötiger, als das Krankenhaus, um eine rechte Ausbildungsstätte zu werden, eigentlich die ständige Anwesenheit der Vorsteherin nötig hatte.

Wenn nun Friederike Fliedner als Frau des Inspektors auf die Dauer die Leitung ausüben sollte, galt es, klare Verhältnisse zu schaffen. Wohl bereits Ende 1837 bemerkte Frau Fliedner: Meinen Mann um Instruktion für mich gebeten wegen meiner Pflichten und Rechte. Der Herr lasse mich nichts tun aus Trotz oder eitler Ehre oder Herrschsucht, sondern darum, um meinem Beruf mit Gewißheit vorzustehen. *Es hatte im Lauf des Jahres manche Zusammenstöße gegeben: mit dem Arzt, mit den Pflegerinnen und auch mit ihrem Mann. Frau Fliedner mußte sich ihre Stellung erkämpfen, die um so schwieriger war, als sie nicht in der Diakonissenanstalt wohnte.*

Die Gedanken, die sie sich über das Amt der Vorsteherin, über die Ausbildung der Pflegerinnen und allgemein über die Krankenpflege machte, sind auf losen Blättern erhalten.

Als Arbeiten der Vorsteherin bezeichnete sie auch die Anschaffung des Inventars und die Besorgung der Vorräte, deren Rechnungen an den Kassenführer einzureichen und von ihm an sie auszuzahlen sind.

Im Einzelnen: Auf die Pflegerinnen zu sehen in der Haushaltung, bei der Wäsche, im Garten, auf den Krankenzimmern. Auf die Hausordnung sehen, daß sie in allen Stücken befolgt wird. Auf die Regel der vorgeschriebenen Kleidung zu sehen, daß nicht davon abgewichen wird. In allen weiblichen Handarbeiten die Pflegerinnen zu unterweisen oder eine Pflegerin dazu anzustellen. Daß die Pflegerinnen pünktlich zum Essen kommen; daß sie pünktlich zu Bett gehen. Sie muß auch darauf sehen, daß keiner Schwester über Vermögen aufgelegt werde; ist es geschehen, so zeige sie es dem Vorstand an. Mit dem Vorsteher gemeinschaftlich die Pflegerinnen anzustellen.

Bei Operationen, Leicheneröffnungen hat sie mit dem Vorsteher die Pflegerinnen noch besonders anzustellen, wonach sich Arzt und Pflegerin zu richten haben. Sie muß mit den Pflegerinnen, die die Kranken bedienen, für passende Arbeit für die Kranken sorgen. Zu ihrer Hilfe und zur Vorbildung von einzelnen Pflegerinnen kann sie zur obern Aufsicht besondere Pflegerinnen anstellen.

Frau Fliedner denkt nach über die vorauszusetzenden Eigenschaften einer Pflegedienstleitung, wie das Amt heute bezeichnet wird.

Die Vorsteherin hat ein sehr schweres Amt. Sie steht im Mittel zwischen Anstalt und Vorstand. Sie muß die volle Liebe der Pflegerinnen und das volle Zutrauen des Vorstands haben. Sie muß gegen den Vorstand als ihren ersten Vorgesetzten Gehorsam haben, aber keine knechtische Furcht. Sie darf um elender Menschengefälligkeit willen dem ihr anvertrauten großen Beruf nicht untreu werden. Sie muß bei dem Gehorsam Mutter der Pflegerinnen bleiben. Sie muß und darf alles Seufzen und Klagen der Pflegerinnen annehmen. Haben sie unrecht, so setze sie die Schwestern in Liebe zurecht. Ist es eine *Not*, so bringe sie es vor den Vorstand; will der nicht hören, so bringe sie es vor den Herrn – der wird sie hören. Sie schicke ihr Herz und das Herz der Schwestern zum Herrn in Aufrichtigkeit, ohne Bitterkeit. Sie ermahne stets die Schwestern zur Aufrichtigkeit und scheue sie nie zurück. Sie lerne daran zum Nutz der Anstalt. Sie muß überall aufmerksam sein, ob keine Schwester fehle. So merke sie vor allen Dingen auf sich selbst und hüte sich vor Lieblosigkeit im Urteil, was sehr schwer ist. Sieht sie eine Schwäche einer Pflegerin, so bringe sie sie in keine Gefahr, daß die Schwäche ausbricht, und sei anhaltend im Gebet, daß der Herr der Schwester die Schwäche offenbare. Fehlt eine Schwester, so setze sie diese zurecht mit Sanftmütigkeit und sage ihr, daß sie es dem Vorstand anzeigen müsse. Sie sei nie unaufrichtig gegen den Vorstand, sollte es ihr auch oft schwerfallen; sie sage die Wahrheit ohne allen Heuchelschein.

In allen schweren Arbeiten gehe sie voran. Will sie mit Liebe regieren, so zeige sie, daß sie keiner Schwester etwas zumutet, was sie nicht selbst getan oder stets tun möge. Sieht sie, daß einer Schwester etwas schwer werden will, tue sie es selbst. Sie befehle wenig und arbeite viel.

Ihr Regiment sei kein strenges, stolzes oder herrisches. Sie sei sanftmütig und voll Liebe. Sie trage die Schwestern gern mit ihren Schwächen und Mängeln und lasse sich zu den Schwachen herunter, gedenkend daran, daß sie auch ... gern selbst geliebt und getragen sei. Sie bitte selbst die im evangelischen Geist geförderten Schwestern um ihre Mithilfe und um ihr Aufmerken auf sie, wo sie zum Schaden der Anstalt könne handeln. Sie danke ihnen, wo sie sie auf Abweichungen aufmerksam machen und befehle sich ihren steten Fürbitte.

Der Geist Gottes ist ein Geist der Liebe, der verbindet, wo er sich findet. Die innewohnenden Ungerechtigkeiten trennen. Der Herr wird, so Vorstand und Vorsteherin *etwas* verdorben haben, es wiedergutmachen. Dies tue jederzeit, Herr Jesus!

Die Vorsteherin fordere bei ihren auferlegten und übernommenen Pflichten auch ihre Rechte. Werden sie ihr entzogen, so fordere sie diese mit Bescheidenheit zurück. Will man ihr sie entziehen, so soll sie um elender Menschlichkeit willen das ihr vertraute Feld nicht verlassen, sondern es auch mit weniger Rechten innehalten. Sie klage es dem Herrn, daß sie mit gebundenen Händen nicht wirken könne. Der helfe ihr aus, wenn auch nicht nach ihrem Willen, doch nach seinem allein guten Willen.

Der Bericht an den Vorsteher ist der schwerste Teil. Da er wahrhaftig sein muß, kann sie die Schwächen und Mängel neben dem Guten nicht verschweigen. Der Vorsteher kann nur mit Männeraugen messen, was mit Frauenaugen geschehen müßte. So kann er das Gute viel zu hoch anschlagen, was nicht geschehen *darf*, da es bei einem jungen Mädchen selten fest ist. Er kann auch die Mängel zu hart richten, wenn er vergißt, Erziehung und Stand der Pflegerin und die innewohnenden großen Schwächen des Weibes zu berücksichtigen. Durch den Bericht, der von einzelnen Pflegerinnen abgestattet wird, kann die Vorsteherin ins Gedränge kommen. Da schone sie nun den Vorsteher im Auge der Schwestern und suche es auszugleichen. Im Blick, daß er auch irren kann, lasse er die Vorsteherin nicht bloßstehen; er spalte auch das Zutrauen zu ihr nicht. Er helfe ihr, wie sie ihm helfen muß.

Ist ihr Verhältnis zum Vorstand so, daß der Direktor und Pastor in einer Person dasteht, so hat sie dann keinen Mittelsmann. O dann wandle sie mit doppelter Treue. Denn was der Direktor vertragen kann, ärgert den Pastor; und was der Pastor vertragen kann, ärgert den Direktor. Beide Teile müssen denn danach streben, daß sie das geistliche und weltliche Amt in sich recht vereinigen. Ihre Arbeit bleibe stets, daß sie treulich dem Direktor und Pastor in die Hände arbeite. Dazu muß sie geistliche und leibliche Geschicklichkeit haben. Die suche dann der Vorsteher in ihr recht zu pflegen und auszubilden zum Nutzen der Anstalt, die er liebt. Denn ihr Verhältnis ist ein einsames. Der Direktor kann mit dem ganzen Komitee Rat nehmen gegen die Vorsteherin, dazu mit allen nahen und fernen Freunden, wenn sie unrecht täte. Sie nicht. Geschieht ihr unrecht, kann sie sich nicht viel verteidigen. Sie kann es nur gegen den Direktor und muß es diesem anheimstellen, ob! er sie schützen will oder nicht. Darum stelle sie sich auf feste Füße und überlasse sich keiner beliebigen Willkür.

Tritt mit der Vorsteherin das betrübte Verhältnis ein, daß sie mit den Schwestern in Spaltung kommt; daß sie das Zutrauen verloren hat – fühlt sie auch, daß sie es nicht ganz verschuldet hat –, so schweige sie und leide eine Zeitlang. Hält es lange an, so bitte sie um Vermittlung des Vorstehers. Hebt der die Spaltung nicht auf, so scheide sie lieber um der Anstalt willen aus.

Tritt mit dem Vorsteher das Verhältnis ein, daß er kein Zutrauen hat oder ihr keins zeigt – er setzt Schwestern neben und über sie; er verwirft alles oder das meiste, was sie sagt nach ihrer Überzeugung und tut es doch nachher nach dem Rat ändern; er läßt sie nur arbeiten, weil niemand anderes dazu da ist – die Schwestern merken dies schnell; sie werden ängstlich, argwöhnisch, bemitleiden die Vorsteherin –, so dulde sie dies eine Zeitlang. Fühlt sie, daß dies der Anstalt zum Nachteil wird, was es schnell werden muß, so scheide sie lieber aus. Sie werde nun der stummste Knecht des Hauses; arbeite alles, was ihr der Vorsteher aufgibt, setze sich aber aus aller Verbindung der Pflegerinnen. Sie muß nun fremder werden als ein Fremder. Tut sie es auch im tiefsten Schmerz, so tue sie es dabei im Glauben; denn ihr Verhältnis ist schon lange ein störendes geworden. Sie scheide aus, mit Schuld oder ohne Schuld. Denn sie kann als eine hangende Wand nichts Gutes tun. Was für ein eigenes Erleben mag hinter diesen Worten stehen?

Besondere Sorgen machen Frau Fliedner die mündlichen und schriftlichen Mitteilungen an den Vorsteher. Aus dem doppelten Verhältnis des Inspektors und des Pastors geht vieles Schwierige hervor, und aus meinem Verhältnis der Vorsteherin und der Frau desgleichen. Wenn alle vier genau sich verbinden, würde es ein sehr leichtes Verhältnis. Besonders hat der Inspektor sich genau mit der Vorsteherin zu vereinigen. Denn er kann nicht ohne sie und sie kann ohne ihn nicht gesegnet wirken.

Der Vorsteher muß in beständiger Verbindung des Ganzen bleiben. Die Vorsteherin hat dazu die erste Pflicht. Aber es ist sehr schwer für sie, gegen beide Teile gerecht zu bleiben. Der Mittelweg, dünkt mich, ist dieser: Die Vorsteherin sammle sich alles Gesehene und Gehörte, sie vergleiche dies mit ihren Ansichten und befestige sich dadurch. Sie lasse sich aber nicht hin- und herwiegen. Fordert der Vorsteher ein Urteil, so gebe sie es mit Gründen. Genügt ihm dies nicht, so gebrauche sie das Urteil der Schwestern nicht zu ihrer Stütze. Glaubt er ihr nicht, so soll er ihr um der Schwester willen auch nicht glauben.

Der Vorstand sei verschwiegen untereinander. Er ziehe die Schwestern nur in ihrem Fach zu Rat und auch nur so, daß die Schwester keine Verschiedenheit der Meinung merken kann. Schaden macht klug. Herr, heile den Schaden. Oh, es ist großer Schaden geschehen. Herr, hilf!

Die vorzüglichen Gaben einer Schwester benutze die Vorsteherin zum Nutzen des Ganzen. Sie mache auch den Vorsteher darauf aufmerksam. Sie freue sich der Gaben und suche sie auszubilden. Die Schwester muß dabei unter ihr stehen. Sie hüte sich vor einer falschen Demut, sollte sie auch dabei vor Menschen hochmütig aussehen. Liebt sie den Frieden der Anstalt, des Vorstehers und ihren eigenen Frieden, so bleibe sie standhaft.

Da ihr Amt kein Ehrenamt, sondern ein Arbeits- und Leidensamt ist, so freue sie sich, sobald sie köstliche Gaben erblickt, die mehr tragen können, als sie tragen kann. Sie sei die erste, die gern untertänig wird. Dies Maß der Demut traue sich selbst keine Seele zu. Sie empfehle ihr Anliegen dem Herrn, daß dieser es zur rechten Zeit ausführt. Sie empfehle ihre Sache dem Vorsteher mit klaren, deutlichen Worten.

Mit erstaunlicher innerer Freiheit stellt Frau Fliedner in diesen Aufzeichnungen das Vorsteherinnenamt in seiner Selbständigkeit dar. Zugleich versucht sie, in der gegebenen Ordnung von oben und unten die rechte Partnerschaft zu entwickeln. Fliedners Instruktion für die Vorsteherin mit ihren 16 Abschnitten ist aus einem andern Geist.

Nach seiner Dienstanweisung ist das Amt der Vorsteherin im Grund nur ein Mittleramt zwischen dem Vereinsvorstand, vertreten in der Person des Direktors, das ist Fliedner, und der Ausbildungsanstalt, vertreten in den Pflegerinnen. Da diese Anstalt ein Werkzeug des Vereins ist, der von ihr gelernte Pflegerinnen zur Weiterverwendung benötigt, erwartet der Vorstand, daß er ständig über alles auf dem Laufenden gehalten wird. So hat Fliedner nach dem Vorbild der Staatsverfassungen ein System von Vorgesetzten und Untergebenen entworfen: Vorsteher – Vorsteherin – Aufseherin – Pflegerin, in dem der Gehorsam des Untergebenen die Hauptrolle spielt und nicht die eigene Verantwortlichkeit. Darin war letztlich Frau Fliedners Not begründet. Vor ihr stand als Urbild nicht die Staatsverfassung, sondern die aus evangelischem Geist lebende Gemeinde, wo einer den andern in Liebe und Fürbitte trägt. Nach Fliedners Anweisung aber mußte sie als Vorsteherin pflichtschuldigst nach oben weitergeben, was, von einer vita communis aus gesehen, innerhalb dieser selbst geordnet werden müßte. Der Anstalt, das ist die Schwesternschaft, gestand Fliedner kein Eigenleben zu. Den genossenschaftlichen Ansatz, der etwa noch aus Fliedners Brief an Fräulein Reichardt und Pieper spricht, nahm er zurück. Die Sache wurde dadurch noch schwieriger, daß Fliedner als Vorsteher der Anstalt gleichzeitig der Seelsorger der Schwestern war und dazu mit der Vorsteherin in der Gemeinschaft der Ehe lebte.

An dem Werden der Ordnungen zeigte es sich, wie sehr die Eheleute einander ebenbürtig waren. Frau Fliedner entsagte nicht widerstandslos oder murrend. Klug und bescheiden, aber bestimmt machte sie ihre Bemerkungen zu den Anweisungen ihres Mannes, die er ihr, der Vorsteherin gab.

In ihren Ausführungen zu Fliedners § 1 setzte sie sich sozusagen die Überschrift über ihr Wirken:

Die vorgelegten Pflichten der Vorsteherin suche ich zu übernehmen, 1. weil noch niemand Besseres dazu da ist. Und 2. weil ich zur Gehilfin meines Mannes von dem Herrn berufen bin, ich also meinem Mann in allen seinen Berufspflichten, wo er mich gebrauchen kann, in des Herrn Namen helfen darf und muß. Darum widerstreitet es meinem häuslichen Beruf nicht, da es nur in Gottes Hand liegt, einem jeglichen Mann sein Haus so eng und weit zu bauen, als Er will. Darum folge ich getrost, da ich durch besondere Führungen des Geistes zur innern Festigkeit gekommen bin, daß ich eine feste Stellung verlangte, damit ich mir nicht immer selbst und durch andere das Ziel verrücken lasse, was öfter geschehen ist aus eigner Blindheit und Unkenntnis meiner Stellung.

Entsprechend den Anmerkungen seiner Frau hat Fliedner dann den ursprünglichen Wortlaut der Instruktion in manchem verändert oder ergänzt. Frau Fliedners Nachdenken mündete immer wieder in vertrauensvolles Gebet. Das Amt der Vorsteherin ein Arbeits- und Leidensamt und ein Amt des Gebets – so hat Frau

Fliedner es gelebt. Aus dem Oktober 1838 ist ein Zeugnis davon erhalten, mit welchem tiefen seelsorgerlichen Ernst sie ihren Mann als Vorsteher, die ganze Anstalt und jedes einzelne Glied derselben trug:

Herr Jesus Christus, du wollest mein Weg, meine Wahrheit, mein Leben sein. Du wollest selbst mich führen und meines Fußes Leuchte und ein Licht auf meinem Weg sein. Denn meine Pfade sind dunkel und dornicht durch die Sünde. So erleuchte du mich und zeige mir meine wahre Gestalt. Auch zeige mir mit Klarheit, wie ich zur Diakonissenanstalt stehen soll. Das wollest du aus Gnade geben. Manches Dunkel liegt auf mir. So laß mich still tragen, hoffen und harren, daß du alles wohlmachen werdest.

Leite und führe du meinen Mann. Gib du ihm deine Weisheit und Liebe, deine Demut und Geduld. Reiß du ihm jedes Blendwerk von der Seele und nimm ihm alle selbstgeschaffenen Gebilde. Ach, vor dir besteht ja nichts, als was dein Heiliger Geist gibt. Alles andere muß brennen und bleibt nichts davon. Ach, laß uns an etwas Ewigem bauen, einen festen Grund legen auf dich, den Felsen Jesus, damit du, Gott Vater, Sohn und Heiliger Geist, Freude und Lust an uns haben kannst. Ach ja, Herr, wohne und wandle du in uns. Mach uns zu einem lebendigen Salz.

Stärke auch wieder meinen Glauben. Laß mich mein Haupt getrost emporheben. Denn du bist mein König und sitzt im Regiment. Du wirst mich und alles, was wir dir befehlen, behüten und beschützen und wirst uns auch zur rechten Zeit erlösen von den unartigen Leuten. Wir sind in großer Gefahr. Herr, errette uns aus unsern Nöten. Stille du, o Herr, unsre Herzen, denn die sind falsch. Führe du ein jedes Glied von uns, wie es not tut. Töte du, o Herr, und zermalme das Verlangen, auch nur etwas andern zu gefallen als dir. Ja, wie die Augen der Mägde schauen auf die Hände ihrer Frauen, so laß mich auf dich, Herr, schauen. Du fragst nach denen, die nach dir fragen. Du hörst, ehe wir rufen. Du tust, was die Gottesfürchtigen begehren. Du hilfst ihnen.

So hilf der Reichardt, wo sie mit falscher Ruhe zudeckt. So hilf der Johanna *Deters* von ihrer Empfindlichkeit und tu ihr die Lippen auf, zu reden, was recht ist; nimm von ihr den falschen Weg. Die Kath*arine Weintraut* behüte und bewahre; nimm ihr die Verschlossenheit und ihr großes Selbstvertrauen. Schenke ihr alles, was du ihr gern schenken willst. Die Lenchen *Osthoff* schlage in ihrer Eitelkeit, damit sie nicht ganz ertötet wird, und bewahre uns vor ihrem Fall um deines Reiches willen, damit die Bösen nicht lästern können und sagen: da, da! Der Karoline *Köbel* hilf an allen Orten, wo es ihr not tut; öffne uns die Augen wegen ihrer. Hilf Eva *Theissen*, Mathilde von *Morsey*, Marie *Sommer*, Margarete *Bolte* und laß sie dir dienen, wo sie dir dienen sollen.

Regiere du ferner Heinrich *Ostermann, den Wärter,* durch deinen Heiligen Geist und erfreue ihn. Sei du mit Sophie *Meyer,* Friederike *Schröder,* Gertrud *Wickop, den Mägden,* und den Lehrerinnen. Hilf du der armen Frickenhaus und gib mir Liebe für sie, wenn sie Unmögliches begehrt. Hilf du Herrn Ball, *dem Vikar,* geistlich und leiblich, sei sein Schutz und Schirm. Sei mit dem ganzen Hausstand. Regiere besonders die Kinder durch deinen Heiligen Geist. Sei allen Kranken nahe. Ja, bekehre die Herzen aller zu dir, die dein Wort hören.

Gegen Paragraphen

Die Ausbildung in Kaiserswerth gestaltete sich von vornherein zweispurig. Die Kleinkinderlehrerinnen, meist von den Gemeinden nach Kaiserswerth entsandt, fanden nach der seminaristischen Ausbildung ihr selbständiges Fortkommen in den sendenden Gemeinden. Die Lebensform für den anstrengenden und gefahrvollen Beruf der Krankenpflegerinnen, die ihnen berufliche Förderung, persönlichen Halt und den Schutz einer Gemeinschaft anbot und sie von dem in Verruf stehenden Wartepersonal unterschied, mußte erst gefunden werden. Als Vorbild boten sich die katholischen Genossenschaften der Barmherzigen Schwestern an. Aber schon vor der Anrede Schwester hatten die evangelischen Kreise im Rheinland Scheu. Doch hatte sie in der Brüdergemeine und den süddeutschen Gemeinschaften einen guten Klang. Es ging auf die Dauer nicht, daß in einer so engen Gemeinschaft Gertrud Reichardt gemäß ihrer Herkunft Fräulein angeredet wurde, die ehemaligen Mägde aber Hannchen und Kathrin. So setzte sich die Anrede Schwester allmählich in der Pflegerinnenanstalt durch. Im Juli 1838 schreibt Fliedner an seine Frau: Grüße Schwester Helene mit dem Ausdruck der Freude, daß sie fortwährend so viele Geduld mit ihren ungeduldigen Kranken hat. *Für die nun fünfzigjährige Gertrud Reichardt wurde als einzige Ausnahme die schon im Dezember 1836 eingeführte Schwesternanrede mit dem Vatersnamen üblich: Schwester Reichardt. Bald trat das Wort Schwester auch anstelle des Worts Pflegerin als Berufsbezeichnung auf. Es lag nun in der Hand der Vorsteherin, die Neuankömmlinge in diesem doppelten Sinn als Schwestern heranzuziehen: für ihren Beruf als Pflegerinnen der Kranken – und als Schwestern untereinander für das Leben in der Gemeinschaft, das ihnen für ihren Beruf Halt geben sollte.*

Vom 19. November bis 1. Dezember 1838 war Fliedner wieder einmal nach Elberfeld unterwegs, um die nötigen Gelder für den Unterhalt der Diakonissenanstalt hereinzubringen. So lag die ganze Verantwortung für das Werk auf seiner Frau. Aber er wünschte von allem in Kenntnis zu bleiben. Wie er selbst die geführten Gespräche in dem Pflegerinnenbuch aufschrieb, sollte nun Frau Fliedner das Wichtigste schriftlich festhalten. Es war ein inneres Wehren in ihr, Gespräche, die auf gegenseitigem Vertrauen beruhten, gleichsam zu buchen. Aber was sollte sie tun? Gehorchen, auch wo es gegen ihre Einsicht ging? Es gab für sie nur einen Ratgeber, die Heilige Schrift. Sie schlug die Worte nach, in denen vom Zueinander von Mann und Frau die Rede ist. Sie fand nichts anderes, als daß sich die Frau dem Mann unterzuordnen hat. Die gesuchte Hilfe bot ihr das vom patriarchalischen Denken der Zeit bestimmte Bibelverständnis nicht. Herr Jesus, das sei nach deinem Befehl meine Richtschnur; danach lasse mich leben, danach streben. *So tat sie, was ihr befohlen war: Von der Freiheit, die Jesus der Frau gegeben und damit den Partnern einen neuen Weg gewiesen hatte, ahnte sie nichts. Noch später einmal hat die gereifte Frau einen Brief an ihren gleichaltrigen Mann unterschrieben: Deine gehorsame Friederike.*

Frau Fliedner nach Elberfeld, 22. November 1838
Lieber Fliedner, so schnell als möglich übersende ich dir die fröhliche Botschaft von der erlangten Portofreiheit *für die Dienstpost der Diakonissenanstalt.* Der Herr segne

den König dafür und lasse dadurch Segen für das Reich des Herrn erwachsen, so wird auch das Vaterland dadurch gesegnet sein. Dem Doktor habe ich es heute gesagt wegen des Vorbehalts, die Pflegerinnen nicht ohne unser Wissen besonders anzustellen. Den Pflegerinnen es zu sagen, überlasse ich dir, weil wohl unsere Ansichten über diesen Punkt nicht ganz gleich sind, ich dann etwas zuviel sagen könnte. Der Johanna mußte ich raten, als sie mich fragte, der Katharine vorläufig das Haushaltungsbüchlein nicht zu geben, da dies fast der einzige Halt war, wodurch Johanna noch in etwas den Haushalt in Händen hatte. Ich habe die Johanna gebeten, mit Katharine in Liebe zu sprechen, daß sie nicht zugeben dürfe, daß die Katharine die Haushaltung allein führe, weil die Verantwortung auf Johanna läge, sie die Haushaltung kenne; auch wegen der vielen Personen, die ihr in dem Haushalt übergeben sind. Johanna hat es getan, und so hoffe ich, daß sich beide Schwestern ineinanderleben. Ich habe mich ganz herausgelassen, nur freundlich mit Katharine gesprochen und sie zum innigen Anschließen ermahnt. Sie ist eine sehr liebe, brauchbare Person, und ich nehme es ihr ihrer verschlossenen, stolzen Natur nach nicht übel, daß sie sich um keinen Menschen bekümmert. Nur mit großer Liebe ist ihr beizukommen. Weil sie diese Woche rechnen sollte, habe ich ihr die Kleinkinderschulrechnungen gegeben, was du, wie ich hoffe, nicht übelnehmen wirst. Ich hätte es dir mündlich sagen können, aber ich war zu bange. Auch hatte ich die volle Klarheit nicht über die Stellung beider Schwestern, die ich in diesen Tagen erhalten habe. Nur gehört Klugheit dazu, Johanna oben zu erhalten, was um der Anstalt willen nötig ist. Und doch darf es Katharine nicht merken, sonst verschließt sich Katharines Herz. Eben gehen beide Schwestern hier; sie sehen beide sehr vergnügt aus. Ich vermisse sehr den Geldschlüssel. Der Vikar mußte mir lehnen. Heute muß ich mir wieder 20 Taler geben lassen.

Christus kennt all das Zerrissene und Verwundete in mir. Er möge es heilen und mich Gnade finden lassen vor seinen Augen und auch vor deinen Augen, denn ohne deine Liebe soll ich ja hier auch nicht leben. Und doch fühle ich sie so oft zerrissen. Deine Friederike.

An Herrn Pastor Fliedner, Elberfeld, Kaiserswerth, 26. November 1838
Mein lieber Fliedner, ich sehe, daß dir Ball alles so ausführlich geschrieben hat, daß mir fast nichts übrigbleibt, was mir fast leid tun möchte. Ball scheint sich sehr zu bestreben, dir näherzukommen. Auch sagte er mir gestern abend, daß du ihn so außerordentlich liebevoll in letzter Zeit behandelt hättest, was ihm so ungemein wohlgetan hätte. Er ringt recht ernstlich um Geduld und Ergebung in seine Stellung. *Der Vikar hatte mit dreißig Jahren noch keine Pfarrstelle.*
Ich sehe auch nun ein, daß ich Johanna in vieles hineingestoßen habe, das sie erdrückt und was mir auch viel, sehr viel zu schaffen gemacht hat. Wir müssen Geduld mit ihr haben. Auch ist ihre christliche Erkenntnis sehr schwach, und ihre Unwissenheit drückt sie zu Boden, mehr als recht ist. So fragte ich sie, weil ich eine Vorahnung davon hatte: Warum feiern wir Advent? Sie wußte es nicht. Nun fragte sie die Reichardt, die sagte ihr, weil Christus geboren wird. Der Bibelunterricht jeden Abend ist nicht zuviel, auch gibt dieser eine Bildung, die sie verstehen …
27. November, Gespräch mit der teuren Reichardt wegen der Kleidung. Ich tat es ohne Auftrag, durch Johanna *Deters* Angst getrieben, daß ihr was Hartes gesagt

75

würde. Sie nahm es wohl auf; nur bat sie, ihr wollnes Kleid tragen zu dürfen, weil es sonst die Motten fressen. Mein Mann hatte es ihr schon nachgegeben. Ach, Herr Jesus, erwecke den Geist der Liebe und der Zucht in uns allen, daß wir deinem Befehl nachkommen und die älteren Schwestern als die Mütter, die jüngeren als die Schwestern ermahnen. Gib auch, daß bei den ängstlichen Schwestern der Geist nicht gedämpft wird; daß sie in offenem Vertrauen als Dienerinnen Christi auch uns das sagen, was uns auch nicht immer angenehm ist; daß wir es dann in Demut zum Heil der Anstalt annehmen. Ach, Herr, erwecke einen evangelischen Geist in uns allen...

Heute ist abermals ein Kranker angekommen. Thoenissen hat ihn dem Haus der Barmherzigkeit empfohlen in einem langen Brief an dich. Er ist zornig auf mich. Er hat mir versichert, er könne nicht unter Aufsicht stehen. Ich habe ihn nicht beleidigt. Zu Ball sagte er, das Haus hätte keine Aufsicht: der Pastor ist nicht zu Haus; Sie, Herr Kandidat, sind nicht immer dort, und die Frau Pastorin ist eine heftige Frau. Als Arzt muß er es beurteilen. Denn ich bin gegen ihn und gegen keinen Kranken und auch gegen keine Pflegerin heftig gewesen.

29. November, Gespräch mit der Reichardt und dem Doktor wegen der Mitanstellung der Pflegerinnen bei Operationen. Seine Klage gegen die Reichardt, daß ich ihn nicht engagiert hätte, sondern mein Mann, und ich ihm doch sagen wolle. Meine Antwort an Reichardt, daß ich ihn nur gebeten hätte. Mein Gewissen ist frei dabei. Ich habe sehr vorsichtig und schonend mit ihm geredet. Große Aufgebrachtheit des Doktors und viele unnütze Worte im Behandeln der Pflegerinnen: die Pflegerinnen fortzujagen, denen ich nicht traute. Ich konnte ganz ruhig bleiben bei den Ausfällen des gewiß bösen Gewissens.

In diesem Monat sind der Anstalt sehr viele und große Wohltaten zuteilgeworden. Unser gnädiger, lieber König hat der Anstalt die Portofreiheit bewilligt, die Statuten bestätigt und 1800 Taler zinsfrei auf zehn Jahre dargegeben. Es möge uns dies lebhaft erinnern an die Zeit, wo wir alle gar nichts hatten. Der Herr hat bis hierher alles geführt und regiert. Es mag der lieben Wiering eine Glaubensstärkung sein, die geholfen hat und nicht wußte, ob sie es wiedererhielt. Sophie Wiering hatte einst die Anleihe von 1800 Talern zum Kauf des Anstaltshauses gegeben.

6.–7. Dezember, Gespräch mit Sophie *Meyer, der Pförtnerin,* wegen ihrer unartigen Antworten an Johanna *Deters.* Sophie wenig Erkenntnis ihrer selbst. Ich konnte sie mit Liebe und Schonung behandeln. Auch machte ich sie aufmerksam, daß sie keine Pflegerin sei, sondern eine Dienstbotin, die wir angenommen wegen ihres in ihr erkannten christlichen Sinnes und ihrer Körperschwäche halben, da sie ihr Brot nicht verdienen könne.

Die Schwierigkeiten mit dem Anstaltsarzt und dem Kreisarzt waren grundsätzlicher Art. Wer war der Herr im Kaiserswerther Krankenhaus? Für Fliedner und seine Frau war das Haus in erster Linie Ausbildungsanstalt. Es lag ihnen sehr daran, jede Pflegerin stufenweise zu ihrem Dienst und zu voller Verantwortlichkeit in ihrem Bereich zu erziehen. Welche Pflegerin dem Arzt zu Hilfe gegeben wurde, das lag im Plan der Ausbildung. Daß dem Arzt für die kleinen chirurgischen Eingriffe und die noch seltenen Operationen eine ständige Kraft zur Verfügung gestellt wurde, kam bei der Kleinheit des Betriebes nicht in Frage. So nahm Dr. Thoenissen das Recht in Anspruch, selbst sich jeweils eine der Pflegerinnen zu holen, und benutzte Fliedners Abwesenheit, dies Recht im Krankenhaus durchzusetzen. Es war für den Arzt ja unerhört, in einer Frau eine gleichberechtigte Partnerin sehen zu wollen. Zu der gereizten Stimmung zwischen ihm und Frau Fliedner mag aber auch beigetragen haben, daß sie tatsächlich eine heftige Frau war, wie er sich gegenüber dem Vikar Ball äußerte. Es ist wohl dieser Zug dem Bild, das uns von Friederike Fliedner überkommen ist, einzufügen. Sie war ja ihres Vaters Tochter und zweifellos kein Mensch, der sich geduldig alles bieten ließ.

Zweifellos hatte Frau Fliedner während ihres Mannes Abwesenheit keinen leichten Stand, obwohl Fliedner sie ausdrücklich als seine Stellvertreterin bezeichnet hatte. Im Sommer 1839 kam es zu einem Zwischenfall mit Kreisarzt Dr. Ebermeier aus Düsseldorf, der zu einer Amputation zugezogen war. Die Ärzte waren gewohnt, daß Wärter und Wärterinnen ihnen in allem zur Verfügung standen. Da war es nicht einfach, bei ihnen dafür Verständnis zu finden, daß Kaiserswerth für die Schwestern um ihres sittlichen Schutzes willen bestimmte Grenzen gewahrt wissen wollte.

Frau Fliedner an ihren Mann, Kaiserswerth, 14. Juni 1839
… Die Operation mit dem Bein ging sehr glücklich. Der Kranke sowie die drei Pflegerinnen benahmen sich gut. Auch Ebermeier trug es mir auf, es ihnen zu sagen, und begleitete es mit einer Art Lächeln, was mir auffallend war. Die Reichardt beklagte sich bei mir sowie auch Johanna *Deters* über die Schamlosigkeit, mit der Ebermeier gehandelt hätte. Die arme Marie *Schäfer* hat mir noch nichts gesagt. Unser Doktor hatte dabei keine Schuld. Ich schreibe es dir, damit, wenn du bei der Rückkehr Ebermeier sprechen solltest, du es ihm mit Vorsicht zu erkennen gibst, daß sich die Pflegerinnen sowie auch wir dazu in Zukunft nicht hergeben. Hätte ich es vor seiner Abreise gewußt, ich weiß nicht, ob ich es ihm nicht gesagt hätte, daß die Pflegerinnen sich in Zukunft für solche Behandlungen bedankten. Es muß noch viel im Innern und im Äußern gestritten werden.

Es war schon nicht einfach für Frau Fliedner, daß ihr Mann so oft unterwegs sein mußte, gerade weil die Sache noch so sehr im Werden war und selbst die allgemeinen Richtlinien sich nur langsam durchsetzten. Die Anstalt liegt mir wie ein schwerer Zentner auf der Seele, *hatte sie im November 1838 an Fliedner geschrieben. Aber die Schwierigkeiten mit den Ärzten, die ihr als Frau nicht Vorsteherrechte zubilligten, waren gering gegenüber den Anforderungen, die die Berufserziehung der Pflegerinnen stellten. Im Frühjahr 1839 nach Ankunft weiterer Anwärterinnen, legte Fliedner vor sich selbst nüchterne Rechenschaft über das Ergebnis der ersten zweieinhalb Jahre, die ihm die Frage erweckte:*

Wie sollen wir geeignete Aspirantinnen zum Diakonissenberuf in hinreichender Anzahl bekommen? – vor allem Krankenpflegerinnen, dann aber auch Kleinkinderlehrerinnen; von Armenpflegerinnen und Gefangenenwärterinnen zu geschweigen.

Seit 2½ Jahren sind 18 Aspirantinnen in die Diakonissenanstalt eingetreten, von denen fünf entlassen wurden; vier, weil nicht geeignet zur Krankenpflege, eine, weil lieber Kleinkinderlehrerin werdend.

Von den 13 Übriggebliebenen sind 7 engagiert, 6 noch in der Probezeit. Die Mehrzahl dieser sieben, *nämlich vier*, gebrauchte länger als ein halbes Jahr zur Vorbildung. Die Mehrzahl konnte nur wenig und fehlerhaft schreiben, wenig rechnen, konnte nicht gut vorlesen, hatte wenig Schriftkenntnis, wenig Haushaltungskenntnis und Bildung, da sie fast alle Mägde gewesen waren und zum Teil nur ganz grobe Arbeit gewohnt waren.

Lange Zeit hat es bei der Mehrzahl gekostet, Ordnungs- und Reinlichkeitssinn in ihnen zu befestigen, sie die Kenntnisse in der Haushaltung und die andern äußern, zur Krankenpflege nötigen Kenntnisse und Geschicklichkeiten zu lehren. Die erforderlichen geistigen Kenntnisse, namentlich die Schriftkenntnis und die äußere Bildung, sich anzueignen geht noch langsamer. Das vorgerückte Alter mehrerer macht große Fortschritte unmöglich. Der Mägdesinn verliert sich sehr schwer.

Wenn solcher Aspirantinnen aber auch mehrere kämen, so kann ihre Qualität doch nicht alle Bedürfnisse der Krankenpflege befriedigen. Solche können wohl als Gehilfinnen mitwirken, wo sie neben sich erfahrene Pflegerinnen, Aufseherinnen oder Vorsteherinnen haben; aber sie können nicht selbständig auswärts in Krankenhäusern pflegen noch weniger einmal Vorsteherin solcher Anstalten werden. Beides aber ist nötig, um die Bedürfnisse der Krankenpflege zu befriedigen und hinter den Leistungen der Barmherzigen Schwestern nicht zurückzustehen...

Aus der Rechenschaft spricht Fliedners Enttäuschung. Er und seine Frau sahen beides: sie sahen die Not der unverheirateten Frau, die sich nach einer sinnvollen Arbeit sehnte, nach einem Wirkungskreis, wo sie ihre Gaben und Kräfte nutzbar machen konnte um so mehr, je mehr die fortschreitende Technik der Hausfrau Arbeit abnehmen wird. Sie sahen zugleich das große Bedürfnis einer bessern Krankenpflege, einer Betreuung der verwahrlosten Kinder und Jugendlichen. Warum wollte es so schwer gelingen, beides zusammenzubringen, der Frau einen Beruf, den Kranken, den Kindern Pflege und Erziehung zu verschaffen? Bei seinen Geldsammlungen für die Diakonissenanstalt war Fliedner auf größtes Entgegenkommen gestoßen. Warum meldeten sich so wenig befähigte Frauen für dies Frauenbildungswerk?

Der Eintritt in die Bildungsanstalt bedeutete ein Heraustreten aus der Großfamilie und ihren Verpflichtungen. Wir können uns heute kaum noch hineindenken, wie fest die Frau in die Großfamilie gebunden war. Diese gab ihre Glieder nicht frei und nun gar für ein so neuartiges Unternehmen, von dem man nicht wußte, wie es ausging. So kam es, daß außer den durch persönlichen Beziehungen geworbenen Frauen, Gertrud Reichardt und Franziska Lehnert, nur wenige und zunächst solche aus dem Magdstand den Weg nach Kaiserswerth fanden. An dem harten Urteil über die Pflegerinnen zeigt sich jedoch auch Fliedners Grenze. Friederike Fliedner sah mit liebendem Herzen weniger die unverschuldete Ungebildetheit als die große Willigkeit dieser einfachen Frauen. Tatsächlich waren unter den angeführten sieben engangierten Pflegerinnen solche, denen eine auswärtige Arbeit anvertraut werden konnte, vor allem die sich bewährenden Schwestern Helene Osthoff und Katharina Weintraut.

Es war jedoch nicht Fliedners Art, fehlgeschlagenen Hoffnungen nachzutrauern. So mußte eben die Erziehung um so eingehender und beharrlicher sein. So mußten die Ordnungen um so eindeutiger und klarer festgelegt werden. Das Ziel stand für Fliedner nun unverrückt fest: Das Amt der Diakonisse als Amt von Frauen mit leitenden Funktionen in der Kirche, die sich als Helferinnen in der Not der Welt zur Verfügung stellen.

Wie das Diakonissenamt schrittweise Form und Inhalt bekam, davon lassen die Eintragungen Fliedners in dem Pflegerinnenbuch etwas erkennen. Die später als erste Diakonisse der Neuzeit bezeichnete Gertrud Reichardt wurde mit ihrem Eintrittstag sofort ohne Probezeit verpflichtet. Es ist nichts weiter aufgezeichnet als: 20. Oktober 1836 hierhergekommen, engagiert zu 30 Talern jährlich und freier Hauskleidung. *Von einer Aufnahme und Einsegnung in das Diakonissenamt ist keine Rede. Es handelte sich um eine Anstellung, um eine fünfjährige Verpflichtung im Dienst des Rheinisch-Westfälischen Vereins für Bildung und Beschäftigung evangelischer Diakonissen. Das Gehalt, das mit allen Naturalbezügen auf 120 Taler jährlich kam, war für die damalige Zeit ein durchaus annehmbares Frauengehalt.*

Von Beata Roth heißt es: ... gekommen, um die Probezeit von 3 bis 6 Monaten auszuhalten. Als sie von ihrer Sehnsucht nach der Mutter sprach, sagte ich, daß ich mit Absicht, obgleich das Probehalbjahr zu Ende sei und ihr Gehalt angehe, sie noch nicht hätte fragen wollen, ob sie sich nun auf fünf Jahre engagieren wolle, und, wenn sie alle Freudigkeit und allen Beruf zu diesem Amt verloren hätte, wir sie keinen Tag länger halten wollten. Indes sei nur Willigkeit nötig, nicht Freudigkeit, sich diesem Dienst des Herrn mit ganzem Herzen zu widmen.

Die dritte, Johanna Deters, wurde am 16. Juli 1837 genau ein halbes Jahr nach ihrer Ankunft gefragt: ob sie sich auf fünf Jahre engagieren wolle, worauf sie es bejahte, auch ihr Herz frei von irdischer Liebe erklärte, mit ihr über ihre Menschenfurcht gesprochen. *Das Gespräch enthält also die Frage, das Ja-Wort und die seelsorgerliche Vermahnung.*

Bei der vierten, Helene Osthoff, finden sich das Stichwort Diakonissenamt und die erste Vorform einer Einsegnung:
Am 19. Dezember 1837 die Lenchen gefragt, ob sie das Diakonissenamt auf fünf Jahre übernehmen wolle, worauf sie erklärte, im Vertrauen auf Gottes Hilfe es tun zu wollen. Das Probejahr wurde gerechnet als aufhörend mit 1. November 1837, von wo also das erste Diakonissenjahr anfange und das Gehalt von 25 Talern. Ich ermahnte sie, noch wohl zu bedenken, daß sie während dieser fünf Jahre von allen weltlichen Vergnügungen und Gesellschaften sich müsse entfernt halten, wie freilich jede Christin lebenslang, und sich müsse aussenden lassen, wohin die Direktion es nötig finde. Sie erklärte sich freudig und fest entschlossen, aus voller Überzeugung dies Amt anzutreten, worauf ich sie mit dem Segenswunsch Mose segnete zu ihrem Amt.

Katharine Weintraut: 12. April 1838. Da sie auf Befragen meiner Frau am 9., ob sie nach dem Ende des halben Jahres jetzt sich auf fünf Jahre engagieren wolle, noch acht bis vierzehn Tage Bedenkzeit sich ausbat und wir von der Johanna hörten, daß die fünf Jahre ihr Bedenken machten, weil sie schon Heiratsanträge in Marburg von einem jungen Matthäi erhalten hatte, so sagte ich ihr, daß sie noch vier bis sechs Wochen Bedenkzeit haben solle; daß man aber auch während der fünf Jahre austreten könne: 1. wenn Eltern krank würden und es verlangten, so mit Reichardt jetzt und Lenchen früher nach Haus gehen lassend; 2. wenn Geschwister stürben und jüngere Geschwister zu erziehen wären; 3. wenn man selbst kränklich würde und gern nach Haus wolle; 4. wenn in dieser Zeit die Ehe angetragen würde und sie Neigung dazu fühle. Nur dürfe keine Liebschaft von hieraus angesponnen und unterhalten werden, dann nur halbes Herz hier und halbes Herz draußen. Ihr Hauptbedenken war, daß sie sich so schwach fühle, auch in geistlicher Hinsicht den Kranken etwas zu sein. 8. August schreibt sie von Rheydt, daß ihre Eltern jetzt ihre feste Einwilligung zum Engagieren auf fünf Jahre gegeben hätten.

Eva Theissen: 3. Dezember 1838 sie auf fünf Jahre engagiert, kniend mit ihr gebetet, sie sehr ergriffen und gerührt, nannte diesen Tag nach dem Konfirmationstag den wichtigsten Tag ihres Lebens gegen die Reichardt. Vom 4. November an solle ihr Gehalt angehen.

Daß das Diakonissenamt nicht nur das Krankenpflegerinnenamt umfaßt, wird zum ersten Male bei Mathilde von Morsey deutlich: 16. Dezember 1838 auf fünf Jahre engagiert, wobei sie sich verbindlich machte sowohl zum Dienst im Asyl als zum Krankendienst und zum Kleinkinderschulamt und zu jedem andern Dienst im Werk des Herrn, wohin ich sie senden würde.

Am 3. Oktober 1839 fand die erste Diakonisseneinsegnung in Verbindung mit dem dritten Jahresfest statt. Wohl 25 Personen versammelten sich zu dem Fest in einem Raum des Krankenhauses. Noch war der Diakonissenverein nicht von Berlin bestätigt – so galt die Diakonissenanstalt nur als Privatunternehmen Fliedners. Nachdem er einen ausführlichen Jahresbericht gegeben hatte, stellte er die drei Schwestern Margarete Bolte, Marie Schäfer und Agnes Mayer der Versammlung vor und sprach zu ihr über das Wesen und die Bedeutung des Diakonissenamts. Er wagte die kühne Behauptung, dies Amt, *das altkirchliche Diakonissenamt,* ist durch Gottes Gnade jetzt, wenn auch in Schwachheit und in der einfachen Gestalt, wie es von einer christlichen Privatanstalt geschehen kann, wieder erneuert worden.

Er zeigte der Versammlung den dreifachen Dienst der Schwestern: Diakonissen, das heißt Dienerinnen sein, Dienerinnen des Herrn Jesus; Dienerinnen der Hilfsbedürftigen um Jesu willen; Dienerinnen untereinander; Dienerinnen auch darin, daß sie der vorgesetzten Direktion gehorchen. Dann stellte er den drei Schwestern die entscheidende Frage: Seid ihr entschlossen, diese Pflichten des Diakonissenamts treu zu erfüllen in der Furcht des Herrn, nach seinem heiligen Wort, so antwortet: Ja, und gebt mir zur Bekräftigung eures Versprechens die rechte Hand. So segne euch der allmächtige Gott, Vater, Sohn und Heiliger Geist und weihe euch selbst zu seinen Dienerinnen. Er mache euch getreu bis in den Tod und gebe euch die Krone des Lebens.

In dieser Form fanden von nun an die endgültigen Aufnahmen der Schwestern statt.
Frau Fliedner hat über das "Diakonissenamt" in mancherlei Hinsicht nachgedacht:
Da so großer Mangel an Erweckten ist, die sich zu dem Amt melden; das Bedürfnis so
groß ist; der Verein gern viel auf einmal tun will, so gibt es die Gelegenheit, daß
Personen nur genommen werden, weil keine andern da sind, die tauglich sind. Der
Vorstand hat bei dem Engagieren darauf zu sehen, daß es eine wahrhaft fromme, in
Gottes Wort erfahrene Person sei, die wahrhaftig und häuslich ist.
Alle, die bei sonstigen guten Eigenschaften noch Gefallsucht mit grober Eitelkeit
haben, nehme er nicht auf. Denn zum Aussenden taugen sie nicht; im Haus schaden
sie auch. Denn hält man solche zuviel von Mannspersonen, so fühlen doch die Frauen
auch diese Eitelkeit, und ihr gelesenes Wort und Gebet wird auf ein unbekehrtes Herz
keinen Einfluß üben. Es kommt auch bei ihnen keine wahrhaftige Liebe zu den
Kranken in das Herz; denn dazu haben sie sich selbst zu lieb. Der Vorstand mag nur
über diese Punkte die Vorsteherin fragen, die als Weib einen genaueren Blick hat.
Denn gleichwie eine Frau einen Mann in seiner Geistesrichtung und feinen Triebfedern seines Hochmuts und Stolzes und Herrschsucht nicht genau beurteilen kann,
also auch ein Mann eine Frauensperson nicht, da ihm auch ihre innern Triebfedern
fremd sind. Nimmt doch der Vorstand eine solche, so suche die Vorsteherin allen
Unmut zu verbannen und nehme sie in Liebe auf und helfe ihr bei allen Vorfällen
zurecht mit sanftem Geist. Sie bewahre sie nun doppelt und suche sie wo möglich zur
Erkenntnis zu bringen.

Friederike Fliedner meint, daß "gewöhnliche Alltagsmenschen" nicht Diakonisse
werden sollen und daß das Diakonissenamt durch solche untauglichen Personen in Not
gerät. Dabei denkt sie an Erwartungen, die ein geistliches Amt voraussetzt, die jedoch
nicht jede Krankenpflegerin erfüllt und auch nicht zu erfüllen braucht. Sie wehrt sich
gegen den Gedanken, den Krankenpflegeberuf mit dem Amt der Diakonisse als einem
geistlichen Amt in der Kirche zu verbinden. Denn das Diakonissenamt setzt wie das
Pfarramt besondere christliche Erfahrung und theologische Bildung voraus, die die
Anwärterinnen nicht mitbrachten. "Denn eine Diakonisse darf kein Alltagsmensch
sein, sonst wird die Welt belogen. Man trenne von dem Dienst der Pflegerin ganz das
Geistliche und lasse sie leibliche Krankenwärterin sein."

Theodor Fliedner jedoch meint, durch eine bis in das Einzelne gehende "christliche
Hausordnung und Dienstanweisung" diese Verlegenheit lösen zu können.
Mit dem Vorschlag: Diakonissendienst und weltliche Krankenpflege als zwei Wegen
nebeneinander – ist eine der entscheidenden Stellen berührt, an denen Frau Fliedner
mit Frauenaugen anders und nüchterner sah als ihr Mann und, vom Evangelium
geleitet, die falsche Verklammerung erkannte. Wieviel hätte der Diakonissensache
und der Krankenpflege als eigenständigem weltlichem Beruf erspart bleiben können,
wenn von Anfang an klare Bahn gemacht worden wäre. Hat der große Fund des
Theologen Fliedner: das erneuerte Diakonissenamt dem vorstürmenden Praktiker
Fliedner nicht genug Zeit gelassen, diese Widersprüchlichkeit zu überdenken? Jeden-
falls ist der geschichtliche Weg der Frauendiakonie von Anfang an von der Not
begleitet, daß immer wieder Frauen aufgenommen wurden, die tüchtige Kranken-

schwestern wurden, aber nicht die geistliche Verantwortlichkeit besaßen, die das Diakonissenamt voraussetzt. Die Ehe hielt diese Spannung aus.
Dagegen wurden einerseits der weltlichen Krankenpflege diese tüchtigen und fähigen Kräfte entzogen. Andererseits wurden die Frauen, die die Krankenpflege als weltlichen Beruf ausübten, mit dem Makel einer unfähigen Diakonisse oder einer minderwertigen Pflegerin behaftet. Späterer Slogan: Krankenpflege ohne Mutterhaus ist unmöglich. Ähnlicher Ton aus christlichen Kreisen: Freie Schwester, das ist wie schwarzes Licht. Fast durch das ganze neunzehnte Jahrhundert haben breite kirchliche Kreise gute Krankenpflege für sich beansprucht und der Berufskrankenpflege den Weg versperrt.

Schon im Vorbericht vom Mai 1837 über die Bildungsanstalt in Kaiserswerth schrieb Fliedner, daß für die Geschäfte des Hauses eine besondere Hausordnung entworfen ist. Mit hohen Erwartungen kam er den sich zum Diakonissenamt Meldenden entgegen. Er sah Frauen vor sich, die von der Liebe Christi geleitet, sich selbst ein Gesetz sind und im Grund der Nachhilfe äußerer Anordnungen kaum bedürfen. Aus der "Freude in dem Herrn" soll aller Dienst geschehen. In freier Willigkeit, aus einem innern Gesetz heraus sollen sich alle Glieder in die Ordnung des Ganzen fügen. Aber die Erfahrungen des ersten Jahres haben Fliedner gelehrt, mit der Alltagswirklichkeit einfacher Menschen zu rechnen, die genaue Wegweisung, genaue Ordnungen brauchen, zumal er ihnen weder das Leitbild einer evangelischen Diakonisse noch einer tüchtigen Krankenpflegerin vor Augen führen konnte. Das Ringen um die Gestaltung des Diakonissenamts und des neuen Berufs spiegelt sich in der mehrfach veränderten "Hausordnung" wider. In neun Hauptabsätzen, die in 64 Absätzen unterteilt sind, hat dieser Organisator das Wirken der Diakonissen, das ganze Leben der Anstalt und alle Verhältnisse untereinander durchdacht. In ihrer Sprache und in ihrem Gefüge entspricht die "Hausordnung" ihrer Zeit, der Zeit des Obrigkeitsstaats und der Staatskirche. Kann man mit Paragraphen fehlendes Charisma, fehlende Berufung herbeizaubern? In Absatz 41 heißt es zusammenfassend: Gebet und Arbeit sei das Losungswort unserer Anstalt.

Aus ihrer praktischen Erfahrung zeichnete Frau Fliedner manches über den Krankendienst der Pflegerinnen auf: Nach meiner Meinung, ich weiß nicht, ob sie richtig ist, scheint es mir passend, daß die jüngeren Schwestern alles, was sie von körperlichem Krankendienst zu erlernen haben, als Schröpfen, Aderlassen, Blutegelsetzen, an den Frauen erlernen. Keine hat sich zu einer Verrichtung nach der Männerstation zu begeben, als wenn sie von dem Vorstand besonders dazu beordert wird. Dies gilt auch von allen anderen Fällen, als Leicheneröffnungen und Operationen. Der Vorstand muß den Seelenzustand der Pflegerin genau erwägen. Scheint eine aus Leichtsinn, Frechheit oder Hochmut beiwohnen zu wollen, so gebe niemand die Seele preis um der Kunst willen.
Die Anstellung zum männlichen Krankendienst erfordert viele Gewissenhaftigkeit und eine genaue Prüfung des Seelenzustands der Pflegerin. Es kann eine Pflegerin

vieles Geschick, auch schon innere Gediehenheit haben; hat sie aber von der Natur etwas Weichliches oder Schwärmerisches erhalten, so darf sie zur Probe nicht hin, weil durch sie die Mannspersonen aufgereizt werden. Darum muß der Vorstand wohl die Glieder an ihren *richtigen* Ort stellen, damit es ein vollkommenes Ganzes werde.

Von der Instruktion an die Pflegerinnen beim Aussenden in Spitäler:
Ist auch von der Direktion und der Verwaltung die äußere Instruktion bestimmt, so ist doch der Schwesternberuf derart, daß ihnen ihre Verpflichtung nicht abgesteckt kann werden. Denn sie müssen als Dienerinnen Jesu Christi alles versuchen, was zu dem Besten des Spitals und der Kranken nötig ist. Ruhen daher die Hände der Schwestern, so mögen ihre Augen suchen, wo etwas verbessert oder etwas verhindert möge werden.

Bei den Männern wache sie darüber, daß alles, was der Wärter tun soll, auch ordentlich getan werde. Sie gehe in allem mit zur Hand, wo es der Anstand erlaubt. Sie merke, ob der Kranke gehörig gekämmt, gewaschen und balbiert wird, ob ihm die Nägel an Händen und Füßen geschnitten werden, ob er nichts Zerrissenes anhat. Bei den Frauen reinige und regele sie alles gründlich. Es ist dies weit leichter als bei den Männerkranken. Ist in dem Spital eine große Unordnung, so sei sie doppelt vorsichtig, daß sie mit ihrer Ordnung nicht prahlend hervortritt. Sie sehe besonders nach dem schmutzigen, zerrissenen Bettzeug und teile die Arbeit dazu ein.

Die Pflegerinnen sollen sich bemühen, daß sie auf ihre eigenen Bedürfnisse nicht zuviel Zeit verwenden. Die Beschaffung von Mützen und Strümpfe usw. setze sie meistens auf den Abend und vermeide allen Anstoß. Wird ihnen etwas verwiesen, und wenn es auch in harten Ausdrücken sein sollte, so mögen sie sich soviel als möglich aller Empfindungen enthalten; sie mögen in Bescheidenheit bitten, daß man ihnen das zu Sagende ohne Bitterkeit gebe, da sie bereit sind zu hören.

Fliedner hat in dem Nachruf für seine Frau ihre männliche Energie gerühmt, mit der sie den Ungezogenen und Verkehrten entgegenzutreten wußte. Sie konnte ein großes Hauswesen in festen Händen halten. Aber sie hatte – vielleicht von Düsselthal her – eine große Scheu vor allem Anstaltswesen mit seinen strengen Formen. Und nun wurde es ihre Aufgabe, bei den Pflegerinnen darauf zu dringen, daß Fliedners bis ins einzelne gehende Vorschriften gehalten wurden. Sie war genauso daran gebunden wie die Ankömmlinge und wußte doch, der Schwesternberuf ist derart vielfältig, daß seine Verpflichtungen nicht abgesteckt werden können. Das brachte sie in um so größere Not, je weniger sie bei den Pflegerinnen voraussetzen konnte. Am Schluß eines sechs Seiten langen Berichtsbriefs schrieb sie ganz offen an ihren Mann:

Kaiserswerth, 15. Juni 1839
Lieber Fliedner, unser aller Arbeitsgedränge ist gegenwärtig groß. Darum will ich dir unsere Hauptvorfälle, wenn es möglich ist, gleich niederschreiben, damit ich nichs vergesse. Es ist mir doch dabei zumute, als ob du schon Monate verreist seist ... Du schreibst auch, lieber Fliedner, von einer Last, die auf mir ruhe. Wie gern trage ich diese Last in Einheit mit dir. Ohne dich kann ich sie nicht tragen, aber mit dir und für dich ist sie leicht. Der Umgang mit den Pflegerinnen ist und bleibt das schwerste

Stück in der Anstalt. Denn es sind Menschen ohne Erfahrung des Lebens. Sie haben nur Vater und Mutter gesehen und sind in einem Dienst gewesen. Danach gestalten sich auch ihre jetzigen Lebensverhältnisse. Derjenigen, der etwas von den andern zugetraut wird, ist es ein Berg, den sie nicht übersieht, und den andern ist es ein Anstoß. Die Kleidergleichheit richtet vieles heimliche Neiden und Streiten an. Sähe ich der Sache nicht auf den Boden, so müßte ich anders urteilen.

Ich kann gegen die Hausordnung nichts haben, nur glaube ich es zu fühlen, daß sie in die Hände der Pflegerinnen nicht paßt. Die Erfahrung wird es lehren, ob ich durch eine Brille sehe. Das Evangelium macht die Freien zu Mägden und die Mägde zu Freien, aber es hebt den Stand nicht auf und hat keine heimlichen Instruktionen.

Das war in der Tat die eigentliche Erziehungsaufgabe: die aus den verschiedensten Verhältnissen stammenden Frauen zu der Freiheit des Evangeliums zu führen. Der Weg dazu aber geht nicht über strenge Befolgung gesetzter Ordnungen, besonders nicht bei Frauen, die so leicht mit dem Buchstaben des Gesetzes schon das Ziel erreicht zu haben meinen. Immer wieder gingen Frau Fliedner diese Gedanken nach:

Es kann eine Anstalt nicht ohne menschliche Satzungen bestehen. Sie dürfen aber nie so sein, daß die Hauptsache dabei verloren geht, die Gottseligkeit. Die Diakonissen sollen sich um des Herrn willen gern in alles fügen, was der Vorstand will, auch in die menschlichen Satzungen. Der Vorstand soll aber auf seiner Hut sein, daß er die Satzung nicht über das Gebot Gottes stelle. Denn es kann eine Pflegerin an den Satzungen Anstoß nehmen – so mache man es ihr nicht zur Sünde. Es kann eine vollkommen in den Satzungen sein – da mache man es nicht zur Tugend. Denn der Herr sieht das Herz an. Die Klosterregel hasse ich.
Der Schluß ist: Fühlt die Vorsteherin auch das Übertriebene, Unbiblische einer Satzung, so soll sie doch den Willen des Vorstands tun und die Satzung durchführen – um des Gehorsams willen und um des Herrn willen. Sie handle aber gegen die Schwestern im evangelischen Geist und dringe immer auf Wahrhaftigkeit gegen den Vorstand. Der Schein ist dem Herrn ein Greuel. Satzungen führen leicht zum Schein. Durch Satzungen erkaltet auch die Liebe.

Nach dem Tod seiner Frau schrieb Fliedner rückblickend von diesen Anfängen:
Die Gründung von Diakonissenschwesterschaften war in unserer evangelischen Kirche etwas Neues, und in ihren Regeln, ihrer Kleidung usw. mußte mit solcher Vorsicht die richtige Mitte zwischen schriftwidrigem, die evangelische Freiheit beschränkendem Nonnentum und ebenso schriftwidriger zügelloser Freiheit eingehalten werden, daß der scharfe weibliche, durch das Evangelium geheiligte Blick meiner Gattin nötig war, um uns vor Mißgriffen zu bewahren.

1838 wurde die Festlegung einer einheitlichen Dienstkleidung dringlich. Bisher hatte es nur geheißen:
Die Schwestern haben sich der größten Ordnung und Reinlichkeit sowohl in ihrer Kleidung und an ihrer Person als an den ihnen anvertrauten Kranken zu befleißigen

und zu sorgen, daß Reinlichkeit und Nettigkeit in allen Lokalen und an allen Hausgenossen den heitern Geist der Ordnung und Reinlichkeit abspiegele, der Leib und Seele so wohltut. *Aber noch waren die Schwestern nur im Bereich der eignen Anstalt und bei einigen bedürftigen Kranken in der kleinen Stadt tätig. Ihre eigentliche Aufgabe sollten sie nach der Ausbildung in auswärtigen Gemeinden und Krankenhäusern finden. Die unverheiratete Frau im heiratsfähigen Alter, die sich durch die Kleidung durchaus von der heiratsfähigen unterschied, durfte damals nur in Begleitung einer verheirateten Frau oder eines älteren Fräuleins sich auf der Straße sehen lassen. So machte schon das Äußere die unverheiratete Frau unselbständig und dadurch berufsunfähig. Da war es wichtig, ihr zu ihrer Kennzeichnung und zu ihrem Schutz eine bestimmte Dienstkleidung zu geben und so dem neuen Beruf den Weg zu bereiten. Das war um so mehr erforderlich, als die bisherigen ungelernten und ungebildeten Krankenwärterinnen mit ihrem oft schlechten Lebenswandel in Verruf standen.*

Auch die Kleiderordnung der Pflegerinnen wurde selbstverständlich von Fliedner, nicht von der Vorsteherin geregelt. Er bemerkte, daß Paulus auch den damaligen Christen Vorschriften gebe, den Männern, nicht lange Haare zu tragen; den Weibern, nicht ohne Kopfbedeckung zu gehen. Damit wolle er keine für letzte geltende Vorschriften geben, als seien sie göttlich und als trügen sie bei zur Gottseligkeit. Aber weil für die damalige Zeit und Sitte dies angemessen war, so gab er doch auch in solch äußern Kleidungssachen Vorschrift... Ich erzählte, daß ich in Holland neun Monate in kurzen Hosen und seidenen Strümpfen gegangen sei und mit dreieckigem Hut, in England mit langen Gamaschen.

Bei Katharine Weintraut, die seit 11. Mai die lungenkranke Frau des Kaufmanns Schulte in Rheydt pflegte, heißt es:
20. August 1838 ihr nach Rheydt geschrieben mit Übersendung eines schwarzen Halstuchs und Mütze, daß ersteres auf das blaue Kleid zu tragen sei, weil keine bunten Tüchter zu tragen; und nach der Hausordnung dürfte keine andere Kleidung als die bestimmte blaue getragen werden und wer gerade noch ein schwarzes habe, also nicht mehr ihr helles Kleid zu tragen. Meine Frau habe ihr auf ihren Wunsch, als ich verreist gewesen, das helle Kleid gesandt und nicht genau gewußt, daß auswärts keine andern Kleider von den Pflegerinnen getragen werden dürfen nach der Hausordnung als das blaue.
Ob auf Grund dieses Vorfalls Frau Fliedner beim Nachdenken über ihre Dienstanweisung bemerkte: Jede neue Bestimmung wegen der Kleidung bitte ich mir schriftlich aus, um danach zu handeln und mich im Fall der Not verteidigen zu können? *Es berührt eigen, daß Fliedner die Einzelheiten der Kleiderordnung nicht seiner Frau überließ. Katharine Weintraut mochte es besonders schwer werden, sich an das dunkle Blau zu gewöhnen – sie stammte aus dem wegen seiner schmucken Tracht noch heute berühmten Schwälmer Ländchen.*
1. November ließ ich sie das schwarze kattunene Kleid, das Schulte ihr geschenkt hatte und sie sich hatte machen lassen in Rheydt und dort einmal getragen hatte, zu mir bringen, hielt ihr den doppelten Ungehorsam vor, Geschenke anzunehmen und andere als Anstaltskleider zu tragen, worauf sie ihr Unrecht bekannte.

Die Schwierigkeiten in der Kleiderfrage und der damit zusammenhängenden Geschenkfrage lagen weniger bei Katharine Weintraut, die durchaus zuverlässig war, sondern in der neuen Sachlage. Es war Sitte, daß die Wärterin als Teil ihres Lohnes ein Kleidungsstück erhielt. Wie konnte jedoch Katharine Weintraut, die nach ihren eignen Worten von geringen Eltern stammte und mit ihren 22 Jahren als recht jung galt, ohne bei der ihr wohlgesinnten ”Herrschaft“ anzustoßen, gegen die Sitte ihren neuen Stand behaupten? Es war dies aber durchaus nötig. Wer auf seinen Stand hielt, nahm kein Geschenk. Der Grundsatz, eine Diensttracht zu tragen, half auch in der Geschenkfrage klare Linien zu schaffen.

Die einheitliche Kleidung der gelernten Kaiserswerther Pflegerin bestand schließlich aus einem blaugedruckten, baumwollenen Kleid, einer blauen Baumwollschürze, weißer Mütze, weißem Kragen und Halstuch. Um dem Feiertag die Ehre zu geben, war die Sonntagskleidung aus besserm Stoff, die Schürze war aus schwarzem Wollstoff, die Sonntagshaube aus Tüll. Die Strümpfe der Biedermeierzeit, die noch unter dem Knie gebunden wurden, waren weiß, entweder aus Leinen genäht oder aus Baumwolle oder Wolle gestrickt. Beim Ausgang wurde das schwarze oder dunkelfarbige Umschlagtuch oder ein Mantel von dunklem Wollstoff getragen, dazu ein Hut von schwarzer Seide und eng anliegender Form ohne Verzierung. Wichtig war für Fliedner das tiefdunkle Himmelblau im israelitischen Kultus als Farbe des Heiligtums und der priesterlichen Kleidung. Um des einheitlichen Auftretens in der Öffentlichkeit willen bestimmte er für die Straßenkleidung dann doch das leichter gleichmäßig zu färbende Schwarz, später nachdrücklich Kohlschwarz, obwohl er es als düster und nonnenartig nicht liebte.

Die Dienstkleidung entsprach der Kleidung der gutgestellten rheinischen Bürgersfrau der Biedermeierzeit. Allgemein wurde damals der Mittelscheitel getragen. Die Kleidung war damals noch in keiner Weise gleichmachende Fabrikware – vielmehr war sie Ausdruck sowohl der Standeszugehörigkeit wie des persönlichen Werts. Das bis auf die Füße gehende Kleid und die weiße Rüschenhaube stellten die Kaiserwerther Pflegerin an Würde wie an Neutralität der verheirateten Frau gleich. Das gab für ihren Umgang mit den Vorständen und dem männlichen Personal wie für ihren Dienst an männlichen Kranken den klaren Abstand. Der bei Ausgängen über der Haube getragene Kapothut kennzeichnete sie als Dame von gehobenem Stand: die Arzttochter Getrud Reichardt war gewohnt, mit einem Hut aufzutreten. Angehörige niederer Stände trugen ein Kopftuch. Wenn zur Dienstkleidung der gebildeten Krankenpflegerin auch der Hut einbezogen wurde, geschah es, um ihrem Stand Achtung zu verschaffen.
Ohne die gesellschaftliche Ordnung zu durchbrechen, war hier im Grund ein revolutionärer Schritt getan. Die Diensttracht der unverheirateten Frau, die sich auf fünf Jahre dem Diakonissenverein verpflichtete, ermöglichte es ihr, einem Beruf in der Öffentlichkeit unangefochten nachzugehen.

Frau Fliedner hat um die Tracht manche Sorge: Die Kleidung war von Anfang an berechnet zum Heruntersteigen der gebildeten Mägde des Herrn, nicht zum Hinaufsteigen. Während es für die Verwandten der Arzttochter Getrud Reichardt schwer war, daß in jener farben- und schmuckfrohen Biedermeierzeit ein Glied ihrer Sippe auf Kleiderschmuck verzichten sollte, bedeutete für die meisten Pflegerinnen, die geringerer Herkunft waren, die Kleidung eine Standeserhöhung. Aus Württemberg kamen im Sommer 1839 Nachrichten, daß sich über die Anstalt in Kaiserswerth nachteilige Gerüchte hierzuland verbreitet haben, man treibe dort einen Grad von Kleiderpracht, der mit der Einfachheit bescheidener Christen nicht harmoniere.

Es war eine große Erziehungsaufgabe, die vor allem Frau Fliedner auflag, den äußerlich durch die Kleidung aus dem Magdstand gehobenen Frauen zu verhelfen, daß sie dem in ihrer Haltung entsprachen. Sie meinte, dies Gleichstellen mit den Gebildeten bekäme ihnen nicht gut. Denn der Gedanke, was die ist, bist du auch, hindert sie am Fortschreiten.

Es war auch nicht leicht, die Pflegerinnen zu der Zucht und Reinlichkeit zu erziehen, die diese Kleidung erforderte. Den weißen Kragen fand nicht nur die ausgeschiedene Beata Roth übertrieben; auch Katharine Weintraut meinte, ob man den weißen Kragen nicht erst um zehn Uhr anzuziehen brauche. Frau Fliedner selbst fragte, ob man den Probepflegerinnen nicht besser das schwarze Halstuch an Stelle des weißen Kragens gebe, bis sie lernen, sich reinlich zu halten. Von der damaligen Frauenarbeit her war das ein durchaus verständliches Bedenken. Bei all den schweren Morgenarbeiten, vom Öfenanmachen und Wassertragen und Putzen an, bei all der Arbeit mit den Kindern, bis schließlich mit dem Gemüseputzen das Gröbste getan war, trug die Frau den Morgenrock. Erst im Lauf des Vormittags zog sie sich richtig an. Weit vorausschauend, bestand Fliedner von vornherein fest darauf: Frühstücken der Diakonissen und Lehrerinnen im Winter um sieben, im Sommer um halbsieben Uhr, wozu sie alle fertig angekleidet kommen. Im Gegensatz zu der oft schlampigen Wärterin gehört zum Berufsbild der gelernten Pflegerin als berufstätiger Frau der fertige Anzug, die Dienstkleidung, in der sie sich bei jeder Arbeit zu bewegen weiß.

Frau Fliedner erlebte diese Ordnungen im Alltag. Das heute Selbstverständliche kostete damals manchen Kampf. Das Kleid ist nicht die Hauptsache, sondern der stille Geist. Das Kleid kann einer Pflegerin ein Joch sein, dann helfe man ihr, es in Liebe zu tragen. Sie weiß, durch Satzungen erkaltet die Liebe: denn schmerzlich berührt es mich, wenn nach einem Kirchgang mein Herz und das Herz der Schwestern gestört wurde, wenn gerade eine und die andre etwas am Leib hatte, was verboten war – die Schwester, die am Gesetz sündigte, mußte zurechtgesetzt werden; die andern Schwestern merkten = beobachteten, ob es auch sogleich geschehe. Geschah es nicht, so erregte das Schweigen ein Ärgernis. Ihr Nachdenken auch um diese Dinge mündete in das Gebet: Ist meine Meinung falsch, so belehre mich anders, du lieber, treuer Herr.

Vorstöße nach außen

Das Ziel des Diakonissenvereins war Ausbildung von Pflegerinnen, um sie den Gemeinden zur Verfügung zu stellen. Anderthalb Jahre bestand bereits die Ausbildungsanstalt, so war es höchste Zeit, daß Fliedner sein Versprechen einlöste – um der

Gemeinden willen, die auf die Pflegerinnen warteten; um der Pflegerinnen willen, denen eine Aussendung nach draußen zugesagt war. Obwohl im Krankenhaus nur die drei ausgebildeten Schwestern Johanna Deters, Helene Osthoff und Katharine Weintraut waren, entschloß Fliedner sich nach seiner Genesung, eine der von auswärts⁓ eingetroffenen Bitten zu erfüllen. Die neuen Probepflegerinnen Henriette Brachmann und Eva Theissen waren zwar erst acht Tage da. Mit der Rückkehr von Gertrud Reichardt, die in Duisburg eine kranke Verwandte pflegte, konnte er noch nicht rechnen. Im Krankenhaus hatte die Zahl der Kranken wieder zugenommen. Dennoch wurde am 11. Mai 1838 die jüngste der drei, die 21jährige Katharine Weintraut, nach Rheydt ausgesandt: der kleine Anfang eines großen Wegs in die Weite. Sie war die Tochter eines Lohgerbers aus Treysa.

Nach dem Tod der Kranken schrieb Pfarrer Peuchen aus Rheydt an Fliedner: Ausdrücklich hat mein Schwager von mir verlangt, dir die Treue und Liebe zu bezeugen, womit eure Katharine ihr Pflegeamt an der lieben Dahingeschiedenen versehen; unser aller Dank wird die liebe Schwester wieder in das Krankenhaus begleiten... *Ähnlich schrieb wenige Tage später Kaufmann Schulte selbst und fügte hinzu:* ... daß sie überhaupt durch ihr freundliches und bescheidenes Benehmen, ihren musterhaften Wandel sich die Achtung und Zuneigung aller meiner Hausgenossen und aller Personen erworben hat, die sie kennengelernt haben.

So fand in Rheydt, das damals noch ein Marktflecken von 2300 Einwohnern war, die Diakonissenkrankenpflege guten Eingang, und dieser erste auswärtige Dienst trug nun mit zu dem Ruf der neuen Bildungsanstalt in Kaiserswerth bei. Diese war in den noch nicht zwei Jahren schon so bekanntgeworden, daß viele Besucher von auswärts kamen, um das Unternehmen kennenzulernen. Das Fremdenbuch, das Fliedner im Juli 1837 anlegte, enthält im ersten halben Jahr fast siebzig Namen. Frau Fliedner berichtete an ihre Schwiegermutter:

An Frau Pfarrerin Fliedner in Wiesbaden, Kaiserswerth, 10. Oktober 1838
Liebe, teure Mutter, verzeihen Sie gütigst, daß ich statt Fliedner schreibe. Fliedner ist so überhäuft, daß er in einigen Tagen noch nicht dazu kommen würde. Wir haben nun zusammen 108 Kranke gepflegt. Einige Tage hatten wir 27 Kranke auf einmal zu pflegen; davon ist einer gestorben und acht sind genesen entlassen. Jetzt haben wir noch 18 zu pflegen. Vor einiger Zeit, *5. September,* war auch die Prinzessin Friedrich von Preußen zum zweiten Mal hier. Sie besuchte alle Kranken, ausgenommen die Ansteckenden... Einige Tage nachher, *am 10. September,* kam der Prinz Alexander, ihr Sohn, mit seinem Adjutanten zu Fuß hierher und besuchte auch die Anstalt und trank Tee in unserm Haus. Überhaupt kommen viele angesehene Personen. Dabei bleibe ich aber streng bei unserer Einfachheit, und ich freue mich, wenn sie es sich so gefallen lassen. So ist jetzt eine rechte Zeit des Kommens und Gehens. Es sind meistens sehr liebe Menschen, die die Förderung des Reiches Gottes suchen, und ist deshalb Stärkung für uns. Auch müssen wir den Herrn dafür loben um der Sache willen, die der Teilnahme bedarf. Aber es kostet Zeit, die Fliedner nicht entbehren kann. Mir schadet es nicht so viel. Ich gehe meinen Geschäften nach, die in einem Hin- und Hergehen und Anordnen und Zuschneiden bestehen. Schon seit zwei

Jahren komme ich zu keinem Nähen und Stricken mehr. In den Ruhestunden muß ich viel rechnen und schreiben. Oft bin ich gedrückt von Sorgen und manchem schweren Verdruß. Aber meistens bin ich gottlob heiter, was mir der liebe Gott immer mehr schenken mag, um Fliedner mit Treue und Eifer helfen zu können.

Heute war Dr. Steinkopff von London, *der Auslandssekretär der Britischen Bibelgesellschaft*, hier. Fliedner war leider nicht zu Hause. Der Gast sprach sich sehr befriedigt über die Anstalten aus.

So erfreulich wie die Aussendung der Katharine Weintraut verlief die zweite Aussendung, die der Helene Osthoff, zunächst nicht. Es lag jedoch an den besonderen Verhältnissen. Konnte nicht Schwester Helene mit Recht annehmen, daß bei den vornehmen Barons von Hymmen auf Haus Hain, wo mehrere Bedienstete waren, sich ihre Arbeit auf die unmittelbare Pflege der kranken Kinder beschränkte? Es war auch sicher nicht einfach für sie, sich in dieser Umgebung zurechtzufinden. Das sichere Auftreten der Pflegerin bei vornehm und gering wird erst das Ergebnis der sorgfältigen Erziehung des neuen Standes sein.

Nach den Erfahrungen der ersten auswärtigen Privatpflegen setzte Fliedner ein zwölf Seiten langes Schreiben auf: Instruktion für die geliebte Schwester Helene Osthoff bei ihrer Aussendung zu einer einzelnen auswärtigen Kranken nach Barmen. Darin legte er die Pflichten der Krankenpflegerin gegenüber dem Kranken und seiner Familie, aber auch ihre Rechte unmißverständlich fest. Aus dieser Dienstanweisung wird der Wert des Mutterhauses deutlich. Der Schutz seiner Liebe, seiner Ordnungen und seiner Zucht ermöglichte die Entwicklung des Berufsstandes der Krankenschwester in einer Zeit, in der die Wärterinnen in den Krankenhäusern und oft genug auch in den Privathäusern ungeschützt der Willkür der Arbeitgeber und der Begehrlichkeit des Mannes ausgesetzt waren. Auch für den Urlaub und eine Urlaubsvertretung sorgte das Mutterhaus. Die von der Diakonissenanstalt ausgesandten Pflegerinnen standen in der Fremde nicht allein. Sie durften sich in jeder Weise von dem Mutterhaus getragen wissen. Es war bei der Neuartigkeit der Sache keine leichte Verantwortung, die die Leitung des Mutterhauses für die auswärts arbeitenden Pflegerinnen übernahm.

Frau Fliedner an ihren Mann, Kaiserswerth, 15. Juni 1839

... Ich wurde gerufen, weil ein fremder Herr da sei. Es war ein alter lahmer Mann, der die Katharine *Weintraut, die jedoch in Elberfeld war*, verlangte, weil ihm der Arzt der Schulte gesagt hätte, er müsse diese für seine kranke Tochter holen. Er habe sich daher, da die Not auf das höchste gestiegen sei, bei der Hitze auf den Weg gemacht, um sie zu holen. Als ich ihm sagte, ich könne ihm leider keine Pflegerin geben, fing er bitterlich an zu weinen und bat mich, mich doch seiner Not zu erbarmen. Er heißt Retenbacher und wohnt Gebrüder Steins gegenüber. Ich fragte ihn, ob er evangelisch sei. Da sagte er, sein Großvater sei ein böhmischer Hussite gewesen. Er hinkte nun mit nach der Anstalt und klagte in einem fort; versprach, der Anstalt zu zahlen, wie wir verlangten. Nur sollte ich ihn nicht leer zurückfahren lassen. Die Tochter hat ein frühes Wochenbett gehabt, hustet, kann gar nicht schlafen und könne das Bett nicht mehr verlassen. Nach seiner Beschreibung schien mir die Kranke zur Schwindsucht überzugehen. Ich ließ mich überreden, die Marie *Schäfer* als Krankenpflegerin nach Rheydt ziehen zu lassen. Der Herr wolle es segnen und mir meinen Leichtsinn vergeben. Ich tue so etwas nie wieder, bis ich ein sicheres Zeugnis in Händen habe... Marie kam ganz gelassen, doch etwas blaß, mit ihrem Kästlein herein...

Marie Schäfer war kaum drei Monate in Kaiserswerth, als sie mit dem Wagen des katholischen Kaufmanns nach Rheydt abzog, seine kranke Tochter zu pflegen. Frau Fliedner schrieb sogleich an den dortigen evangelischen Pfarrer, der Angelegenheit nachzugehen. Nach vierzehn Tagen erlag die Kranke dem Typhus, und die Pflegerin kehrte wohlbehalten nach Kaiserswerth zurück.

Wie sich die Vorsteherin zu verhalten habe bei dem zu schnellen Aussenden der Pflegerin: Hier fehlt mir alles Licht. Denn sehe ich auf den Standpunkt, wie die meisten Pflegerinnen in Schwachheit, in Vermessenheit, im falschen Begriff vom Dienst des Herrn hierherkommen, da fühle ich die schwierige Aufgabe, wie ihnen das Aussenden beizubringen sei. Denn ihrer stolzen Kraft schmeichelt es. Sie werden dadurch zu fertigen, die Probe überstandenen Personen. Die Kleidung hob sie über ihren weltlichen Stand. Ihre Versuchungen werden noch stärker, wenn man nimmt den sehr schlechten Stand, den fast lasterhaften Lebenswandel, den die alten Krankenpflegerinnen geführt hatten: dadurch geraten sie von einer Seite in Gefahr, gemein beleidigt zu werden; auf der anderen Seite in die Gefahr, stark gelobt zu werden. Ist die Verwaltung keine christliche, kann man sie auf die inneren Gefahren der Schwestern nicht aufmerksam machen. Die Stellung der Schwestern ist eine sehr schwere.

Die Unerfahrenheit, die Lüste der Jugend, die wenige Bildung und Menschenkenntnis, das gewohnte knechtische Verhältnis muß wohl von dem Vorstand erwogen werden. Der Herr hält sie. Aber er rechnet es doch dem Vorstand zur Sünde, wenn er nicht wacht; nicht abwägt Kraft und Schwäche, Gefahr und Waffe. Des Seelsorgers Amt ist es; aber er kann sich nicht auf den schwachen Standpunkt des Weibes stellen. Es ist daher gut, daß er sich mit der Vorsteherin in Verbindung darüber setzt und sie belehrt, wie sie verfahren muß. Der Schluß ist: Der Vorstand muß genau darauf merken, daß die junge Christin nicht irregeführt wird und sich selbst vermißt. Oh, es ist sehr, sehr schwer, das leicht erregte weibliche Herz zwischen allem hindurch richtig zu führen. Der Herr verleihe Weisheit und Verstand den Vorstehern.

Den Schwestern ist zu raten, wenn sie sich in irgend einer Gefahr fühlen, sich doch ja einer erfahrenen älteren Schwester mitzuteilen, damit sie Rat und Trost erhalten können. Diese kann denn auch raten, ob sie es dem Vorstand möchten mitteilen, der in solchen Fällen die Schwester mit Klugheit und Vorsicht herausziehen wird.

Getragen von der Weisheit und Liebe der Vorsteherin sowie von dem seelsorgerlichen Ernst ihres Mannes gingen die in Kaiserswerth ausgebildeten Pflegerinnen ihren Weg. Der größere Schritt stand ihnen noch bevor: der Schritt aus der geschlossenen Umgebung einer Familie, in der sie nur einen oder zwei ihnen anvertraute Kranke zu pflegen hatten, in den öffentlichen Bereich eines Krankenhauses mit seinen vielfältigen Aufgaben. Von ihrer Haltung und ihrer Leistung wird es abhängen, ob der von Kaiserswerth gewiesene Weg einer neuzeitlichen Krankenpflege sich verwirklichen läßt.

Elberfeld

Das erste Krankenhaus – Elberfeld

Katharine Weintraut 21. Januar 1839 ins Bürgerkrankenhaus zu Elberfeld gesandt mit Eva *Theissen* für die Krankenpflege.

Diese kurze Eintragung im Pflegerinnenbuch enthält das entscheidende Wagnis der neuen Krankenpflege, das Wagnis, nach dem in Kaiserswerth gegebenen Vorbild nun auch in auswärtigen städtischen Krankenhäusern den Kranken zu einer wirklichen Pflege zu verhelfen. Noch war in der Regel die Familie der Ort der Krankenpflege. Nur die größeren Städte hatten überhaupt Krankenhäuser, und diese waren für unsere Begriffe recht klein. Das Bürgerkrankenhaus in Elberfeld, einer Stadt von 30 000 meist protestantischen Einwohnern, war 1823 bezogen. Es war ein dreistöckiges Gebäude, an der Aue gelegen, das auf jedem Stock vier Stuben mit je vier Betten hatte. Es war jedoch selten mehr als zur Hälfte belegt, Fliedner hatte die Fabrikherren und Kaufleute dieser reichen Industriestadt zu Gaben für die junge Anstalt in Kaiserswerth willig zu machen gewußt – so sollte dieser Stadt auch als erster die neue Krankenpflege zugute kommen. Ende November, als Fliedner wieder einmal bei den Firmen in Elberfeld sammelte, ging die förmliche Anfrage der Krankenhausverwaltung nach Kaiserswerth, die Frau Fliedner umgehend ihrem Mann nachschickte.

Armensachen An Herrn Pastor Fliedner, Elberfeld, Grünstraße, Kaiserswerth, 28. November 1838
Lieber Fliedner, der heute nachmittag erhaltene Brief bereitet mir die Freude, abermals an dich zu schreiben. Der Inhalt wird dich erfreuen. Der Herr gebe seinen Segen dazu. Mein Rat, wenn ich ihn geben darf, fällt auf die Katharine *Weintraut.*

Wenn du dich nach allem genau erkundigt hast und das Lokal und ihr Stübchen selbst gesehen hast, so glaube ich, daß es am besten ist, wenn die Diakonissenanstalt das Gehalt bezieht, die Anstalt der Katharine 30 Taler Gehalt gibt, die 10 Taler für die Hauskleidung jährlich nimmt, die Auswärtigen müssen... 5 Taler Gehalt mehr haben; sie bedürfen mehr, da immer die Anstalt in Kleinigkeiten aushelfen kann. Trinkgeld darf sie nicht annehmen, um sich nicht als Dienstmagd hinzustellen. Wird es ihr fest aufgedrungen, so muß sie es entweder für das Elberfelder Krankenhaus oder für hier die Anstalt annehmen. Muß sie sich die Wäsche selbst besorgen lassen, müßte sie etwas mehr als 30 Taler haben. Das Gehalt mußt du in die Hand nehmen, damit du die Katharine in der Hand hältst. Eine Instruktion für sie mußt du mitbringen. Hier habe ich es Johanna *Deters* und *Gertrud* Reichardt mitgeteilt. Die andern sollen es nicht wissen, da sie wohl lieber gehen als bleiben. Auch schmerzt es mich für Lenchen *Osthoff*. Zu Lenchen darf ich nicht raten.

Deine gehorsame Friederike.

In der Pflegerinnenanstalt waren zwar nur vier ausgebildete Krankenpflegerinnen und zwei Anwärterinnen. Doch ergriff Fliedner die günstige Gelegenheit. Denn auf dem europäischen Festland gab es wohl keinen Ort mit einem so regen kirchlichen Leben wie das damalige Elberfeld. Gelang hier der Einsatz der neuen Pflegerinnen, so war für die Sache viel gewonnen. Damit die Pflege in dem zu übernehmenden Krankenhaus aus einem Geist geschähe, kamen Fliedner und seine Frau überein, die Stellen beider Krankenwärterinnen zu besetzen. Sie schlugen dafür die 36jährige Eva Theissen und die junge Katharine Weintraut vor, die sich in der Privatpflege so bewährt hatte. Die Elberfelder Verwaltung ging darauf ein. Am 11. Dezember wurde der Gestellungsvertrag abgezeichnet. Um in allen Einzelheiten Klarheit zu schaffen, geleiteten Fliedner und seine Frau die Pflegerinnen. Am Montag, dem 21. Januar 1839, an seinem Geburtstagsmorgen um ½7 Uhr, ging es in einem gemieteten viersitzigen, rings zu verschließenden Wagen ab. Er, 39 Jahre, in bester Manneskraft, seine Frau, vier Tage jünger, bald ein Kind erwartend, auf der Höhe ihres Wirkens – so fuhren sie mit den beiden Pflegerinnen in den Wintermorgen hinein nach Elberfeld, einer neuen Aufgabe entgegen.

Was damals ihr Leben ausmachte, davon gab Frau Fliedner in einem ausführlichen Brief nach Berlin Nachricht:

Frau Fliedner an Frau Focke, Kaiserswerth, im Februar 1839
Liebe Amalie. Jetzt benutze ich die Zeit, um an dich zu schreiben, die mir der gnädige Herr schenkt auf meinem Ruhelager, das ich der Ordnung nach halten muß, da mich der Herr verflossene Woche mit einer frühen Niederkunft heimgesucht hat.
Unsere Kinder wachsen nun heran, liebe Amalie. Deine Söhnlein können nun auch wie meine drei Töchterlein den Namen Jesus lallen. Die kleine Johanna ist anderthalb Jahre alt. Sie läuft noch nicht, sie kriecht. Die Spiele der ältesten drei Kinder bestehen meistens im Lehrerinnen- und Pflegerinnenspielen. Besonders hat die dritte eine große Singgabe und Singlust. Sie geht vom zweiten Jahr an in die Kinderschule, hat sprechen und singen zugleich gelernt; singt besonders Choräle richtig. Sie erfreut manche Nacht mein Herz, indem sie im Schlaf mit heller Stimme ein Loblied singt wie

verflossene Nacht noch: Lobt Gott, ihr Christen allzugleich. Zuweilen setzt sie sich auf im Bett und singt einen Vers und legt sich wieder um und schläft. Glaube nicht, als ob ich dir von besonderer Frömmigkeit erzählen wollte, die finde ich auch nicht, aber etwas unaussprechlich Reiches, daß auch selbst die Fantasien und Spiele der Kinder Stoff am Wort Gottes finden.

Wir haben nicht von Hand zu Mund, denn wir haben Schulden. Doch vertraue ich, daß der Herr heraushelfen wird. Wir werden auch dies Jahr nicht soviel brauchen wie die verflossenen, da die Neuanschaffungen nicht mehr von Bedeutung sind und die Tätigkeit der Frauenvereine für die laufende Anschaffung der Leinwand meistens sorgen wird. Auch weiß der Herr, daß mein Mann um der Anstalt und der Gemeinde willen nicht mehr so wie früher heraus kann, um die Bedürfnisse für die Anstalt abzuholen, da besonders der Unterricht der Lehrerinnen und die oft schwache Erkenntnis der Pflegerinnen tägliche Unterrichtsstunden nötig machen. Dazu wird die Schreiberei täglich größer.

Das Innere der Diakonissenanstalt hat etwas doppelt Schweres, da das, was sich ineinander gelebt hat, stets getrennt wird, da die Bildung der Pflegerinnen nach außen geht und man innen wieder aufs neue anfangen muß. Daß dies bei einem Haus voll Frauen schwerer ist als bei einem Haus voll Seminaristen, fühlst du, liebe Amalie. Auch ist die Anstellung jedes Ankömmlings etwas Schweres, da jede auf ihrem Standpunkt muß behandelt werden. Denn unter ihrem Standpunkt gibt es etwas Seufzendes und über ihrem etwas Unleidliches. Der Herr schenke uns bei Marthas Tätigkeit Marias Herze.

Die im Bericht bezeichneten beiden Diakonissen, die in das Elberfelder Spital abgegangen sind, hatte ich mit meinem Mann dorthin begleitet. Ich blieb in dem Spital einige Tage. Wir fanden dort 20 Kranke, wobei 18 Gesellen aus der Fremde waren. Die gewesenen Wärterinnen waren habsüchtige, rohe, katholische Frauen, weil sich keine evangelischen dazu meldeten. Dadurch und weil ich in den paar Tagen den Lohndienst erkennen konnte, wurde mir der Aufenthalt eine große Glaubensstärkung. Ich wurde auch im Blick auf unsere Diakonissen getröstet, denen der Herr gewiß in der neuen, schwierigen Lage Hilfe und Schild sein wird. Auch fühlte ich schnell alle Schüchternheit in mir weichen, und die Kranken wurden mir als unsere hier gewohnten Kranken. Ebenso fühlten sich unsere Krankenschwestern zu den neuen Kranken. Auch besuchten wir eine ausgesandte Diakonisse, *Helene Osthoff*, die bei Mimi Rübel die alte Mamsell Klotz zu pflegen hat. Die Kranke als auch das Fräulein waren so zufrieden, daß es mir für die Pflegerin fast bange wurde.

Die Gesuche um Pflegerinnen gehen fort, aber woher nehmen? Dem sterbenden Peuchen, *Pfarrer in Ruhrort*, da er eine Diakonisse verlangte, konnten wir nur einige Tage die liebe Reichardt zusenden, bis zu deren Rückkehr ich bestimmte Besorgungen übernommen habe.

Der Geist Gottes läßt sich nicht unbezeugt unter den Kranken. Besonders hungrig nach dem Wort Gottes sind die Katholiken. Kommen sie auch mit Vorurteilen und Angst hier an, so schwindet dies bald, und sie suchen von selbst, auch aus entlegenen Zimmern, den täglichen Vorlesungen der Heiligen Schrift von den Pflegerinnen mitbeizuwohnen. Dadurch gereizt, suchen sie nun selbst die Heilige Schrift, was den meisten ein unbekanntes Buch ist, und erstaunen oft, wenn sie die katholischen und evangelischen Testamente vergleichen, über die Gleichheit ihrer und unserer Lehre. Bei manchen wird eine ernstliche Buße erweckt. Von diesen Dingen läßt sich nur mit Vorsichtigkeit reden.

Unsere Anstalt hat sich denn nun gefüllt. Es sind fünf Probepflegerinnen eingetreten; vier Württembergerinnen, eine aus hiesiger Gegend. Zwei erwarten wir noch. Soviel als wir erkennen können, haben wir Ursache, zu loben und zu danken, daß der Herr uns die Schwestern zugeführt hat. Heute haben wir den 133. Kranken seit dem Beginn der Anstalt aufgenommen. 21 werden gegenwärtig gepflegt. Mit herzlicher Liebe und in Hoffnung eines baldigen Wiedersehens immer deine treu verbundene F. Fliedner.

Inzwischen hatten sich die beiden Schwestern in Elberfeld eingelebt. Es war nicht leicht für sie gewesen. Viel schwere Hausarbeit blieb an ihnen hängen. Es wird noch ein paar Jahre dauern, bis die Krankenhausverwaltung auf Fliedners eindringliche Vorstellungen hin hier abhilft. Immer wieder versuchte er, den Herren klarzumachen, daß es auch allgemein vorteilhafter ist, wenn die groben Arbeiten von andern getan und die Kräfte der ausgebildeten Schwestern auf die eigentliche Pflege verwendet werden. Zu der Tagesarbeit kamen ja auch noch die Nachtwachen bei den unruhigen Typhuskranken.

Die Sonntage – in Kaiserswerth Tage des Gottesdienstes und der Erholung – brachten viel Unruhe durch die zahlreichen Besucher. Die Seelsorge an den kranken Handwerksgesellen war auch keine leichte Aufgabe. Eva Theissen berichtete am 4. März:

... Es fällt hier sehr schwer, mit den Kranken aus dem Wort Gottes sich zu erbauen. Einzelne lesen wohl in der Bibel; aber die Liebe des Herrn fehlt doch wohl. Ein Kranker sagte mir, daß der Verwalter hier gesagt hätte: Die Bibel, das wäre nichts. Darin sollten sie nicht lesen; das machen nur dumme Menschen. Es wäre doch nicht wahr, es wäre alles aus der Natur. Leider hört man auch nichts von ihm als Fluchen und Toben. Sie streiten und zanken den ganzen Tag.

Rendant Roffhack bezeugte Fliedner am 17. Februar 1839, daß die Verwaltung des Krankenhauses alle Ursache habe, mit den Leistungen und dem Betragen der Eva Theissen sowohl wie auch der Katharine Weintraut vollkommen zufrieden zu sein. Da nahm im Sommer das Wirken der Eva Theissen ein schnelles Ende. Sie verlobte sich mit einem Patienten. Es ging im Grund um das Ansehen des neuen Berufs. Wenn gleich anfangs eine der beiden ersten Kaiserswerther Pflegerinnen sich so leichtfertig mit einem Kranken einließ, daß sie noch nach der Verlobung nicht wußte, wo ihr Zukünftiger tätig war, wo war da ein großer Unterschied zu dem bisherigen Treiben der Wärterinnen?

Schwierig war die Frage des Ersatzes. Die Schwäbinnen waren jetzt vier Monate in der Ausbildung. Die beiden tüchtigsten hatte man gerade in ihre erste auswärtige Privatpflege nach Rheydt und Krefeld gesandt. So blieb keine andere übrig als Johanna Deters, die zum alten Stamm gehörte. Um nach den Schwestern zu sehen und ihnen und nach Barmen die Weihnachtsgrüße des Mutterhauses zu bringen, fuhr Gertrud Reichard am 21. Dezember nach Elberfeld.

Gertrud Reichard nach Kaiserswerth, Elberfeld, 28. Dezember 1839
Liebe, geehrteste Frau Pastorin... Ich bin unter starkem Regen mit der Schwester Agnes *Mayer* hier wohlbehalten angekommen. Wir hatten genug zu tun, unsere Regenschirme festzuhalten und die Kleider und Mäntel aufzuheben. Durch den Regen war es ziemlich dunkel. Oh, wie die Schwestern sich freuten. Sie trauten ihren Augen kaum. Dienstag bin ich den ganzen Nachmittag im Krankenhaus gewesen und den zweiten Feiertag wieder lange. Nachher kamen auch die beiden Kinderpflegerinnen aus Barmen. Wir unterhielten uns teils über die Predigt, teils über unsern Beruf.

Ich erzählte manches von mir, wie ich am Anfang ins Krankenhaus gekommen wäre, wie ich so empfindlich und eklig gegen alles gewesen und wie ich oft gedacht hätte, das hältst du nicht aus. Dann hätte ich mich vor mir selber geschämt. Jetzt freute ich mich, daß ich ausgehalten hätte, und der Herr hätte mich oft erquickt und gestärkt. Und so möchten sie es auch machen. Ja, ja, sagte sie, beten Sie nur für uns mit. ... Herr Pastor *Friedrich Wilhelm* Krummacher, *der spätere Hofprediger in Berlin*, hat mich so ausgefragt nach allem. Er sagte: Im Anfang wollte hier niemand was vom Kaiserswerther Krankenhaus hören. Aber seitdem die Frauenzimmer da *in Elberfeld* im Krankenhaus sind, erregt das hier viel Aufsehen. Es beginnt, in großen Ruf zu kommen. Ich sagte: Herr Pastor, es waren schon viele Herrn Pastöre bei uns, unsere Anstalt zu besehen, aber von Ihnen haben wir das Vergnügen noch nicht gehabt. Ehe ich ausgesprochen, sagt er: Sobald es sich schickt, komme ich; ja, ich habe jetzt Lust, das Werk einmal zu besehen.

Wohl um Anfang März erkrankte Katharine Weintraut an Typhus, der anscheinend nicht schwierig verlief, von dem sie jedoch nur sehr langsam zurechtkam. Ob damals schon die Lungen angegriffen waren? Im Sommer 1841 mußte sie dann doch aus Elberfeld abgelöst werden. Zwei und ein halbes Jahr lang hatte sie sich in dem verantwortungsvollen Dienst der ersten auswärtigen Krankenhausarbeit in jeder Richtung bewährt. Im Winter begann sie, im Asyl mitzuhelfen. Aber schließlich versagten ihre kranken Lungen ganz. Sie starb am 13. August 1843 im Alter von 27 Jahren, nachdem sie in den letzten Wochen noch schmerzlich gelitten hatte.
Trotz aller sachlichen und persönlichen Schwierigkeiten hat sich die Aussendung von Pflegerinnen in das Elberfelder Bürgerkrankenhaus nicht als ein Fehlschlag herausgestellt. Katharine Weintraut und ihre Mitschwestern sind gleichsam ein Vortrupp der neuzeitlichen Krankenpflege geworden. Denn die Übernahme der Arbeit an jenem 21. Januar 1839 – beurteilt von der Gesamtlage und Stellung der deutschen Frau in jener Zeit – war schon ein Unternehmen. Noch Jahrzehnte später hat die männlich bestimmte Öffentlichkeit in Deutschland die Berufsfähigkeit der Frau nicht anerkennen wollen. Als 1867 in England und Frankreich bereits Frauen im Post- und Telegrafendienst angestellt waren, erregte ein entsprechender Antrag im Norddeutschen Reichstag nur schallende Heiterkeit! In diesen späten dreißiger Jahren war von Kaiserswerth aus eine Bresche geschlagen. In der Krankenpflege hat es sich zuerst

erwiesen, daß die unverheiratete Frau fähig und tüchtig zu einem Berufsleben ist und einen notwendenden Auftrag in der Gesellschaft ausführen kann. Es war der Glaube an Christus, der jenen Frauen den festen Halt gab, sich durch alle Schwierigkeiten hindurch als Dienerinnen den Hilfsbedürftigen gegenüber zu beweisen.

Johanna – Verdächtigungen

Um seine Frau in der Fülle ihrer zunehmenden Pflichten zu entlasten, hatte Fliedner im Mai 1838 Johanna Deters für den Haushalt der Anstalt – Einkauf, Küche und Wäscherei – eingesetzt. Frau Fliedner sollte nur noch die Krankenpflege in den Zimmern leiten.

Pflegerinnenbuch: 11. Februar 1839
Da Johanna über vierzehn Tage sehr stumm, störrisch und verdrossen gegen mich und meine Frau, gegen diese aber besonders trotzig, unartig und verdrießlich war, die sie mit großer Geduld getragen, wohl vorzüglich darüber, daß ich 16. oder 17. Januar ihr und der Reichardt gesagt, daß meine Frau das Amt der Vorsteherin wieder vollständig übernehmen werde, fragte ich sie, wie es mit ihrem Innern stehe, worauf sie bekannte: nicht gut; aber freilich darauf sagte, sie könne zu meiner Frau nicht leicht mehr Zutrauen fassen.
Die ständigen Schwierigkeiten zwischen seiner Frau und den beiden ersten Diakonissen Gertrud Reichardt und Johanna Deters veranlaßten Fliedner, eine gründliche Aussprache mit Johanna Deters, Gertrud Reichardt und seiner Frau herbeizuführen über die Stellung der Reichardt als Aufseherin und Gehilfin seiner Frau.
Sie müßte ihr alles Nötige berichten. Dies würden manche der ihr Untergebenen ein Antragen nennen, aber dadurch sollte sie sich nicht irremachen lassen. Ebenso müsse aber auch meine Frau mir von ihnen berichten. Wenn sie dies "Antragen" nennten, sei dies ein Irrtum. Meine Frau und sie müßten mir es überlassen, wenn ich das Berichtete für abgemacht ansähe oder wann ich noch einzugreifen nötig glaubte. Als Seelsorger müsse ich auch oft rügen, wo ich als Vorsteher schweigen könnte.
Daß beide meiner Frau als Vorsteherin so ungern gehorchten, komme nicht von der Persönlichkeit meiner Frau her, sondern daß sie überhaupt keine Vorsteherin über sich leiden könnten. Wennschon sie die Last und das Elend einer Vorsteherin genug fühlten, um nicht selbst Vorsteherin sein zu wollen, so möchten sie doch auch keine Vorsteherin über sich. Die Reichardt sagte den Abend zu meiner Frau, ich hätte kein Wort zuviel gesprochen.

Trotz Fliedners Bemühungen blieben die Schwierigkeiten. Als er im Juni 1839 vierzehn Tage in Barmen war, um die Gelder für die Diakonissenanstalt zusammenzuholen, gab es neue Zusammenstöße.

Frau Fliedner an ihren Mann, Freitags abends spät in sehr großer Eile
Heute erklärte ich Johanna, nachdem ich im hohen Grad ihre Impertinenz getragen hatte, daß ich von nun an sie nicht mehr trüge. Um der Anstalt und um ihretwillen ließe ich mich nicht ferner so behandeln. Was ich ihr zuleide tue, darüber solle sie

klagen. Von nun an handle ich nach der Hausordnung. Hiermit verklage ich beide nicht. Ich lege dir dadurch nur unser Leid an das Herz, damit du für uns bittest. Was ich zu verklagen habe für meine Person, will ich kund und öffentlich tun.

Das Pflegerinnenbuch berichtet über Johanna: 7. oder 8. August 1838 schrieb ihr die Reichardt über die Veruntreuungen, die sie während der hiesigen Führung der Haushaltung begangen habe, daß sie für sich habe von dem Garn des Hauses Strümpfe stricken lassen ohne Erlaubnis; daß sie oft für sich allein gekocht und gegessen und am Tisch nichts oder wenig gegessen habe; daß sie zwei feine Hemden – weiß Ball, *Vikar!* gezeichnet – für sich genommen und angezogen und JMD gezeichnet habe. *Johanna Deters verteidigt sich in einem drei Seiten langen Brief voller Unklarheiten. Ist Johanna wirklich so unentwickelt in ihrem Charakter, wie sie sich darstellte? Erst acht Wochen später fing sie an zu begreifen, daß sie ausgespielt hatte.*

Fliedner an Johanna Deters, Kaiserswerth, 11. Dezember 1839
Liebe Johanna, hierbei sende ich Ihnen das Sparkassengeld mit 58 Talern 11 Gr... Die Zinsen des Geldes folgen mit, da Sie es ohnehin nötig haben werden und Sie, wenn Sie eine Pflicht fühlen, der Anstalt etwas zu vergüten, späterhin gewiß Gelegenheit dazu finden werden. Daß ihr Verhältnis zur Anstalt nach dem Vorgefallenen sich bei Ihrer jetzigen Reise nach Haus am passendsten völlig löst, wird Ihnen selbst einleuchten. Ebenso daß die Anstalt die Pflicht, die sie übernommen hat für Diakonissen, die in der treuen Wahrnehmung ihres Amts dienstunfähig und kränklich geworden sind, nach Kräften zu ihrer Versorgung mitzuwirken, bei der Weise, wie Sie das Amt wahrgenommen, nicht für Sie übernehmen kann noch darf.

Frau Fliedner hat unter den Nöten um Johanna Deters sehr gelitten:
2. Advent. Wenn ich Johannas Jammerbild ansehe, so tut sie mir wehe, und ich fühle, daß ich mich an ihr versündigt habe. Herr, du hieltest mir die Augen. Wir gingen alle in die Irre. Laß all die vielen Tränen, die wir um die Anstalt vergossen haben, zum Segen für die Anstalt werden. Lehre uns durch Leiden klug werden.

Nach zwei Monaten stellte es sich heraus, daß Johannas Veruntreuungen das geringere Übel waren gegenüber den Lügen und Verleumdungen, die sie verbreitet hatte. Sie nahmen ihren Anfang schon im Herbst 1838, als Johanna Deters Fräulein Göbel im Asyl vertreten hatte, und hatten seitdem die kleine Schar Frauen in Kaiserswerth in Bann gehalten. Nun endlich nahm sich Katharina Göbel ein Herz, mit Frau Fliedner zu sprechen.

Frau Fliedner an ihren Mann, Kaiserswerth, 18. Februar 1840
Mein lieber Fliedner... Ich fühle mich veranlaßt, dich zu bitten, die Katharine amtlich zu verhören über die Angaben der Johanna gegen uns. Denn gestern hat mich die Göbel zur Rede gestellt, warum ich ihr der Johanna Nachreden gegen sie als Freundin nicht mitgeteilt hätte und unsern Wunsch, daß sie nicht wiederkommen möchte. Johanna wolle nicht sagen, wie sie das Asyl angetroffen hätte usw. Ich ging zur Reichardt, ohne nur im geringsten durch diese Lügen angegriffen zu sein, und

fragte diese. Die erschrak, daß doch alles offenbar würde, und erzählte nun solche Zusammensetzung von Lügen, wie ich die Göbel von hier hätte weghaben wollen, Johanna hatte alles mit den kleinsten Umständen ausgemalt. Und die Reichardt hat es ihr geglaubt. Ich sagte der Reichardt, ich empfände auch nicht die kleinste Unruhe oder Bitterkeit dabei.

Ich wüßte wohl, ihre Lügen zerfielen in drei Abteilungen: 1. die, wo der schuldige Respekt und Hochachtung ihr gottloses Gerede verbäte; 2. die rein ersonnenen Lügen wie die obige und 3. die, die sie durch beständiges Aushorchen und Verdrehung zusammengesetzt hätte. Der Herr Jesus hat mir eine solche Ruhe und Frieden geschenkt, daß ich laut danken möchte für seine große Durchhilfe.

Wenn der Herr und seine Apostel solchen Umgang ertragen haben, was sind wir. Möchten diese Züchtigungen uns wachsamer und eifriger in unserm Beruf machen. Die Göbel und ich haben uns ermuntert zu wachen, daß uns der Teufel von unserm Posten nicht ferner verlocken möchte durch falsche Vorspiegelung.

Ich übergebe es nochmals deinem Ermessen. Findest du es nicht für gut, so unterlasse es. Ich halte es für Pflicht, dem Lügengeist offen entgegenzutreten. Ich habe die Person gar nicht im Auge, durch die die Lügen gegangen sind, sondern den Vater der Lüge.

Und die Reichardt hat es ihr geglaubt – das gehörte zu dem Schwersten in der Amtsführung der Frau Fliedner: als auswärtswohnend mußte sie jemanden haben, der sich um die im Durchschnitt 24-, 25jährigen Pflegerinnen und Seminaristen verantwortlich bemühte. Aber gerade die einzig Ältere, die jetzt 51jährige Gertrud Reichardt, war durch ihre mangelnde Menschenkenntnis geradezu unerlaubt harmlos und unerfahren im Umgang mit Menschen. Wenn sie aber Unordnung und Unredlichkeiten entdeckte, dann meinte sie, alles "mit christlicher Liebe" zudecken zu müssen. So gab sie, so herzlich gut sie es meinte, bei der Sichtung und Erziehung der Neuankömmlinge keine Hilfe, im Gegenteil erschwerte sie vieles. Zweifellos hat Johanna Deters im bewußten Mißbrauch dieser Harmlosigkeit ihr betrügerisches Spiel getrieben. Aber wie sollte eine Gertrud Reichardt hinter Johanna kommen, wenn diese in ihrer psychopathischen Veranlagung selbst einen Fliedner und seine Frau jahrelang täuschen konnte, hatten sie doch Johanna einst so geschätzt, daß sie sie als Patin ihres vierten Töchterchens bestellten!

Wie sehr Frau Fliedner unter den Entdeckungen gelitten hat, geht aus ihrem Brief an die Frankfurter Schwestern hervor. Das Schreiben an Fliedner war an den Vorsteher gerichtet – hier spricht die Frau zu Frauen, wohl vor allem zu Helene Osthoff, die mit Johanna Deters und Katharine Weintraut zu den Schwestern aus dem ersten Jahr gehörte. Helene Osthoff hatte mit der Württembergerin Marie Schäfer im Oktober 1839 das Versorgungshaus in Frankfurt am Main übernommen:

Frau Fliedner nach Frankfurt, Kaiserswerth, 19. Februar 1840
Liebe Schwestern. Ich hatte euch von der Johanna Betragen und Benehmen *nur* wenig mitgeteilt. Ich hatte auch gar keinen Trieb dazu, ihre großen Abwege bekanntzumachen, da ich immer noch mit Fäden der Liebe an ihrer Seele hing. Leider sind nun in letzter Zeit nach ihrer Entlassung all diese Fäden zerrissen, und es ist nur eine Furcht

für sie und ein Mitleiden mit ihrem ganz verlorenen Zustand geblieben. Denn es ergaben sich solche Lügen und Verleumdungen von ihr, daß man ausrufen muß: Wie ist es möglich! Die niederträchtigsten Dinge, die ich niemals gedacht noch gesagt habe, erzählt sie als ganze Geschichten. So zum Beispiel, daß ich meine liebste, alte Freundin *Katharine Göbel* aus dem Asyl weg hätte haben wollen. Auch machte sie mich zur Diebin an der Anstalt.

Der Herr hat mir auch beigestanden, daß ich mit der Bitterkeit, die sich meiner bemächtigen wollte, nicht mehr so viel zu kämpfen habe. Ach, alles, was die unglückliche Person mir andichtete, tat sie selbst.

Mein Mann ist nach Elberfeld. Wir spüren eine große Liebe und Zutrauen in die Anstalt, der Herr wolle eine feurige Mauer um uns sein. Er stärke euch denn ferner den Glauben und helfe euch streiten und kämpfen. Dank für eure sehr lieben Briefe. Mit herzlicher Liebe eure F. Fliedner.

Das Kapitel Johanna umschließt das schwerste Erleben aus der Anfangszeit des Kaiserswerther Frauenbildungswerks. Die Not dieser Zeit war nicht der Mangel an äußern Hilfsmitteln. Seine Not war das Kommen und Gehen der Menschen und daß sich nicht eine einzige Frau, die größere Verantwortung tragen konnte, zur Verfügung gestellt hatte. Alles blieb ausschließlich an der Kaiserswerther Pfarrfrau hängen, die, als das Kapitel Johanna abschloß, drei Monate vor der Geburt ihres zehnten Kindes stand. In jenen schweren Tagen schrieb sie an ihre Amalie:

Frau Fliedner an Frau Focke, Kaiserswerth, 14. Januar 1840
Du schreibst von meinem Mut, du liebe, teure Seele. Ich habe vieles zu kämpfen, vieles zu streiten. Ich fühle die Macht des Feindes, der herumschleicht und droht, uns allen Mut zu nehmen, daß ich rufen möchte: Nun ist alles dahin.

Oh, die Kreuzesbalken des Diakonissenhauses sind hart und bitter, aber der Herr wird helfen und hat geholfen bis hierher. Er demütige fort meine Kraft und kehre mein Herz ganz zu Ihm hin.

"Die lieben Württemberger"

Die Hilfe kam aus dem Schwabenland. Am 22. März 1839 trafen nach viertägiger Reise vier schwäbische Mädchen in Kaiserswerth ein, die erste Frucht von Fliedners Werbereise nach Württemberg im Juli 1838. Der rührige Pfarrer von Winnenden, L. F. Wilhelm Hoffmann, nahm Fliedners Anliegen mit großer Freude auf. Schließlich blieben in der engeren Wahl vier Mädchen übrig, die Hoffmann in einem Brief an Fliedner vom 3. Januar 1839 wie folgt kennzeichnete:
Nr. 1 Marie Schäfer ... ist ein Mädchen, aus dem bei gehöriger Bildung etwas werden kann, von tieferem Gemüt und nicht unbedeutenden Anlagen des Verstands, entschiedenen Sinns, kräftiger Entschlossenheit. Sie hat früher etwas Schwärmerisches gezeigt, als sie durch die Vorträge des Herrn Müller, dessen feurige methodistische Eigentümlichkeit Ihnen ja aus England besser als mir bekannt, mächtig ergriffen

war. Es hat sich dies völlig gegeben. Sie ist eine besonnene, wohlgegründete Christin, nur, wie alle unsere Aspirantinnen, etwas stark auf der Gefühlsseite angefaßt.

Nr. 2 Elisabeth Schäfer... von geringen Anlagen, aber schlicht verständig, liebevoll und der Sache der Krankenpflege mit vieler Wärme zugetan.

Nr. 3 Katharine Beutel... hat viel natürliche Gewandtheit und Anstelligkeit, die auch in ihrem aufgeweckten, herzlichen Wesen sich ausdrückt, ist in der Heiligen Schrift wohl bewandert, hat unter allen am meisten die methodistische Eigenheit angenommen, scheint mir in ihrem geistlichen Leben weniger tief zu gehen, aber doch redlich und entschieden zu sein.

Nr. 4 Maria Agnes Mayer... ist in Stuttgart in Diensten, hat dort in der Pflege Kranker Namhaftes geleistet und wird daher von der Dienstherrschaft sehr geliebt. Ihr geistliches Leben kann ich weniger beurteilen. Sie scheint nur einen starken, sentimentalen Anstrich zu haben, aber etwas mehr äußere Bildung als die andern.

Dem Brief des Pfarrers Hoffmann lagen die Bewerbungsschreiben der vier Schwestern bei. Das von Marie Schäfer ist ein vierseitiger Bericht über ihr geistliches Leben.

Marie Schäfer: ...Wie oft bat ich den Herrn, für Ihn und für seine Reichssache wolle ich mich ganz aufopfern. Da wir hörten von der Diakonissenanstalt zu Kaiserswerth, sagte ich zu meinem geliebten Freund: Willst du mich nicht auch zu diesem Werk brauchbar machen? Sende mich hin, wo du willst. Dein bin ich schon lange.

Elisabeth Schäfer schrieb in einer sauberen Schrift und "schwäbischer" Rechtschreibung: Ich bin Gebohrin von Eldern die nicht viel Reichdum besiezen und so lasse ichs der Führung Gottes über wenn ich mich genau briefe gegen dieser Fotterung wo an mich gekommen ist so fende ich mich untichtig zu dem beruf nur so wie des Herrn wille ist mege es geschäen.

Katherine Beutel... Ich habe mich ins Opfer gegeben. Ich wollte nichts anders als das, was Gott will.

Agnes Mayer... Schon als Kind und später ging ich in die Gemeinschaft. Aber ich wollte doch auch mit der Welt fortkommen. Dann anno 1836 kam eine Wahrsagerin zu mir, die sagte, wenn ich nicht auf der Hut sei, so werde ich von einer Mannsperson ins Unglück gestürzt. Der Gedanke, daß ich nicht angenommen werde, geht mir tief ins Herz. Den einen so lang gehegten Wunsch, dem Herrn mein ganzes Leben zum Dienst zu geben...

Fliedner antwortete Hoffmann postwendend am 9. Januar, daß er die vier württembergischen Jungfrauen senden möge, baldmöglichst, wenn die Schiffahrt noch offen sei, dann per Schnellpost. Er möge erst für die Reisekosten sammeln, dann schreiben, was noch fehle. Die Herzogin Henriette würde dafür vielleicht geben.
Durch Hoffmanns Ruf nach Basel verzögerte sich die Angelegenheit. Am 22. März 1839 trafen die vier Schwäbinnen in Kaiserswerth ein. Frau Fliedner freut sich der Ankömmlinge: Die Württembergerinnen sind sehr liebevoll und zutraulich gegen mich. Marie Schäfer ist eine liebe Seele. *Aber die vier Frauen stellen Frau Fliedner auch vor eine große Aufgabe, da Vorbildung und Anleitung größtenteils ihr obliegt.*

Das Pflegerinnenbuch berichtet über die neuen Mitarbeiterinnen:
14. Marie Schäfer, geboren 10. Mai 1810. 11. April hat sie die Weiberkrankenpflege übernommen, nachdem ich mit ihr gesprochen. Heiterkeit anempfohlen. 14. Oktober sprach sie sich sehr offen gegen mich aus über ihr Inneres, wie sie Freude im Herrn fühle und keine Furcht mehr, und wenn ich ermahnt hätte, sich zu fürchten, sie dies nicht mit ihrer christlichen Erfahrung übereinstimmend gefunden habe. Ihr gezeigt Verwechslung der kindlichen Furcht vor Gott, wovon Paulus ... spreche; und da sie klagte, daß hier nicht so viel Offenheit unter den Christen und besonders den christlichen Schwestern sei wie in Württemberg, ihr gezeigt, daß sie selbst gegen mich so wenig christlich offen über ihre Seele gewesen sei, daß sie selbst schuld, wo ich sie falsch behandelte. Sie erzählte von dem fröhlichen, liebenden, herzlichen Umgang der Schwestern und Brüder in Württemberg untereinander, dem Singen, Liebesmahlen, knienden Beten, Versammlungsstunden und Erfahrungsstunden über den innern Zustand und wie und wodurch die falschen Christen entlarvt würden. Sie bekannte nachher ihren Mangel an Offenheit, und als ich mit ihr kniend betete, betete sie nachher auch von selbst noch laut, innig, demütig, kindlich. 15. Oktober mit meiner Frau und Helena *Osthoff* nach Frankfurt abgereist ins Versorgungshaus.

Die damals 29jährige Marie Schäfer wird eine der bedeutendsten Frauen in der Geschichte der Frauendiakonie werden. Als erste Vorsteherin der Diakonissenanstalt Breslau-Bethanien wird sie in vierzig Jahren den Frauendienst in Schlesien heimisch machen.

15. Elisabeth Schäfer, geboren 5. Januar 1811 zu Hanweiler bei Winnenden. Vater tot, Bauer und Weingärtner. Zuerst in der Küche beschäftigt, nicht sehr anstellig zur Arbeit, noch sehr roh. Sonst bisher aufrichtig erfunden.

16. Katharina Beutel, geboren 19. Oktober 1809, aus Bretzenacker bei Winnenden, Vater Weingärtner. 9. Dezember wegen Kränklichkeit nach Württemberg zurückgesandt.

17. Agnes Mayer, geboren 1809, Anfang April zu den Kindern. 16. Mai mit meiner Frau sie gesprochen, nicht rauh gegen die Kinder zu sein, nicht ungestüm sie zum Gebet anzuhalten ... Ich hatte früher mit ihr gesprochen, daß sie stets zuviel lächle, ein zu freies Wesen habe. 3. Juni sie wegen des Unterrichts der Kinder gefragt. Sie klagte über die Unachtsamkeit der Kinder. Ich ihr ihre Trägheit vorhaltend, daß sie nicht Zeit habe, die Bilder auszusuchen, bloß vorlese, statt zu erzählen, daß sie zu hart gegen die Kinder sei, zuviel zanke und tadle, den Zucker vergesse bei der bittern Arznei, bloß Zuchtmeister sei. Meine Frau bemerkte mir, daß sie gern zu den Männern hinauf wolle.
3. Oktober auf fünf Jahre feierlich verpflichtet. 1. Oktober ernstlich zurechtgewiesen wegen des freigesprächigen Wesens gegen Mannspersonen, gegen Frowein, Doktor und heute gegen den Unteroffizier.

Der ersten Hilfeleistung, die Württemberg dem niederrheinischen Frauenwerk brachte, folgten noch weitere. Mehrere Pfarrer warben im Christenboten für die

Friederike Fliedner mit den beiden Schwäbinnen

Diakonissensache. Es wurde ein freundliches Hinüber und Herüber zwischen dem Schwabenland und Kaiserswerth. Die Württemberger sind doch liebe und uns sehr wichtige Leute, *schrieb Fliedner am 15. Juni 1839 seiner Frau. Am 18. November trafen wieder zwei Schwäbinnen in Kaiserswerth ein. Beide hatten bei ihren Herrschaften ein gutes Lob und waren durch ihre bisherigen Dienste im Krankenwarten schon geübt.*

Das Pflegerinnenbuch berichtet: 23. Christine Klett, geboren zu Lustnau bei Tübingen 27. April 1811.

Die erste Außenarbeit der Christine Klett war eine dreimonatige Privatpflege im Pfarrhaus Gessert in Schwelm. Von dort schrieb sie am 28. "Apbril" 1841 nach Kaiserswerth – der Brief ist in der ursprünglichen "schwäbischen Rechtschreibung" wiedergegeben; nur sind in dem ohne jeden Punkt und Beistrich geschriebenen Brief Satzzeichen eingefügt.

Libe Vrau Pastdoren. Den 25tag des Monaz habe ich en Groser Betribtcheit zu Gebracht, en dem Weder ich noch ein fon den 3 Mechten die Kirche haben besuchen dirfen und da der Libe Herr Pastdor Seine 100 und 24 Konvermanden, nemlich Metschen geprift hat, die den 27. eingesegent wortten Sent. Die Vrau, mecht ich Sagen, Lebt en mancher beziung Heitnisch. es Heden Abgewegselt Recht Gut Alle zur Kirche gekunt. Die mechten Neten. Die Vrau Pastdoren Strikde und ich Las neben meiner liben Krangen ender Bibel. Da das Kent Sadke, worum ich nicht Auch Schtrikde, ich Gab ir zur Ant wort, das were des Hern Dag, da hede der Herr Geruhet. Sie Antwortede Engstlich, Sie hetde emer Auch geschtrikt. Sische Ein, das es Unrecht were. Sie wol es nicht wider Tun. Siben Wochen Lang hat Si nicht eine magt die Kirche besuchen laßen, wohl wasch, bleichen und Sowas, das Leider emer noch forkomt. Sein Si Sogidich und Beschtelen Sie den Liben Schwesdern Herzliche Dang Vir die Libe Brifchen wiauch Allen filen Grise. es grüst Auch Sie en Libe ihre Arme Diakonisse Christena Klett.

Christine Klett schreibt, wie sie spricht – man darf an die damalige Volksschulbildung und erst recht nicht an die Mädchenbildung den heutigen Maßstab legen. Diese schwäbische Tagelöhnerstochter hat das Herz auf dem rechten Fleck, sie weiß ihre Lage zu nehmen. Und ihre Gefährtin, die mit ihr die Reise nach Kaiserswerth angetreten hat?

Das Pflegerinnenbuch berichtet: 22. Sophie Dorothea Wagner, geboren 23. Juni 1817 zu Vaihingen in Württemberg. Als ich 25. November zuerst ausführlich mit ihr sprach und kniend mit ihr betete, fing sie darauf auch an laut zu beten, kindlich, herzlich, demütig.
Im August 40 während meiner Reise nach Berlin veranlaßte sie eine Sprechstunde mit einigen sich ihr zuneigenden Schwestern, um sich gegenseitig zurechtzuweisen, nachdem sie mit Amalie *Andreas* sich vereuneinigt und diese für verstockt erklärt hatte, ohne aber ihr unter vier Augen ihre Fehler zu sagen, auch nicht untereinander sich ermahnend, der apostolischen Vorschrift und der Instruktion gemäß, die Schwester unter vier Augen zurechtzuweisen. Auch die Reichardt von der Sophie nicht zur Sprechstunde zugezogen. Stolz und Absonderungstrieb Ursache. Von mir zurechtgewiesen deshalb, leugnete sie nicht, bekannte es auch nicht recht, hartköpfig. In Elberfeld ihr Unrecht besser einsehend, doch viel Eigensinn und Eigendünkel. 21. September 40 nach Kirchheim mit Agnes *Mayer* ins dortige Wilhelmshospital.

Wie für alle aus den süddeutschen Gemeinschaften stammenden Schwäbinnen, so war es auch für Sophie Wagner nicht leicht, sich an die niederdeutsche Zurückhaltung und Sachlichkeit der Kaiserswerther Diakonissenanstalt zu gewöhnen. Wie sollte sie einsehen, daß das, was in der Heimat an christlichen Formen gepflegt wurde, in Kaiserswerth nicht angebracht war? Ist es ihr zu verdenken, daß sie, die Dreiundzwanzigjährige, sich mit ihren Altersgenossen zusammenschloß und gegenüber der 53jährigen Standesperson Gertrud Reichardt zurückhaltend war? Andrerseits sollte die große neue Aufgabe gelöst werden, Frauen über alle Herkunfts- und Bildungsunterschiede hinweg zu einer Gemeinschaft zusammenzuschließen. Fliedner in seinem Herrenwillen und Sophie Wagner in ihrer Frömmigkeitsform und mit ihrem harten schwäbischen Schädel haben einander standgehalten. Nach dem Tod der Friederike Fliedner wird Sophie Wagner als Hausmutter der Diakonissenanstalt und Erzieherin der Schwesternschaft durch vierzig Jahre hindurch bestimmend auf den Geist des neuen Werks wirken. Am 1. August 1840 gehörten sechzehn Schwestern zur Pflegerinnenanstalt, von diesen waren sieben Schwäbinnen, darunter die beiden besonders fähigen und willensstarken Frauen Marie Schäfer und Sophie Wagner, das unvergessene Geschenk, der Beitrag des lieben Landes Württemberg zur Frauendiakonie. Aber ehe sie herangereift waren, daß sie Frau Fliedner hätten Verantwortung abnehmen können, war diese aller Verantwortung enthoben.

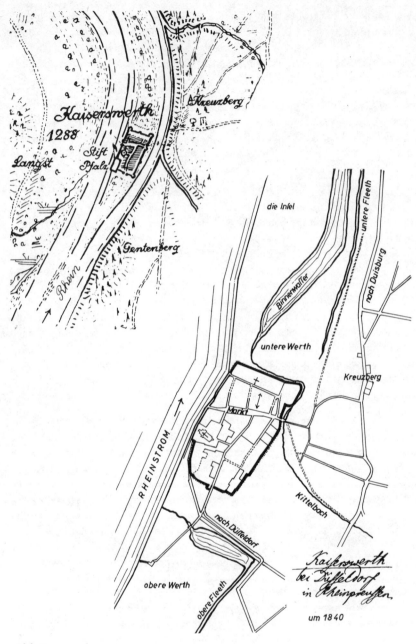

die Infel

untere Fleeth

nach Duisburg

Binnenwaffer

untere Werth

Kreuzberg

Markt

RHEINSTROM

Kittelbach

nach Düffeldorf

obere Werth

obere Fleeth

Kaiferswerth bei Düffeldorf in Rheinpreußen

um 1840

Haiserswerth

1288

Langst

Stift Pfalz

Kreuzberg

Gentenberg

Rhein

Altkaiserswerth

Doppelbelastung

Frauen unerwünscht – Meline Scharff-Willemer

Luise Fliedner nach Frankfurt, 30. Oktober 1839
Liebe Mutter, warum kommst du denn noch nicht wieder? Ach, Mutter, eile dich
doch, denn wir haben dich hier sehr nötig. Wenn du zurückkommst, so wirst du
gewiß viel Freude haben, besonders über die kleine Johanna – *14 Monate alt* –, und ich
glaube, daß sie dir entgegenläuft. Vor ein paar Tagen saß die Tante Luise auf dem
Stuhl, da kam die Johanna herbei und richtete sich ganz allein auf, um auf den Schoß
zu kommen. Du kannst dir denken, liebe Mutter, wie uns das gefreut hat. Diesen
Nachmittag lief sie um den Stuhl. Auf meine Frage, wo willst du hin? antwortete sie:
nach nakefot (Frankfurt); auch spricht sie alles nach. Wir danken dir auch für deinen
Brief. Herzliche Grüße von Herrn Kandidat Ball, Tante Luise und Minna. Grüße
auch alle in Wiesbaden von deiner dich liebenden Tochter Luise Fliedner.

Frau Fliedner an Frau Focke, Kaiserswerth, den 4. November 1839
Liebe Amalie, am 15. Oktober reiste ich mit zwei Pflegerinnen von Düsseldorf ab
nach Frankfurt am Main. Am 18. brachte ich sie mit der dortigen Vorsteherin des
Versorgungshauses an ihren Posten. Sie haben Kranke und Sieche zu pflegen. Ich sah
in Frankfurt sehr vieles für mich Interessante und Nützliche. Ich war in dem großen,
prachtvollen Heiligen-Geist-Spital, wo alles schön zu sehen war. Nur spürte man,
daß der Name des Spitals aus dem Innern gewichen war. Das Waisenhaus mit
zweihundert Kindern, das Besserungshaus, die Kinderschulen. Unter den Damen
herrscht ein reger Eifer. Nur fassen sie noch nicht gründlich an. Auch ist vieles
geistliche Bedürfnis unter den Damen, dem die Männer widerstreiten. Ich wurde von
Frau Scharff-Willemer mit großer Liebe aufgenommen und von ihr in viel angenehme
Bekanntschaft gebracht. Ich war mit großer Ruhe von hier geschieden, da ich ohne
Wunsch und Willen zur Reise ging; viel lieber *noch* den letzten Tag gehabt hätte, daß
Fliedner mich hierließ und selbst ging. Desto mehr spürte ich nun, daß mir der Herr
die Reise zur Stärkung geben wollte. Ich blieb zehn Tage in Frankfurt...
Am 30. kam ich hier zurück. Ich fand alles wohl im Krankenhaus; im Asyl alles
munter. Mit den Finanzen geht es schlecht. In Frankfurt wollen die Geistlichen mit
einigen christlichen Kaufleuten eine Kollekte für hier einleiten. Sonst weiß Fliedner
nicht recht, wo er sich hinwenden soll. Er will nun ein Bild stechen lassen "Der
Barmherzige Samariter", damit auch in der Ferne für die Anstalt gewirkt wird. Er
wird sich noch einen Hilfssekretär in das Haus nehmen müssen. Diese Dinge machen
mir manche Sorge, doch kann ich ihm kein Rat und Hilfe in Geldangelegenheiten
sein. So füge ich mich in alles Unangenehme.
Auch habe ich wieder Hoffnung. Ich fühle mich in unaussprechlich heiterer
Stimmung. Meine Gesundheit hat sich aufs neue gestärkt, und es ist mir zumute, als

Meline Scharff-Willemer

ob ich mit neuer Frische mein eheliches Leben beginnen sollte. Ach, ich habe harte
Jahre durch die Anstalten oder vielmehr durch mich gehabt.
In den Anstalten selbst herrscht eine große Liebe, Stille und Frieden. Auch die liebe
Göbel steht auf ihrem Acker gestärkt und ergeben. Es ist ein schwerer, sehr schwerer
Beruf. Sie tut mir oft wehe, wie ihre Tage wie die eines Tageslöhners sind. Als sie
verreist war, da hat unsere liebe Reichardt vier Wochen ihre Stelle versehen. Diese
fand auch, daß sie die Schwere der Erziehung der aus dem Gefängnis entlassenen
Frauen nicht ertragen würde und sehnte sich herzlich nach ihren Pflastern und
Verbänden zurück.

*Im Mai 1838 hatte Frau Scharff-Willemer, die Mitvorsteherin des Frankfurter
Städtischen Versorgungshauses, in Kaiserswerth um eine Wärterin für die Siechen und
unheilbar kranken Alten angefragt. Frankfurt war damals eine Stadt von 54 000
Einwohnern. Das Haus an der heutigen Hammelsgasse bestand aus einem 170jähri-
gen dreistöckigen Altbau und einem 1827 erbauten Südostflügel. An der Gründung*

des Versorgungshauses, das 1817 in dem Altbau eröffnet worden war, war die 50jährige Geheimratstochter und Bankiersfrau Meline Scharff-Willemer maßgeblich beteiligt. Hier in der freien Reichsstadt konnte eine Frau aus dem Bürgertum eine solche Rolle versuchen. Sie hatte jedoch in ihrer Eigenschaft als Frauenvereinsabgeordnete und einzige Frau zweifellos keinen leichten Stand gegenüber den Herren des Pflegeamts gehabt.

Frau Scharff an Fliedner, Frankfurt, 16.November 1838
…Ich erlaube mir, Ihnen mitzuteilen, was wir seither von unsern Wärterinnen verlangt, woraus Sie Ihrem Wunsch gemäß deren äußere Stellung ersehen werden. Die beiden Wärterinnen übernahmen gemeinschaftlich die Verpflegung aller unserer Kranken und Siechen, eine jede vorzugsweise auf ihrem Stock. Doch bei schweren Kranken oder Sterbenden mußten sie sich nachts öfter gegenseitige Hilfe leisten. Sie hatten auf die Reinlichkeit des Krankenhauses, der Zimmer wie der einzelnen Individuen zu sehen; zu ersteren können im nötigen Fall hauswohnende Frauen benutzt werden, worüber sie dann die Aufsicht zu halten hatten. Ferner haben sie die kleine Chirurgie auszuführen als Schröpfen, Blutegelansetzen, Senf- und andere Aufschläge anwenden. Alles nach Verordnung des Arztes oder Wundarztes, denen sie pünktlich zu folgen und vorzüglich ersterem genau den Stand der Kranken zu referieren haben. Sie stehen unter Aufsicht des Verwalters oder dessen Frau, die beide wie die Wärterinnen unter dem Pflegeamt stehen; eigentlich unter unserm Amtssenior, einem sehr liebevollen Mann, und unter mir.
Empfehlen Sie mich aufs herzlichste Ihrer lieben Frau, die ich sehr zu kennen wünsche, und gedenken sie in Liebe Ihrer ergebenen Meline Scharff.

Als schwieriger Punkt erwies sich der Wunsch nach einem eigenen Schlafzimmer der Schwestern. Schließlich ist das Pflegeamt bereit, eins von den sechs Einzelzimmern den Pflegerinnen einzuräumen, wo sie für sich essen und ihre Erholungs- und Erbauungsstunde halten können. Nach dem Nachtessen der Leute gehen sie dann in die Schlafsäle, um dort unter ihren Pflegebefohlenen zu schlafen. Dieses Entgegenkommen berechnet das Haus gleich einer weiteren Besoldung von 100 bis 150 Gulden.
Sie wünschte, daß Frau Fliedner die Diakonissen selbst brächte, um durch ihre praktischen Kenntnisse in ihren Ansichten unterstützt zu werden.
Die beiden Pflegerinnen, die nach Frankfurt ausgesandt wurden, waren die 26jährige Helene Osthoff, die zu den ersten Schwestern gehörte, und die 29jährige Schwäbin Marie Schäfer, die gerade vor vierzehn Tagen in das Diakonissenamt aufgenommen war. Beide waren Frau Fliedner besonders verbunden.

Frau Fliedner nach Frankfurt, Kaiserswerth, 6. November 1839
Ich bitte euch nochmals, wandelt im ganz aufrichtigen Weg gegen eure Vorsteherin. Sagt ihr, was euch schwer und schädlich scheint; sagt es mit Bescheidenheit und Wahrhaftigkeit und stellt es dann dem Herrn anheim, ob er es ändern lassen will. Habt Geduld, liebe Schwestern, und haltet Glauben. Glaubt mir, ich rufe es euch zu, weil ich fühle, wie nahe mir Ungeduld und Unglauben steht.

Agnes *Mayer* ist zurück von *der Privatpflege zweier Gemütskranker* in Bonn. Sie scheint sich die Narrheit zu Herzen zu ziehen; sie *unter*scheidet das kranke Gehirn nicht vom gesunden. Sie war sehr angegriffen, wir haben sie gepflegt; *der* Doktor hat sie mit einem Brechmittel traktiert – nun ist sie wieder gesund.

Hört nicht auf, für uns zu beten. Ich bekenne es, ich habe große Lauheit in der Fürbitte für euch und für die uns befohlenen Kranken. Der Herr wolle meine Liebe wachsen lassen zu euch und zu allen.

Eins muß ich euch noch sagen. Es ist uns ein taubstummer Knabe von Moers übergeben von zehn Jahren an Krätze. Der Junge hat Laute wie ein Tier. Er ist aber sehr freundlich und lebendig. Nun hat der Doktor Drüsen entdeckt, hat dem armen Jungen Reizsalbe auf den Hals reiben lassen und die Ohren sprützen. Nun kommt Blut und Eiter heraus – und der Junge hört und spricht Buchstaben nach. Der Doktor ist in allen Lüften vor Freude. Auch wir freuen uns und loben den Herrn für die Krätze. Bis jetzt ist die Ansteckung der Pflegerinnen durch ihn verhütet worden. Schreibt uns recht ausführlich... Der Gott des Friedens regiere euch und eure Pflegemutter F. Fliedner. Mit Liebe.

Helene Osthoff nach Kaiserswerth, Frankfurt, 18. November 1839
Hochverehrtester Herr Pastor! Ich habe 26 Pfleglinge, davon 14 krank sind. Die gehen können, gehen auf die Arbeitsstube. Es herrscht ein sehr roher Charakter unter den Menschen, wo wir manche Kämpfe durchzumachen haben. Es ist hier noch sehr viel Unordnung, besonders mit den Besuchen der Kranken; die können besucht werden zu jeder Zeit. Des Sonntags kommt das Bäckermädchen auf die Krankenstube und verkauft Weißbrot. Kürzlich morgens, wie ich am Bettenmachen bin, kommt ein Apfelkaufmann auf den Krankensaal und will verkaufen. Ich bin ganz erstaunt. Wir haben schon mit unserer lieben Vorsteherin, der Madame Scharff, darüber gesprochen; auch schon mit dem Herrn Doktor in bezug auf die Kranken, die sich so manches holen lassen, das ihnen doch schädlich ist... Es ist schon manches abgeholfen, in dem die Schwester Marie des Mittwochs und Samstags auf den Markt geht und für die Kranken einkauft. Es fehlt noch viel, ehe so eine Ordnung ist wie in Kaiserswerth...

Je nachdem wir Zeit haben, singen wir ein paar Verse aus dem Geangbuch mit ihnen. Da rufen sie denn: der liebe Gott hat uns Engel hierhergebracht... von der gehörten Predigt erzähle ich ihnen auch was oder sonst erbauliche Geschichten aus dem Missionsblatt... Viele Kranke sind begierig, das Wort Gottes zu hören. Sie rufen oft: Mütterchen, lesen sie uns auch was vor? Es kommt uns oft vor als so ein Heuchelwesen... Die Menschen sind sehr eigengerecht...

Liebe teure Mutter, ...wir gewinnen zu der lieben Frau Scharff immer mehr Zutrauen und Liebe. Die Damen besuchen uns noch immer fleißig und sind sehr freundlich...

Frau Fliedner nach Frankfurt, Kaiserswerth, 3. Dezember 1839
Liebe Lenchen und Marie, eure Briefe machten uns große Freude, ich danke euch herzlich dafür. Frau Scharff spricht sich sehr liebevoll über euch aus. Ich bitte euch, seht die Verwalters als über die Maßen geplagte Menschen an und verargt es der Frau

nicht, wenn sie manchmal euch nicht vorkommt, wie ihr es wünscht. Auch Frau Scharff sagte oft, auf der Frau Verwalterin läge zuviel... Die liebe Schwester Reichardt wird euch diesmal mitgeteilt haben aus der Anstalt. Ich muß schließen. Ich bin sehr überladen mit Arbeit.

(Fortsetzung Fliedner)

1. Um wieviel Uhr geht Marie in die Stadt zum Einkaufen und bis wielange bleibt sie gewöhnlich aus?
2. Haben während ihrer Abwesenheit ihre Siechen und Kranken eine beständige und hinreichende Aufsicht und durch wen?
3. Kommen keine Besuchenden während ihrer Abwesenheit..., kaufen und verkaufen...
4. Hält Marie eine schriftliche Rechnung über das, was sie für die einzelnen Pfleglinge kauft...
5. Sind durch das Einkaufen der Marie für die Pfleglinge alle die früheren Mißbräuche des Einkaufens unnützer und schädlicher Dinge... weggefallen?
6. Oder kaufen diese bei ihrem dreimaligen wöchentlichen Ausgehen nicht auch noch allerhand Dinge nach ihrem Belieben...?
7. Ließe sich nicht eine verschließbare Tür anbringen zwischen dem Frauensaal und der Treppe...?
8. Erhalten Sie beide jede Woche zum Schrubben des Siechenhauses bis zum Erdgeschoß herab Hilfe durch einige Frauen des Siechenhauses?

Frau Scharff ist mit Euch sehr zufrieden, auch die Kranken. Beweist der Frau Scharff und dem Pflegeamt durch eure Treue, Liebe, Weisheit und Selbstverleugnung, daß ihr es wert seid, daß manches geändert und anders eingerichtet werde in der Anstalt um euretwillen. Dann werden unsere Vorschläge auf guten Boden fallen und nach und nach die leibliche und geistliche Pflege mit Gottes Segen immer gedeihlicher eingerichtet werden.

Auf seine Fragen bekam Fliedner sorgfältige Antworten. Gleichzeitig hatte er bei Medizinalrat Ulrich in Koblenz angefragt, wie solche Angelegenheiten bei den Barmherzigen Schwestern geregelt wurden. Auf Grund der gesammelten Aussagen sandte er dann die veränderte Instruktion an Frau Scharff. Schließlich wurde bis auf die Zwischentür alles in Fliedners Sinn geordnet.

Frau Fliedner nach Frankfurt, Kaiserswerth, 19. Januar 1840
Liebe Helene und Marie, Gottes Gnade und Friede zum Neuen Jahr. Möge uns der Herr allesamt in unserm Beruf fort*hin* stärken. Den 20. heute ist es ein Jahr, daß Katharine und Eva nach Elberfeld abgefertigt wurden. Den morgenden Geburtstagabend meines Mannes gedenke ich, mit ihm unter den Schwestern und mit den Schwestern mit Loben und Danken, Bitten und Gebet zuzubringen. Der Herr Jesus wolle uns allen, aber besonders meinem Mann in Gnaden beistehen. Darum bittet auch ihr. Nach Elberfeld will ich etwas von unserm Geburtstagkuchen senden; an euch kann ich nichts schicken. Kauft euch etwas Kuchen, den ich nächstens mit fünf Groschen berechnen will. Nehmt es mir nicht übel, daß ich darum bitte. Grüßt eure alten Mütterchens.

Gestern abend als ich schrieb, war ich todmüde. Oh, ich habe sehr viel Arbeit. Ihr glaubt nicht, wie sich die Arbeit für die Anstalt vermehrt. Möge der Herr Geduld, Glaube und Liebe auch vermehren. Eure F.

Frau Scharff nach Kaiserswerth, Frankfurt, 13. März 1840
Das Liebste der Schwestern ist mir ihre immer sich gleichbleibende schwesterliche Liebe, so daß eine die andere gleichsam ergänzen kann. Sie genießen große Achtung bei unserm Amt wie im ganzen Haus, der einführenden Ordnung ungeachtet. Sowie ich aber höre, daß die eine oder die andere ihrer Untergebenen über sie klagt oder hinter dem Rücken räsoniert, was mir nur zweimal zu Ohren kam, nehme ich die Leute ernst und sehr eindringlich vor, was auch gleich half. Denn die Diakonissen müssen öffentlich und innerlich von mir durchaus geachtet werden, sonst wäre ihre Stellung zu schwer. Der Herr gebe, daß keine Störung in unser schönes Verhältnis tritt. Nicht wahr, die Mädchen sind auch zufrieden, denn so kann man ja Heiterkeit und Frieden nicht heucheln.
... Als ich an unserm Stiftungsfest die Besuchenden im Haus herumführte und in das Zimmer der Schwestern trat, hatten sie auf ihrem weißgedeckten Tischchen einen schönen Blumenkranz liegen mit einem Gedicht für mich und dem Wohl der Anstalt und einen blühenden Blumenstock aufgestellt, was mich innig rührte; denn jeder Beweis ihrer Liebe gegen mich ist mir ein Unterpfand, daß sie zufrieden sind.

Helene Osthoff nach Kaiserswerth, Frankfurt, 23. April 1840
Es geht jetzt ganz ordentlich mit den Besuchen der Kranken. Auch die sonstigen vielen Heimlichkeiten und Naschen der Kranken hat nachgelassen... Frau Scharff kann auch nicht tun so, wie sie gern will, wegen des ganzen Amts. Wir dachten dieser Tage viel an euch Lieben und besonders an unsere Mutter und unser Mutterhaus.
(Fortsetzung Marie Schäfer)
... Da jetzt das alte Haus abgebrochen wird, so werden wir sehr eingeschränkt werden. Man weiß nicht, wo man die Leute hinstopfen soll. So viele Menschen kommen alle in das neue Haus, *den südöstlichen Anbau,* zu uns herüber, und auch die Arbeitsstube kommt jetzt in den Krankensaal, wo Helenchen ist.

Helene Osthoff nach Kaiserswerth, Frankfurt, 9. Juni 1840
Von der Kranken, die vor vierzehn Tagen bei mir gestorben ist, will ich Ihnen noch näher berichten... Die Person hatte ein sehr schlimmes Bein schon viele Jahre und hatte früher schlecht gelebt. Nun kam noch die Wassersucht dazu, und ist dann in den letzten vierzehn Tagen am ganzen Körper ausgelaufen, so daß man es bald nicht mehr hätte aushalten können bei ihr vor Geruch und Wechseln der Wachstücher und Unterlagen... Das war eine schlimme Person; doch will ich sie nicht richten. Die wollte nichts als Eppelwein und Bier und Wein trinken... Sie konnte es nicht leiden, wenn ich mit dem Buch zu ihr gekommen bin und habe ihr was gelesen... Ich ließ sie denn gehen. Was kann man da tun? Nichts als für sie beten. Sie ist dann so dahin gestorben, zwei Tage lang lag sie da... Ganz fürchterlich hat sie geschrien: ha, ha, ha. Ach wie schrecklich nehmen die Menschen ein Ende, die ihr Herz so verstocken der Gnade Gottes...

Mitte Juni 1840 kam Fliedner nach Frankfurt, um dort wie auch in Bad Ems Geld zu sammeln. Bei dem Besuch im Frankfurter Versorgungshaus erfuhr er, daß das ganze Pflegeamt mit den Pflegerinnen ausnehmend zufrieden war: Doch hatte ihm die dortige Ernährung Sorge gemacht. Er beauftragte die Schwestern, ihm genaue Auskunft nach Bad Ems zu geben.

Helene Osthoff nach Bad Ems, Frankfurt, um den 26. Juni 1840
Hier, lieber Herr Pastor, den gewünschten Küchenzettel:
Sonntag Mittag Fleischbrühe mit Weißbrot und ein jedes 8 Lot Fleisch = ¼ *Pfund*
Sonntag Abend Mehlwassersuppe
Montag Mittag Reissuppe mit Fett gekocht und Kartoffelgemüse
Montag Abend Hafersuppe mit Wasser gekocht
Dienstag Mittag Fleischbrühe mit Schwarzbrot und ein jedes 8 Lot Fleisch
Dienstag Abend Griesmehlwassersuppe
Mittwoch Mittag Gerstensuppe mit Fett gekocht und Salatgemüse
Mittwoch Abend Weichgesottene Eier drei; wenn die Kranken keine Eier, Suppe vom Mittag
Donnerstag Mittag Reissuppe mit Fett gekocht und Zuckererbsengemüse
Donnerstag Abend Schwarzbrotwassersuppe
Freitag Mittag Fleischbrühe mit Weißbrot und ein jedes 8 Lot Fleisch
Freitag Abend Mehlwassersuppe
Samstag Mittag Gerstensuppe mit Fett gekocht und Kartoffelgemüse
Samstag Abend Käse, jedes 4 Lot. Wer von den Kranken keinen will, die bekommen gewärmte Suppe von dem Mittag...

Morgens bekommen die Kranken wie *die* Gesunden zwei Tassen Kaffee; – die Kranken ¼ vor 7 Uhr, die Gesunden um 7 Uhr – und jedes ein Milchbrot, um 10 Uhr die vom Arzt bestimmte Fleischbrühe für die Kranken, auch die Kranken Schwarzbrot, jedes, soviel es bedarf; die Gesunden täglich ein Pfund Schwarzbrot. ¼ vor 12 Uhr das Mittagessen für die Kranken, um 12 Uhr für die Gesunden. Um ½ 3 Uhr die vom Arzt bestimmte Tasse Kaffee für die Kranken und die vor Altersschwäche nicht ausgehen können. Die Gesunden bekommen nichts. ¼ vor 7 Uhr Abendessen für die Kranken und 7 Uhr für die Gesunden.

Um den 20. Oktober war Frau Fliedner auf der Heimreise von Württemberg bei den Schwestern in Frankfurt eingekehrt.

Frau Fliedner nach Frankfurt, Kaiserswerth, 29. Oktober 1840
Liebe Schwestern, ohne gehörigen Abschied mußte ich von euch. Ich war von des Morgens früh beschäftigt und konnte nicht zu euch kommen. Ich hatte der Marie zehn Groschen zu Schokolade für die Leute geben wollen. Wenn sie ihn noch nicht haben, so tut es noch und rechnet mir die 10 Groschen dafür an und trinkt ihn mit den Leuten, wenn es Frau Scharff erlaubt, am Montag, den 2. November, wo unser Jahresfest gefeiert werden soll werden, wo Elisabeth *Schäfer* als Diakonisse aufgenommen wird. Da ihr nicht hier sein könnt, läßt euch mein Mann sagen, daß über

Jesaja 40, 26–31 die Betrachtung ist. Und daß wir zu singen hoffen des Nachmittags und Abends Lied 428: O daß ich tausend Zungen – 457: Marter Christi, wer kann dein – 549: Rüstet, Christen, euch zum Streite. Sodann: Urquell selger Himmelsfreuden. So könnt ihr auch abwesend mit uns vereint sein. Bittet für uns alle, so wie wir es für euch gemeinschaftlich tun wollen.

Helene Osthoff nach Kaiserswerth, Frankfurt, 5. Dezember 1840
Werteste Frau Pastorin, unsern herzlichen Dank auch von all unsern Leutchen für die Liebe und das Andenken, für die gute Schokolade. Wir haben sie auf Ihr und Ihrer ganzen Familie Wohlsein getrunken. Die Freude war zu groß für unsere Leutchen; sie waren gerührt, daß man in der Ferne ihrer gedachte...

Marie Schäfer nach Kaiserswerth, Frankfurt, 13. Juni 1841
Mein liebes Kind, das ich nie vergessen kann, solange ich lebe. Die war erst 40 Jahre alt; sie war ganz zusammengewachsen, klein, mußte daher immer auf dem kleinen Stühlchen sitzen und konnte auch nicht gut sprechen, *war* aber sehr liebevoll und dankbar für alles... Sie konnte sich auch gar nicht selber helfen. Ich mußte ihr das Essen in den Mund geben wie einem kleinen Kind. Zuletzt ist die Krankheit so ausgebrochen – nämlich sie hatte die Knochenkrankheit –, daß sie auf drei Stellen große Wunden bekommen hat, auf denen sie doch liegen mußte. Das war nun ein armes Kind; wo man sie angesehen hat, war alles krank. Jeden Morgen hatten wir eine ganze Stunde zu zweit mit ihr zu tun. Eine mußte sie auf dem Schoß halten und die andere verbinden... Ihr Körper hat keiner Menschengestalt ähnlich gesehen. Aber dem Herrn sei's gedankt, ihr Geist war dabei heiter und vergnügt. Sie hatte alles still und in großer Geduld... getragen. Wenn wir konnten, sangen wir ihr ein kleines Liedchen vor, worüber sie sich recht herzlich freute. Ihre große Liebe und Dank und ihre Freude konnte sie nur mit nichts anderm ausdrücken, als *daß* sie sagte: Ach mei Lieb, ach mei Lieb, mei treu Seel, mei lieb Maiche. Marie konnte sie nicht sagen. Ach, wie hatte sie ein Verlangen, das Heilige Abendmahl zu genießen, wo auch ihr Wunsch erfüllt wurde. Nach und nach hatten sich die Säfte aufgesogen, und man konnte es von Tag zu Tag sehen, daß es näher dem Tod zugeht. Wenn ich ihr etwas von unserm Heiland erzählte, so sagte sie: ich danke, ach mei Lieb. Ihr Gesicht drückte es lebhaft aus, wo auch ihr Mund nicht mehr sprechen konnte... Ach, lieber Herr Pastor, ich kann nicht Zeit und Stunde finden, Ihnen nur die Hauptsache anzuführen. Genug, ich habe wieder neuen Mut bekommen, in diesem Dienst zu wirken. Und mein liebes Kind ist den dritten Pfingstfeiertag zu ihrem und unserm Hirten heimgegangen... Wie es verschieden war..., ach da konnte ich sagen: Dies Kind kommt von meinen Armen in deinen Schoß.

Eine besondere Hilfe der schwesterlichen Gemeinschaft erfuhren die Frankfurter Schwestern bald darauf durch den Besuch der Katharine Weintraut. Sie war zu einem Erholungsurlaub bei ihren Verwandten unterwegs. Man hielt ihre Schwäche wohl für eine Folge des Typhus und ahnte nicht, daß sie schon den Todeskeim der Schwindsucht in sich trug.

Helene Osthoff nach Kaiserswerth, Frankfurt, 27. August 1841
Unsern herzlichen Dank für den lieben, lieben Brief – *wohl Fliedners*, besonders aber für den lebendigen, für die liebe Schwester Kathrin. O wie freuten wir uns, wie sie den 25. morgens um halb neun Uhr hier ankam. Wie ich die Liebe erblickte von weitem, schrie ich: die Kathrin, die Kathrin, und bin dann fast die Treppe heruntergefallen, so unerwartet ... Die werte Frau Scharff hat es gern erlaubt, daß die liebe Kathrin sich hier bei uns etliche Tage ausruhen soll ... Nämlich der lieben Schwester Kathrin ihre Brust ist etwas angegriffen, und *sie* hustet etwas und wieder etwas Blut unter dem Auswurf, aber unbedeutend. Die Frau Scharff fragte nach ihrem Befinden, und sie sagte dann, wie es ihr sei; daß wir es doch dem Doktor sagen möchten, was wir denn heute auch aus Pflicht taten, ehe sie die Reise weiter vornimmt.

Frau Fliedner nach Frankfurt, Kaiserswerth, 14. September 1841
Geliebte Schwestern, es ist schon lange her, daß ich euch nicht geschrieben habe. Ihr seid beide betrübt worden. Der Herr Jesus, der die Wunden schlug, muß sie auch heilen. Ihr seid unserer herzlichen Teilnahme gewiß. Von hier kann ich euch nicht viel berichten, es geht noch im gewöhnlichen Gang fort. Bis zum 15. Oktober sollen zwei Schwestern nach Saarbrücken kommen, wofür, wenn es des Herrn Wille ist, Meta und Margarete *Bolte* bestimmt sind. Sie sollen auch die Ökonomie des Hauses mitübernehmen. Für Kreuznach ist es noch nicht fest bestimmt, wer von den Schwestern hingeht. Ich soll, so der Herr will, die Schwestern hinbringen.
Ich schreibe am Krankenbett unseres Luischens, die *Typhus* hat. – *Es folgt, unleserlich gemacht, doch noch zu entziffern:* Mein Mann ist auch seit zehn Ta. *Der Brief fährt fort:* Der Herr wird alles wohlmachen, und die Krankheit, sei es zum Leben oder Tod, segnen. Ich weiß, daß sie ein Eigentum des Herrn ist, der damit tun kann, was er will ...

Die seltene Anrede: Geliebte Schwestern, *und der durchgestrichene Satz verraten die große Not der Frau. Nicht nur ihr ältestes Kind, die elfjährige Luise, sondern auch Fliedner lagen am Typhus. Aber das sollte nicht bekannt werden.*
Die persönlichen Verhältnisse dieser Schwestern hatten sich freundlich gestaltet. Die jetzt 28jährige Helene Osthoff, die zu den Pflegerinnen des ersten Jahres gehörte, und die drei Jahre ältere Marie Schäfer, die erst wenige Monate in Kaiserswerth war, hatten sich bald in den Ordnungen des Mutterhauses zusammengefunden und teilten Freude und Leid ihres schweren Dienstes im Frankfurter Versorgungshaus. Wenn auch Marie Schäfer mit der "schwäbischen Rechtschreibung" nicht ganz fertig wurde, spürt man den Briefen beider doch eine gediegene Frauenbildung ab. Erstaunlich ist die Gewandtheit des Stils, mit der sie ihre Briefe schlossen: Mit vorzüglichster Hochachtung verbleibe ich Ihr im Herrn getreues Kind. Ich empfehle mich Ihrem ferneren Schutz und Liebe Ihre gehorsamste.

Die geschickte Führung Fliedners sowie die Fürsorge und Liebe seiner Frau hatten den Frankfurter Schwestern die Bildungsanstalt zur Heimat gemacht. Der persönliche Halt durch das Mutterhaus trug wesentlich dazu bei, den Pflegerinnen in ihrem Beruf auch unter den andersartigen Verhältnissen des Versorgungshauses der freien Reichs-stadt Bahn zu machen. Ohne Zweifel hatte die kluge Frau Scharff gewußt, was sie tat, als sie Fliedner ausdrücklich bat, daß seine Frau die Schwestern nach Frankfurt begleiten sollte. Es wurde dies ein Schritt zur Anerkennung des Pflegeberufs als Frauenberuf, daß von nun an die Vorsteherin die Schwestern in ihren Wirkungskreis einführte. Frau Fliedner ist die Übernahme dieser weiteren Verantwortung nicht leicht geworden, zumal sie sie noch mehr ihren Mutterpflichten entzog. Aber sie mußte wohl einsehen, wie wichtig es war, daß sie hier als Frau für die Schwestern eintrat.

So unruhig die Besetzung des Krankenhauses in Elberfeld durch den mehrmaligen Schwesternwechsel verlief, so stetig gestaltete sich der Schwesterndienst in Frankfurt. Auch das gegenseitige Verhältnis der Frau Scharff zu Frau Fliedner und den Schwestern wurde zunehmend freundlicher. Frau Fliedner hatte anfänglich eine Scheu vor dieser Vorstandsdame, die zwölf Jahre älter war als sie und als eine rechthaberi-sche, herrische Frau, mit der nicht leicht zurechtzukommen war, geschildert wird. Aber die Scheu schlug bald in Vertrauen um. Und ebenso bekamen Frau Meline Scharffs in ihrer großen, klaren Handschrift geschriebenen Briefe statt des zunächst rein geschäftlichen, zuweilen fast scharfen Tons mehr und mehr den Ton herzlicher Verbundenheit. Beide Frauen wußten sich miteinander im gleichen Dienst und fanden aneinander Ratgeber. Beide litten Not um ihre Kinder, die eine, weil ihr lungenkran-kes Kind Jahr um Jahr dahinsiechte, bis endlich die Erlösung kam; die andere, weil ihr immer wieder ein Kind genommen wurde. Beide fanden ihre Zuflucht bei Gott.

Aus dieser schweren, aber gesegneten Arbeit in Frankfurt wurden die Diakonissen 1847 zurückgezogen. Eine Minderheit des Pflegeamts benutzte das evangelische Bekenntnis der Pflegerinnen als Vorwand und brachte zugleich verletzende Vorwürfe gegen sie vor. Kaiserswerth sah sich gezwungen, die beiden Schwestern abzulösen. Gleichzeitig wurde die tatkräftige Frau Scharff, die dem Haus durch dreißig Jahre ihre ganze Kraft gewidmet hatte, auf die verletzendste Weise von dem Pflegeamt abgedankt. Man wollte den Einfluß der Frau grundsätzlich ausschalten. Da waren beide im Weg: Frau Scharff-Willemer und die Diakonissen.

Allein gelassen

Im Herbst 1839 hatte Fliedners Bruder Georg noch einmal schöne Wochen in Kaiserswerth verlebt, wo er seit langem eine zweite Heimat und in Frau Fliedner eine treue Schwester gefunden hatte. Er wohnte im Gartenhaus. Dort gab er auch den beiden Mädchen Luise und Simonette Klavierstunde an einem kleinen Spinett. Dieser geliebte Bruder und Onkel, der kurz vor dem Antritt in ein festes Pfarramt stand, war am 1. Mai 1840 plötzlich an einer heftigen Lungenentzündung gestorben. Fliedner sollte es seiner Frau, die jeden Tag ihre Entbindung erwartete, schonend mitteilen. Aber die Nachricht kam zuerst in ihre Hand, und sie wollte wehen Herzens sie ihrem Mann nicht weitergeben. Denn gerade an dem Tag fand der Besuch der berühmten Quäkerin Elisabeth Fry statt, der ihn ganz hinnahm. Frau Fliedner spielte die *liebevolle freundliche Wirtin. Obgleich sie weder Englisch noch Französisch sprach, konnte sie sich doch mit Mrs. Fry durch Zeichen und einzelne Worte verständigen. Im Glauben waren sie einander verbunden. Es tat den Kaiserswerthern gut, wie zufrieden und dankbar sich diese erfahrene Engländerin über die Ausbildunganstalt und ihre Hausordnung äußerte. Nachdem dann die Gäste gegangen waren, mußte Frau Fliedner ihrem Mann die schwere Nachricht übergeben.*

Das war am 8. Mai – am 13. Mai gab Frau Fliedner einem kräftigen Knaben das Leben. Er erhielt nach seinem vor acht Tagen verstorbenen Onkel den Namen Georg. Ganz allein war die tapfere Frau in ihre schwere Stunde gegangen. Der Geburt dieses ihres zehnten Kindes hatte sie nicht ohne Sorgen entgegengesehen, nachdem sie im Februar des Vorjahrs durch eine zu frühe Entbindung wieder um ihre Mutterfreude gebracht war. Auch litt sie seit Ende März an geschwollenen Füßen, daß sie fast lahm war. Hat der Mann nichts gemerkt?

Frau Fliedner an ihre Schwiegermutter, Kaiserswerth, 25. Mai 1840
Geliebte Mutter, heute am vierzehnten Tag, daß unser kleiner Georg das Licht der Welt erblickt hatte, fühle ich mich so stark, daß ich einige Zeilen schreiben kann. Am liebsten möchte ich Ihnen das gesunde, liebliche Knäbchen selbst bringen, was leider unterbleiben muß. Dem Kind und mir geht es sehr wohl. Milch habe ich leider gar keine. Es befindet sich bei seiner Kuhmilch sehr wohl. Da es nicht aus Mutwillen oder Bequemlichkeit geschieht, so wird ja der Herr die Nahrung ferner segnen. Ich habe bei der Geburt des Kindes ungemütlich lang gelitten, was daher kam, weil er so außerordentlich groß und stark war und gar kein Geburtskreißen vor sich hatte. Fliedner hat all die Angst nicht erfahren, da er körperlich sehr angegriffen war. Die Nachricht von dem geliebten Bruder hatte ihn aufs äußerste erschüttert. Stumm und ohne Klagen ging er einher. Aber sein Gesicht zeigte, was er litt. Mit kindlicher Liebe Ihre gehorsame Tochter F. F.

Frau Fliedner hatte kaum Muße, sich ihres gesunden Knaben zu freuen. Als der Stammhalter geboren wurde, waren seine Schwestern zehn, acht, fünf und 2¼ Jahre alt. Man liest in den Briefen nur noch selten von ihnen. Die Erziehung der eignen Kinder mußte mehr und mehr vor den großen Aufgaben, die die Bildungsanstalt stellte, zurücktreten. Fliedner sagte später darüber:
Kein Wunder, daß, so starke Schultern, so männlichen Mut, so viel Verwaltungstalent, Haushaltungskenntnis und Gewandtheit der Herr ihr auch gegeben hatte, sie doch bisweilen gegen diese Lasten aufseufzte und sich fragte, ob hier nicht ein Konflikt zwischen ihren nächsten Mutter- und Hauspflichten und zwischen den Pflichten gegen die Anstalt stattfinde und ob der nicht zu lösen sei. Wir überlegten hin und her, ob und wie etwa ein Ersatz für ihre Mitwirkung an den Anstalten zu schaffen sei; aber wir blieben ratlos. Anderseits konnte sie nicht verkennen, wie der Herr ihre Wirksamkeit für die Anstalten von Anfang an so besonders gesegnet und sie dadurch auch in diesem ihrem Gehilfenamt für mich beglaubigt hatte. Auch wußte sie wohl, daß das Erziehen unserer Kinder fürs Himmelreich nicht unsere Sache allein, sondern vor allem die des Herrn sei, daß dieser das Fehlende an fortwährender Aufsicht von unserer Seite durch seinen Geist ersetzen könne.

So fand Fliedner rückblickend auf die Frage des Doppelamts der berufstätigen Frau und Mutter das Ja. Er hat auch im Nachhinein die unheimlich vertiefte Spannung, in der Friederike Fliedner lebte, nicht begriffen.

Alltag der Gemeinschaft

So tapfer Frau Fliedner in ihrem Doppelamt stand, es wurde immer mehr belastend für sie, wenn ihr Mann unterwegs war und sie allein die Verantwortung für das wachsende Werk trug. Gleich nach Pfingsten, am 9. Juni 1840, einen Monat nach der Geburt seines Sohnes, begab sich Fliedner auf eine vierwöchige Reise ins "Oberland" zu Werbezwecken für die Diakonissenanstalt, überall sich umschauend nach Möglichkeiten, an Menschen, an Geld, an Arbeitsplätze zu kommen. Auch im August während seiner Berliner Reise war Fliedner für drei Wochen von Kaiserswerth abwesend. Im ganzen waren es mit allen kleineren Reisen zusammen fast drei Monate, die Fliedner seit der Gründung der Diakonissenanstalt wie alljährlich so auch im Jahr 1840 unterwegs war.
Im Briefwechsel der Eheleute Fliedner aus dem Jahr 1840 sind mancherlei Nöte der Schwesterngemeinschaft aufbewahrt. Es waren keine so schwerwiegenden Dinge wie die Sache um Johanna. Im Grund waren es nur "Kleinigkeiten", die den Tag beschwerten. Frau Fliedner wollte auch in solchem Alltag aus dem Evangelium leben: es geht nicht um das Gute und Frohe, wir wissen, daß das Wahrhaftige das Beste ist.

Frau Fliedner an ihren Mann, Kaiserswerth, 17. Juni 1840
Mein lieber Fliedner, dein Brief bereitete mir große Freude. Der Herr segnet ja recht sichtbar deine Reise. Es geht mir bei dem vielen, was mich bewegen muß, gut; dem teuren Kindchen vortrefflich. Heute, fünf Wochen alt, lacht er. Er bedarf vieler Pflege, die ihm Mathilde *Major, die Kinderpflegerin,* von ganzem Herzen gibt, so daß ich ihn ganz ruhig verlassen kann.
Bei der beifolgenden Mitteilung über die Anstalt bin ich so verfahren. Die Versetzung der Pauline Wuttge auf eine andere Station bahnte mir den Weg zur Entdeckung des Streits. – *Es ging darum, daß Fliedner die einen den andern zum Vorbild gestellt hatte.* – Amalie ahnt nicht, was vorgeht. Sie hat nichts geklagt, obgleich Pauline sie sehr grob behandelt hat. O die beschränkten Magdbegriffe, die sich da aussprechen, o wir müssen schonend sein. Ich sagte ihr, wegen ihrer Heuchelei könntest du Vorbilder stellen; ich kennte keine *Vorbilder* unter ihnen. Ich würde ein Kind holen und es ihnen *als Vorbild* zeigen. Wie sie vor dem Pastor eine Demut und Ergebung heuchelten, wie sie aber jede kleine Arbeitsausteilung von unserer Seite bemeisterten und auslegten. Jetzt gehe ich zu ihnen, um das Folgende zu lesen:
Noch schreibst du am Schluß deines lieben Briefes: Mögest du mir recht viel Gutes und Frohes von euch, der Gemeinde und den Anstalten berichten können – da wissen wir denn, daß das Wahrhaftige das Beste ist, wenn es auch unser Herz nicht mit jubelnder Freude erfüllen kann, sondern ein inbrünstiges Seufzen in uns erwecken muß. Ich habe die Schwestern in der Anstalt in Spaltung und Erbitterung angetroffen.

Daß ich es entdeckte, kann ich nur der Leitung des Geistes Gottes zuschreiben. Ich bin aufgefordert, alles zu tun, was zum Frieden dient.

Was die Klagen gegeneinander betrifft, so sind sie des Redens nicht wert. Soviel ich erkennen kann, sind die Schwestern ganz irre. Sie maßen sich Dinge an, die ihnen nicht befohlen sind. Statt den Weg des Rechts zu gehen und Dinge, die ihnen ungebührlich erscheinen, bei uns anzuzeigen, erheben sie sich zum Urteilen und Richten. Sie sind dabei den Kindern gleich, die sich, wenn Vater und Mutter nicht zu Hause sind, raufen und schlagen und dann die Tücke mit äußerlicher Freundlichkeit untereinander bedecken. Ich erkenne den Riß groß; doch hoffe ich und glaube ich, daß viele dahingerissen von falschem Eifer und ihnen selbst verborgener Eitelkeit fehlen. Die Seele, die die Veranlassung dieser Hetzerei ist, kennt der Herr.

Nachdem Frau Fliedner diesen Brief den Diakonissen vorgelesen hatte, schrieb sie an ihren Mann auf dem gleichen Blatt weiter:
Ich war dort. Ich habe nichts gehört. Der Herr wolle regieren. Die Reichardt hat noch sehr herzlich gesprochen. Sophie *Wagner*, Amalie *Andreas* waren sehr bewegt. Nun, die Demütigung ist auch gut für uns. Möge der Herr mir Kraft geben für die Probepflegerinnen. Morgen verteile ich die Arbeiten anders. Ich nehme Agnes *Mayer* zur Aufsicht für die Wäsche, wo sie dann das Ordneramt hat, Pauline *Wuttge* zu den Frauen, Sophie zur Küche, Christine *Klett* unten zu den Männern oder wie ich es noch zurechtbringe. Der Herr helfe, ich habe frohen Mut. Ich eile zur Post. Deine F. Fliedner.

Fliedner an seine Frau, Frankfurt, 22. Juni 1840
Mein liebes Riekchen, mit großem Schmerz habe ich aus deinem Brief vom 17. ersehen, daß wieder ein böser Geist viele Pflegerinnen ergriffen hat, der uns sehr bekümmern muß. Heilsam ist diese Geschichte, daß ich dadurch leichter in der Demut bleiben lerne, wenn die Anstalt so viel gerühmt wird. Wichtig ist, daß du suchst dahinterzukommen, wer die Hauptaufhetzerin ist, ehe ich wiederkomme. Wenn es Karoline ist, wie leider wahrscheinlich ist, dann werde ich sie ohne viel Umstände nach Haus schicken. Eine solche vergiftende Person muß möglichst bald weggeschafft werden.
Schone Dich ja, liebes teures Weib, und nimm eine Pflegerin ins Haus zur Hilfe.

Schon auf seiner Reise ins "Oberland" mußte sich Fliedner Sorge um seine Frau machen. Als er am 10. Juli zurückkam, fand er sie noch bettlägerig und hörte, daß sie sehr krank gewesen war an einer Unterleibsentzündung. Ob es mit der schweren Geburt ihres Sohnes zusammenhing? Die Sorge um seine Frau begleitete Fliedner auch auf seine Anfang August 1840 angetretene erste Reise nach Berlin, wo er an Ort und Stelle die Bestätigung der Satzungen des Diakonissenvereins durchzukämpfen versuchte. Die Heimreise mit der Schnellpost dauerte vier Tage und vier Nächte, die Rückreise mit der Fahrpost, für die er einen "Freipaß" erhalten hatte, sechs Tage. Drei Wochen war Fliedner unterwegs. Während dieser Zeit hatte Frau Fliedner neben allem auf den Asylanbau zu achten. Mehr noch als das viele Hin- und Herlaufen – das Asyl lag am andern Ende der Straße, 80 m vom Pfarrhaus entfernt , machten ihr die

innern Verhältnisse des Asyls zu schaffen. Nun schon seit 1833 hatte Katharine Göbel die schwere Erziehungsarbeit an den aus Arbeitshäusern und Gefängnissen entlassenen Mädchen und Frauen getan. Während ihrer Abwesenheit lag die Hauptarbeit auf der Diakonisse Mathilde von Morsey.
Mathildes Vater entstammte heruntergekommenem Adel. Die Familie lebte in Lengerich in sehr dürftigen Umständen. Die Kinder hatten nur das Nötigste gelernt; auch war ihnen keine Feinheit des Charakters angeerbt. *So wollte man Mathilde zunächst nicht in das Krankenhaus tun, da sie bei ihrem ungeschliffenen Benehmen es bei den Kranken nicht leicht haben würde. Nachdem sie zwei Monate im Haushalt geholfen hatte, kam sie zu Katharine Göbel in das Asyl. Diese hatte nun die langersehnte Hilfe, und Mathilde hatte eine Erzieherin, die mit großer Geduld sich ihrer annahm. Sie arbeitete jetzt bald zwei Jahre im Asyl, wurde jedoch wegen ihrer Trägheit oft getadelt.*
Nun hatte sich ein Fräulein Nanny von Arnim, eine adlige Dame aus Neuwied, Fliedner als Schreibhilfe angeboten. Sie war am 23. Juli 1840 gekommen und half bei dem Schriftwechsel der Diakonissenanstalt und des Asyls. So mochte Fliedner das Asyl in guten Händen wissen, als Katharine Göbel, die mit ihren Nerven sehr heruntergekommen war, Anfang August zu einem längeren Kuraufenthalt nach Langenschwalbach reiste.

Fliedner an seine Frau, Berlin, 13. August 1840
... Mit Freuden sehe ich aus deinem Brief, daß deine Gesundheit sich stärkt. Spare nur den alten Wein nicht und laß gleich eine neue Flasche von Düsseldorf kommen, wenn die alte leer ist. Daß dir das Asyl so viel Arbeit macht, ist mir sehr leid, und doch ist dein vieles Hineinkommen sehr wichtig. Siehe zu, was zu tun ist, und tue darin, was du am passendsten findest, und störe dich nicht an der Empfindlichkeit der Göbel, wo es das Wohl der Pfleglinge betrifft.

Frau Fliedner an ihren Mann, Kaiserswerth, 12. August 1840
Mein lieber Fliedner, könnte ich doch an jedem zurückgelegten Tag zu dir eilen, um dir zu sagen, der Herr hat wieder durchgeholfen mit Liebe, Gnade und Treue – besonders da ich weiß, wie du diesmal wohl mehr Sorgen für alles hier haben magst wie zu andrer Zeit. Darum ist es mir besondere Freude, daß ich dir sagen kann, daß meine Kräfte täglich wachsen. Ich kann noch nicht früh aufstehen, muß des Nachmittags noch ruhen, bin auch wohl müde, allein mein Schlaf ist gut.
Das Asyl liegt dir wohl jetzt am nächsten. Die Göbel hat noch nicht geschrieben. Ich habe Karoline und Amalie, *Zöglinge des Asyls*, im Garten beschäftigt, jede an einer andern Ecke. Die Arnim ist in Eifer – ich tue, als merkte ich es nicht und wende mich in allem an Mathilde. Diese sagte, die Arnim übertriebe es sehr. Auch klagten *die Zöglinge*. Ich sagte ihnen, es sei mir lieb, daß sie etwas strenger gehalten würden, denn sie hätten die Güte der Göbel mißbraucht. Sie möchten sich nur recht aufpassen lassen und sich so betragen, daß Gott und die Arnim Freude daran hätten. Denn das Fräulein sei Besuch und gebe sich doch so viele Mühe.
Ich habe es der Arnim gesagt, daß sie das entsetzliche Aufpassen nicht tun möchte. Ich sehe, es hilft nicht, und lasse es nun. Ich suche aber der Mathilde Stellung zu

erhalten, die mir auch sagte, du hättest ihr gesagt, daß sich die Arnim bei den Personen um nichts bestimmt kümmern sollte. Es wird jederzeit sehr schwer sein, Besuch in einer Anstalt zu haben, die von milden Gaben abhängt, weil da jeder teil daran hat, der sich dafür interessiert, und jeder bestimmt und hineinpfuscht. Der Herr wird dich Gnade finden lassen vor dem König. Ich habe fast gute Zuversicht, da uns der Herr in diesen Tagen besonders mit Kranken segnete, die hilflos waren. So ist das Nervenfieber, *der Typhus*, bei Gielles auf dem Kleianshof ausgebrochen und hat Herrschaft und Gesinde ergriffen. Davon haben wir zwei todkranke Knechte. Ein Knabe ist vom Baum gefallen und hat das Oberbein gebrochen; gestern morgen wurde das Bein eingerichtet. Die Frau Heyer ist sterbend. Die Nervenfieberkranken sind in der hintern Torstube, der Knabe oben – so mußte verflossene Nacht an drei Orten gewacht werden... Wir haben im ganzen 36 Kranke...
Morgen wird mein Söhnchen ein Vierteljahr alt, gelobt sei der Herr dafür. Den Kindern geht es gut außer Luischen. Sie leidet sehr am Kopf. Der Herr wolle das Kind gesund machen. Den 13. Heute erfahre ich erst: der Israelit *Magnus Baruch*... war hier und fragte nach dir. Ich selbst sah ihn nicht... *Es folgt ein drei Seiten langer Bericht über diesen Israeliten, der von andern für geisteskrank erklärt und verschwunden war...* Den 14. Er scheint nicht als ein Verwirrter, sondern als ein im höchsten Grad geängstigter Mensch. Dies alles schreibe ich in der Hoffnung, daß er sich wieder einfinden sollte. Fast glaube ich, daß die Juden ihn weggefangen haben. Sie sollen wütend gewesen sein, indem er öffentlich bei jedem bekannt hat, er müsse Christ werden und sei bei dir schon im Unterricht gewesen; oder er hat sich selbst entleibt, was der Herr in Gnaden verhüten wolle...

Gestern nachmittag, den 13., war Dr. Julius *aus Hamburg, ein zur katholischen Kirche übergetretener Jude,* mit Ebermeier, *dem Kreisarzt,* Goering und einem Geheimrat von Böckelmann aus Berlin hier, um die Anstalten zu sehen und seinen Unglauben, ob es auch evangelische Krankenpflegerinnen gäbe, zu überzeugen. Ob sein Unglaube überwunden ist, wird die Erfahrung lehren. Er läßt dich grüßen, hofft dir nützlich sein zu können. Ebermeier war sehr artig und freundlich und drückte seine Zufriedenheit aus. Er war auch mit dem Nebenbau im Krankenhaus zufrieden. Ebermeier und Julius fanden die Frauenstube zu voll.

Der Arnim habe ich nun heute mit klaren, kalten, ruhigen Worten abermals gesagt, wie unpassend ihre Eingriffe seien; wie sie dadurch beständig zeigte, daß Mathilde ihr Amt nicht verwalten könnte, und wie sie zuviel von den Pfleglingen begehrte, indem der Herr uns doch auch Zeit gönnte, unsere Fehler nach und nach abzulegen und nicht zur Stunde. Sie meinte, von mir hörte sie dies gern. Nur hätte sie es nicht gern, wenn ihr von Herren etwas derart gesagt würde. Da habe ich ihr gesagt, bei deiner Rückkehr hätte sie es allein mit dir zu tun.
In der Diakonissenanstalt herrscht wieder ein lieber, zufriedener Geist. Es sind aber zu viele Menschen auf einmal da. Es ist sehr schwer. Aber eben weil ich diesmal mehr als je von allen Seiten gedrängt bin, desto mehr fühle ich meine Abhängigkeit vom Herrn, daß ich *mit* Seufzen an ihn hänge und von ihm hoffe, er werde mich in der Unruhe meines Lebens bis an mein Ende in seiner Hand halten.

Katharine Göbel an Frau Fliedner, Langenschwalbach, 20. August 1840
Meine liebe Riekchen, es tut mir recht leid, daß du dich meinetwegen bekümmert hast. Ich bin so gewohnt, allein zu stehen, und erwarte so wenig von andern, daß ich eine scheinbare Vernachlässigung gar nicht bemerke, und wie sollte ich vollends dir, du Vielbeladene, etwas übelnehmen? Es war vorauszusehen, wie es gehen würde. Im Krankenhaus werden solche Subjekte als dienende Pflegerinnen eingeführt und machen noch Gewirr genug – bei uns wollen sie gleich herrschen. Denn im Asyl gibt's nur Asylistinnen und Aufseherinnen. Ein Mittelding ist da ein Unding.

Die Göbel ist vergnügt zurückgekommen, schrieb Fliedner am 25. September seiner Frau. Nanny von Arnim aber hat sich in der Folge in sechs Jahren als treue Helferin der Anstalten erwiesesn. Sie nutzte ihre weitgehenden persönlichen Beziehungen in den oberen Gesellschaftskreisen, um für die Verlosungen Kaiserswerths Gewinne zu erlangen und Lose zu verbreiten sowie um Aktien zur Geldbeschaffung der verschiedenen Baupläne unterzubringen. Das Mißtrauen, das man allgemein dieser adligen Dame entgegenbrachte, galt zweifellos weniger ihrer Person als ihrem Stand. In dem ihr selbstverständlichen Bewußtsein ihrer Überlegenheit rechnete sie nicht damit, daß auch die kleinsten Bürgerlichen ihren Stolz hatten. Fliedner, der durchschaute, was hier gespielt wurde, mußte nach beiden Seiten vermitteln. Er hatte es allerdings leichter, über den Parteien zu stehen, da er nicht so in den Alltag der Frauen verwickelt war, während Frau Fliedner mitten in den Nöten stand. Sie wußte, wie belastend sich die kleinen Verstimmungen, die das einfache Dasein des Fräuleins von Arnim mit sich brachte, auf die Frauengemeinschaft auswirkten – wie sie auch die Schwere des Streits um Pauline Wuttge anders ermaß. An solchen Nahtstellen wird deutlich, wie auch Nachgeben in Leitungsfragen sich schöpferisch und aufbauend auswirken kann. Fliedner ließ sich von diesen Dingen nicht belasten und ließ sich durch die Empfindlichkeiten der Frauen nicht stören. Er durfte sich ja auf Frau Friederike verlassen. So konnte er das Werk vorantreiben und setzte die Menschen da ein, wo er sie für am Platz hielt. Sie aber stand vor der immer neuen Aufgabe, mit Verstehen und Klugheit und mit Güte zu schlichten. Sie hatte dafür zu sorgen, daß die Frauen, jede in ihrer Art, zu ihrem Recht kamen, damit die Dienstgemeinschaft nicht zerfiel, vielmehr zu einer Lebensgemeinschaft erwuchs; einer Lebensgemeinschaft christlicher Schwestern, in der kein Über- und Untereinander von alt und jung, wohlhabend und weniger wohlhabend, gebildet und weniger gebildet galt. Im allgemeinen mochten Frau Fliedner ihre Mütterlichkeit und ihre feinfühlige Beobachtung bei dieser Aufgabe den richtigen Weg weisen. Zuweilen, wie etwa gegenüber dem Fräulein von Arnim, kam aber auch die Herbheit ihres Wesens und ihre kritische Schärfe zum Vorschein, vor allem, wenn wie in diesem Fall in Abwesenheit ihres Mannes außergewöhnliche Leistungen von ihr gefordert wurden. Dann packte sie zwar zu; aber niemand ahnte, welche Kraft sie aufbringen mußte.

Friederike Fliedner, Tagebuch: Advent 1840
Wie fange ich das Kirchenjahr an? Mit innerm Kampf und Streit. Herr Jesus, mache dir Bahn. Hier ist mein Herz, das ich nicht bezwingen kann. Ich möchte dir gern dienen. So behüte all das Meine. Meinen Mann umfange mit deiner Güte und Treue. Gib du mir für ihn mehr Treue, Liebe und Ausdauer, anhaltendes Gebet.

Anerkannte Frauenleistung – Herzogin Henriette

Herzogin Henriette an Fliedner, Kirchheim unter Teck, 18. Mai 1840
Euer Hochwürden verzeihen, wenn ich in einer Angelegenheit, die mir, dem ganzen Verein, der hiesigen Stadt mit ihrer Umgebung sehr wichtig ist, mich an Sie wende. Ein kleines Krankenhaus wurde hier freiwillig im Glauben an den Herrn gegründet. Es steht und könnte Anfang August spätestens eröffnet werden. Der Herr aber, der so viel zu unserm Spital, das den Namen unsers Königs tragen darf, schenkte, gab bisher noch keine Krankenwärterinnen. Wie wichtig da eine gesegnete Wahl ist, brauche ich dem Begründer christlicher Krankenpflege nicht zu sagen. Ich weiß, daß Württembergerinnen in Kaiserswerth sind. Fänden sich in dieser Zahl nicht zwei, die schon so weit sind, daß sie bei uns eintreten könnten; so weit, daß der Kranke nicht nur nach *dem* Leib gepflegt werde, aber daß sein Ohr auch bei der Pflege Worte des Lebens höre? Württembergerinnen müßten es sein, weil Ausländerinnen nicht leicht hier mit demselben Vertrauen aufgenommen würden. Ich sehe der Antwort Euer Hochwohlgeboren mit lebhaftem Interesse entgegen und verharre mit inniger und wahrer Verehrung Euer Hochwürden ergebenste Henriette P., Herzogin zu Württemberg...

Fliedner nach Kirchheim, Kaiserswerth, 31. Mai 1840
Sofern mäßige Ansprüche an unsere junge Pflanzschule gemacht werden, können wir zwei württembergische Diakonissen, die gläubig sind und liebevoll und sich als sehr begabt für die leibliche und geistliche Pflege der Kranken... erwiesen haben, ... im September des Jahres senden. Es kommt freilich darauf an, ob die Bedingungen, die die Anstalt für die Aussendung von Diakonissen an auswärtige Krankenanstalten machen muß, genehm sein werden... Wir setzen voraus, daß die Diakonissen auch die innere häusliche Verwaltung der Anstalt übernehmen sollen. Denn nur alsdann kann der innere Organismus der Anstalt in sich übereinstimmend sein, weil der christliche Geist der Schwestern dann allein das Ganze zu durchdringen vermag, daß es aus einem Guß ist. Die Diakonissen bleiben in Verbindung mit unserm Mutterhaus und in unserer Verwaltung, indem der dortige Verein nicht mit ihnen, sondern mit uns den Vertrag abschließt.

Diese Idee, Filiale einer noch so geehrten Anstalt, die aber nicht in Württemberg ist, *zu sein, ging der Herzogin wie dem Hospitalverein schwer ein.*

Was nun? Frau Fliedner, die den ausführlichen Brief zuerst las und dann Fliedner nach Wiesbaden nachschickte, ließ sich nicht bestechen. Sie stand gerade mitten in dem Zerwürfnis um Pauline Wuttge, das die Schwesternschaft in Kaiserswerth belastete. Im Bürgerkrankenhaus in Elberfeld war seit der Übernahme am 21. Januar 1839 innerhalb von noch nicht anderthalb Jahren schon der dritte Wechsel. Die Frankfurter Schwestern hielten sich tapfer, obwohl sie einen schweren Stand hatten bei all dem Zusammengedrängtsein und der Unordnung, die der Neubau mit sich brachte. Es war gut, daß Fliedner jetzt nach ihnen sehen würde. Aber ein drittes auswärtiges Unternehmen, dazu in so weiter Ferne – wie gut, daß sich nach dieser Auffassung der Herzogin alles zerschlagen würde

Herzogin Henriette

Frau Fliedner an ihren Mann, Kaiserswerth, 17. Juni 1840
Wegen Württemberg danke ich dem Herrn. Denn unsere Diakonissen können bei
aller äußeren Geschicklichkeit das nicht leisten, was zur Hausmutter gehört. In
diesen Tagen überzeugte ich mich recht lebendig davon, daß äußere Hebung und
abwechselnde Zurechtführung den gemeinen Sinn noch nicht ändert, dem von
unserer Seite nur Geduld und die äußerste Vorsicht entgegengesetzt kann werden, der
aber unter Leitung bleiben muß. Die liebe Herzogin kann ja zwei hierhersenden.
Denn das hoffe ich, daß du ihren Wunsch nicht erfüllst.

*Aber der Kirchheimer Hospitalverein entschloß sich nachzugeben, nahm die Kaisers-
werther Bedingungen unter dem Vorbehalt vierteljährlicher Kündigung an und erbat
die Diakonissen auf Anfang September. So wurde Kirchheim also doch übernommen,
und Frau Fliedner sollte die Schwestern nach Württemberg begleiten, um dort alles zu
ordnen.*
Im Herrn allein ist Trost und Kraft,
*in diesem Wort, der Umschrift des Siegels der Herzogin, das auf allen ihren Briefen zu
finden ist, werden sich die beiden Frauen – die 60jährige Herzogin und die 40jährige
Pfarrfrau – treffen und einander sehr nahekommen.*

Herzogin Henriette an Frau Fliedner, Kirchheim, 9. September 1840
Liebe Frau Pfarrerin, mit freundlicher Ungeduld werden Sie und die lieben Schwestern hier erwartet. Unbeschreiblich viel wert ist es uns, daß Sie, Stifterin und
Vorsteherin der Anstalt in Kaiserswerth, Ihre Zöglinge bei uns einführen wollen. Je
eher Sie kommen, je besser ist es, weil natürlich viel ausgestellt bleiben muß und wir
mit Gottes Hilfe mit dem Monat Oktober unser Krankenhaus beginnen wollen.
Demnach würden wir uns glücklich schätzen, wenn Sie mit der Hälfte September in
unserer Mitte erscheinen. Im Herrn Ihnen und Ihrem würdigen Lebensgefährten und
Bruder treu ergebene Henriette von Württemberg geb. Prinzessin zu Nassau.

*"Stifterin der Anstalt", einer Frauenbildungsanstalt, wird hier Friederike Fliedner
genannt. Henriette von Württemberg, selbst Stifterin verschiedener karitativer
Unternehmungen, weiß von dem Anteil der Frau an solchen Werken. Sie ehrt Frau
Fliedner mit diesem Titel, den ihr sonst keiner zuerkannt hat.
Am 21. September 1840 machte sich Frau Fliedner mit den beiden Pflegerinnen Agnes
Mayer und Sophie Wagner auf die anstrengende Reise. Es ging ihr gesundheitlich nicht
gut, und es wurde ihr auch schwer, sich von ihrem viermonatigen Georg loszureißen.
Während man die 450 Bahnkilometer heute in einem halben Tag zurücklegt,
brauchten die drei allein zwei Tage, um mit dem Rheindampfer von Düsseldorf bis
Mannheim zu kommen. Dorthin schickte ihr die Herzogin einen Kutscher entgegen.
Am fünften Tag ihrer Abreise von Kaiserswerth kamen sie endlich im Wilhelmshospital in Kirchheim an. Nach der Meinung des Bauherrn war alles geschehen, das Haus
zu einem guteingerichteten, neuzeitlichen Krankenhaus zu machen. Frau Fliedner
dachte etwas anders. Ihr Frauenblick ließ sich nicht bestechen.*

Frau Fliedner nach Kaiserswerth, Kirchheim, 28. September 1840

Aus dem Wilhelmshospital schreibe ich dir, mein teurer Fliedner, wo wir heute unsern Einzug halten. Wir haben vierzig Betten in Empfang zu nehmen. Dazu klopfen und hämmern alle Handwerker im Haus. Die Einrichtung des Hauses kann mir im ganzen nur schlecht gefallen. Drei Badestuben hat das Haus; eine, wo man mit Kutsche und Pferd herum kann, *aber* eine ganz kleine Waschküche, gar keine Bügelstube, kein Trockensöller. Sonst ist alles Möblement mit fürstlichem Überfluß.

Die Herzogin hat morgens und nachmittags eine Stunde bestimmt, wo die Pflegerinnen zu ihr kommen können, wenn sie ein Anliegen haben. Agnes soll so ein einfaches Haushaltungsbüchlein führen wie die Pflegerinnen bei uns. Der Oberamtmann besorgt das Polizeiliche. Der Krankenwärter macht die Anzeigen, geht nach der Apotheke. Er ist ein alter Soldat. Wahrscheinlich werde ich bis zum 6. oder 7. hierbleiben müssen. Die Schwestern zeigen beide einen großen Ernst und Eifer. Sie haben alle Hände voll zu tun.

Ich hätte gern, wenn es dir möglich ist, daß du zuweilen nach zehn Uhr in die Anstalt gehen könntest, damit der Doktor deinen Schatten sieht. Luise *Mann,* die schamhaft ist und Marie *Handel,* bitte ich dich zu fragen, in welcher Art sie die Männer pflegen. Christine *Klett* gibt ihnen oft schlechte Unterweisung.

Küsse alle unsre lieben Kinder, Georg besonders, wenn er noch lebt ... Eben hatte ich ein Knäblein auf dem Arm von fünf Monaten – *geradeso alt wie das ihre, was mag sie für Heimweh haben –* ...

Die Agnes hat es meistens mit der Herzogin zu tun, die Sophie mit dem Doktor. Nach zwei Monaten soll gewechselt werden. Die Stellung zum Doktor ist schwer, da er Vereinsglied ist, als Arzt die Herrschaft an sich reißen will, was die Herzogin fühlt und nicht will; was der Oberamtmann auch nicht will. Hier gilt es auch, die Stellung herauszufinden wie bei uns am Anfang.

Die Herzogin behandelt die Pflegerinnen mit großer Achtung, so tut auch der Verein. Sie nennt sie "Sie" und will dies beibehalten, wie sie mir sagte, um Kranker und *des* Vereins willen, obgleich sie gewöhnt ist, alle ihre Umgebung Du zu nennen. Sie wurden mir ganz gleich bedient. Wir speisten zusammen, was alles wohl berechnet ist. Sie ist eine Frau von außerordentlicher Menschenkenntnis, voller Eifer für die Krankenpflege. Bete nur für mich um Weisheit und Verstand. Der Herr hat mir ein ganz offenes Herz gegen die Herzogin geschenkt. Vor Frau Scharff habe ich viel mehr Scheu als vor ihr.

Lebe wohl, teurer Mann. Deine F.

Kirchheim, 3. Oktober 1840

Mein lieber Fliedner, gestern brachte mir die teure Frau Herzogin 100 Taler, die sie, wie der Umschlag zeigt, *für die Reise* berechnet hat. Man ist hier sehr zufrieden mit den Leistungen der Pflegerinnen, und man glaubt, daß sich das Ganze gut macht. Nur sieht man zum voraus, daß bald eine dritte nötig sein wird. Die Magd und der Wärter sind beide nach Wunsch.

Am 1., am großen Einweihungsfest, mußte ich das Bett hüten an einem rheumatischen Fieber. Täglich empfange ich Zeichen der Liebe von der edlen Herzogin. Der

Herr machte mich recht zufrieden, daß ich dem Spektakel nicht beiwohnen konnte. Auch bat ich den Herrn, mein Herz zufrieden zu machen bei der Trennung von den Meinigen. Meine fünf Kinder liefen vor meinen Augen herum. Auch du, mein lieber Fliedner, beschäftigtest mich, daß ich mich sehr nach dir sehnte. Die Gnade schenkte mir der Herr, daß ich *in Kaiserswerth* deine Abwesenheit von Haus auch unter schwierigen Verhältnissen ertragen lernte – so ist es nicht mit mir in der Fremde. Meine Bitte ist, mir die unnötige Eile zu nehmen und mich etwas ausrichten zu lassen zu seinem Dienst, sei es daheim oder in der Fremde.

Acht Kranke haben wir. Wenn Thönissen diese sähe, würde er sich mit den unsern trösten: Schwindsüchtige, Lahme, Nervenschwache usw. bilden auch hier die Hauptzahl. Drei Kranke kommen noch dazu.

4. Oktober, *Sonntag* – Die Herzogin hat das beste Zutrauen zu unsern Pflegerinnen. Diese haben herzliche Lust. Am gehörigen Wasser fehlt es, die künstlichen Wasserleitungen laufen nicht – da wird denn wieder aufgebrochen. Die Landleute bringen in kleinen Portionen Geschenke an Mundvorrat aller Art, dagegen schwatzen sie lange und wollen das Haus besehen.

Ich schreibe unter Tränen, doch mit der Bitte zum Herrn, mein Herz zu stillen vor ihm. Möge er euch behüten und bewahren. Auf Simonettchen ist jetzt zu merken mit seiner Nase und Mund. Die Schwestern mögen fleißig für hier die Schwestern beten; ich weiß fast nicht, wie sie durchkommen sollen.

Frau Fliedner nach Kaiserswerth, Kirchheim, 6. Oktober 1840
Guten Morgen, lieber Fliedner, guten Morgen allerseits! Ich werde hier sehr mager von euch allen gehalten. Ich habe noch keine andere Nachricht als die vom 25. Der Herr segne und behüte euch. Es geht mir heute wieder um vieles besser. Diese Nacht hatte ich weniger Fieber. Ich nehme jetzt Chinin. Die Geschwulst meiner Beine – *Thrombose?* ist weg, was nach meiner Krankheit noch nicht der Fall war. Nach meinem jetzigen Zustand hoffe ich bis zum 10. oder 12. von hier abzugehen. In Stuttgart muß ich zwei oder drei Tage bleiben zum Besten unserer Anstalten

Eben ließ sich ein Stadtrat Reiß aus Stuttgart melden, der sich durch die Ansicht des Bildes *Der Barmherzige Samariter* bewogen fühlte, mir seine Dienste dafür zum Besten der Anstalt anzubieten. Er schlug vor, eine Kunsthandlung zur Niederlage in Stuttgart zu wählen. Er schien ein Mann von tiefen Einsichten. Hier in Württemberg macht die Sache großen Eindruck.

Obwohl Fliedner nach den Briefen ersehen konnte, daß es mit der Gesundheit seiner Frau nicht zum Besten stand, schickt er ihr am 8. Oktober zwei engbeschriebene Seiten, die Aufträge und Richtlinien für ihre Besuche bei den verschiedenen Herren und Damen in Stuttgart, Frankfurt und Heidelberg enthalten, wobei es um den Verkauf des Barmherzigen Samariters, um Unterbringung von Aktien für den Asylanbau und um allgemeine Werbung für die Diakonissensache ging – für alle diese Geschäfte sah Fliedner in seiner Frau ganz selbstverständlich seine bevollmächtigte Vertreterin. Dachte er nicht daran, daß das einmal über ihre Kraft gehen könnte?

Frau Fliedner an ihren Mann, Kirchheim, 10. Oktober 1840
Noch einmal schreibe ich dir, mein lieber Fliedner, aus dem lieben Kirchheim.
Gestern benutzte ich des Doktors Erlaubnis zum Ausgehen und besuchte die hiesige
Paulinenpflege, von der Frau Herzogin gestiftet, die 36 verwahrloste und elternlose
Kinder pflegt, die Mädchen bis zu 16 Jahren. Es steht hier ein Lehrer von Beuggen,
dessen Frau die Hausmutter ist. Der Lehrer hatte was sehr Liebliches. Die Kinder
sangen ganz richtig nach Noten. Es war keine Schule, da sie in der Kartoffelernte
begriffen waren. Sämtliche Berichte *über die Paulinenpflege* bringe ich mit. Mit
Knapp in Stuttgart will ich Rücksprache nehmen über die Verhältnisse der Mädchen,
da er der Mitbegründer der Anstalt ist, ob einige davon sich später für uns eigneten.
Um die Erlaubnis, die hundert Bilder hier niederlegen zu dürfen, habe ich den Herrn
Oberamtmann gefragt. Diese werden auch hier gut verkauft. Der Eifer beider
Pflegerinnen ist gleich, sie fühlen die schwere Aufgabe. An die Frau Herzogin habe
ich ausführlich geschrieben. Ich konnte es nicht unterlassen, ihr die weiblichen
Gefangenen Württembergs ans Herz zu legen. Sie ist die geeignete Person dafür.

Stuttgart, 15. Oktober 1840
Mein herzlich geliebter Fliedner, seit dem 13. bin ich hier und wollte am 16. von hier
abgehen. Da erhalte ich einen Brief von der Herzogin, daß sie, ... am 17.
hierherkommen würde, wo sie kaum hoffen dürfe, mich noch zu treffen. Ich war sehr
ratlos, fand aber doch, daß ich des Tags zuvor nicht abreisen dürfe, da es so wichtig
für das Wilhelmshospital ist, daß ich sie mündlich spreche.

Stuttgart, 18. Oktober 1840
17. abends sieben Uhr bin ich zur Herzogin in das Schloß bestellt worden. Sie war
über mein Hiersein wegen ihres Kirchheims sehr erfreut. Ich habe, soviel die Stunde
Zeit gab, über alles mit ihr gesprochen. Das ganze Benehmen und die Stimmung von
Agnes ist sehr erfreulich. Drei Kranke sind in Kirchheim entlassen, zwei neue, eine
sehr schlimme, dafür gekommen. Die Herzogin wünscht eine dritte *Pflegerin* , aber
eine Württembergerin.

Nach dem Plan war Frau Fliedner noch zwei Tage in Frankfurt, um im Auftrag
Fliedners eine Reihe von Besuchen in Geldangelegenheiten zu machen. Am 23. Okto-
ber traf sie nach fast fünfwöchiger Abwesenheit endlich wieder in Kaiserswerth ein. Sie
fand ihre Schwester Luise, die am Typhus lag, schwerer krank, als den Briefen ihres
Mannes zu entnehmen war. So fand sie nach ihrer Rückkehr genug zu tun und zu
sorgen in ihrer großen Familie. Auch im Krankenhaus, in das während ihrer
Abwesenheit drei neue Anlernlinge gekommen waren, wartete man auf sie.

Das kleine Wilhelmshospital in Kirchheim unter Teck ging seinen stillen Weg. Agnes
Mayer und Sophie Wagner bewiesen sich in ihrer Tüchtigkeit. Die Herzogin, die den
von Kaiserswerth ausgehenden Bestrebungen die größte Anerkennung entgegenge-
bracht hatte, sah sich in ihrer Erwartung nicht enttäuscht. Hier wurde der Gegenbe-
weis gebracht gegen das Gerede der Stuttgarter Kreise, die sich zur Aufnahme
Meldenden seien doch nur verkehrte Mägde. Viel Zeit und Kraft ließen sich Fliedner

und seine Frau – unbeirrt durch den Standesdünkel der frommen Bürgerkreise – die Bildung und Erziehung dieser einfachen Mädchen kosten. Auch nach ihrer Aussendung empfingen die Pflegerinnen in der Dienst- und Glaubensgemeinschaft, in die sie durch ihre Ausbildung in der Diakonissenanstalt gestellt waren, weiterhin für ihren Beruf und ihr persönliches Leben Rat und Hilfe.
Im Herbst erkrankte Sophie Wagner an Typhus. Um Neujahr hatte sie einen so schweren Rückfall, daß man um ihr Leben fürchtete. Noch hatte die Medizin die Ursache der Ansteckung nicht entdeckt. Man ahnte nichts von der Wichtigkeit einer einwandfreien Wasserversorgung und Abwasserleitung.

Agnes Mayer nach Kaiserswerth, Kirchheim, 4. Januar 1841
... Sie werden etwas vor meinem Schreiben von der Hoheit es erfahren, die Bitte um eine dritte Pflegerin so bald wie möglich. Die liebe Sophie ist bedeutend krank. Doch will ich *die* Hoffnung zur Wiedergenesung nicht aufgeben ... Doch werden Sie mir verzeihen eine Bitte: Sie mögen schicken, wen Sie wollen, nur Margarete *Bolte* nicht. Die ist zu laut. Die würde uns zuviel schreien. Denn bei uns ist's still. Sie werden aber nicht denken, daß ich etwas wider sie hab, o nein. Aber sie hat nichts, was hierher paßt. Denn es ist hier viel zu bedenken ...

Fliedner und seine Frau sind bereit, der Herzogin Wunsch zu erfüllen und Marie Handel, eine der durch Wilhelm Hofacker vermittelten Württembergerinnen, die beschwerliche Winterreise machen zu lassen.

Das Pflegerinnenbuch berichtet: 30. Marie Katharine Handel, gekommen 31. Juli 1840, 23 Jahre, von Metzingen, Oberamt Urach, fleißig, friedlich, klug, gläubig, sanft in der Pflege, bescheiden. 15. Januar 1841 nach Kirchheim, der kranken Sophie Wagner zu Hilfe gesandt.

Marie Handel nach Kaiserswerth, Kirchheim, 21. Januar 1841
Verehrtester Herr Pastor und Frau Pastorin, ... Ich will Ihnen nur kurz von Köln bis hierher einiges schreiben. Des Morgens, *16. Januar*, reiste ich sechs Uhr ab, wo ich abends in Koblenz ankam und der Wagen gleich nach Mainz abging. Dort kamen wir 1/4 vor 8 Uhr am andern Morgen an. Ich wollte mich nach Frankfurt einschreiben lassen. Da heißt es, *es* geht keine Post; man kann nicht über den Rhein. Die Aussicht war schlecht, vor drei Tagen hinüberzukommen. Was soll ich anfangen? Um 8 Uhr ging der Wagen nach Mannheim. Ich ließ mich rasch einschreiben. So mußte ich nun den ganzen Sonntag reisen. Des Abends 4 Uhr kamen wir in der Rheinschanze *gegenüber* Mannheim an. Da lag ich armes Kind wieder und konnte nicht über den Rhein. Ich ging wieder mit dem Wagen eine Stunde zurück in die nächste Stadt. *Denn* der Aufenthalt auf der Rheinschanze war schlecht.
Auf einmal fing es an zu donnern im Rhein, und das Eis fuhr über die Brücke hinein, und ich habe Hoffnung, bald in Mannheim zu sein. Da hatte ich wieder einen frohen Augenblick. Nach einer halben Stunde stand wieder alles, und meine Hoffnung war dahin, mein Reisegeld ging zu Ende. Nun hörte ich, daß in Speyer, fünf Stunden den Rhein hinauf, offen sei. Ich schloß mich an einige an und fuhr mit. In Speyer kam ich

7 Uhr *abends* an und nahm mit noch zwei Herren ein Gefährt nach Heidelberg. Über den Rhein mußte ich mein Leben noch einmal wagen. Wie froh war ich, da ich meine Füße wieder auf den Boden setzen durfte.

In Kirchheim kam ich den 20., abends 9 Uhr, an. Die liebe Agnes *Mayer* und Katharine *Beutel* traf ich gesund und vergnügt. Die liebe Sophie *Wagner* ist Gott sei Dank wieder besser, und wir haben gute Hoffnung, daß sie der Herr uns wieder schenkt.

Es bedeutet ein großes Zutrauen zu der Selbständigkeit der 23jährigen Marie Handel, daß man es wagte, sie diese Reise allein und unter den erschwerenden Umständen der kalten Jahreszeit unternehmen zu lassen. Wie umsichtig und tapfer hat sie die Schwierigkeiten dieser sechs Tage gemeistert. Winterreise vor 140 Jahren!

Das Leben im Wilhelmshospital zu dritt ging freundlich an. Davon geben die Briefe der Schwestern ein anschauliches Bild. Zugleich zeigen sie, wie herzlich die Verbindung mit dem fernen Mutterhaus in Kaiserswerth war. Marie *Handel* kann den Kaiserswerther Kaffee noch nicht recht vergessen. Ich schenke zwar fleißig Most und Wein ein, *schrieb Agnes Mayer,* damit die Kälte nichts ausrichtet. Aber ich bekam oft die Antwort: es ist kein Kaiserswerther Kaffee. Dann bleibt's eben immer wieder bei der Suppe, was auch das beste ist. *Die Herzogin sorgte mütterlich um die äußern und innern Verhältnisse der Schwestern.* Wir dürfen kein anderes Kleid tragen, weil die Frau Herzogin gleich nach der Uniform fragt.

Frau Fliedner nach Kirchheim, Kaiserswerth, 10. Februar 1841

Meine liebe Sophie, Agnes und Marie, wir haben zum Lob und Preis des Herrn eure Nachrichten erhalten, auch das Geld… Mit der Reise meines Mannes nach Kirchheim geht es nicht so schnell. Es ist zu viele Arbeit hier.

Ich freue mich besonders, da ich die edle Herzogin persönlich kenne, daß ihr ohne Furcht und Scheu gegen sie handelt, was sie so sehr wünschte. Ich bitte euch daher nochmals, daß ihr doch in allen Dingen recht vorsichtig handelt; gegen keins der Vereinsglieder gleichgültig oder verschlossen handelt und nicht herausfahrt, was die liebe Agnes in ihren Verhältnissen recht beherzigen muß. Darum schickt euch in die Zeit. Gottlob, ihr habt noch gute Zeit.

Sophie Wagner ging es nach ihrem Typhus nur sehr allmählich besser. Auf Veranlassung des Krankenhausarztes sollte sie eine epileptische Kranke zur Kur nach Cannstadt begleiten, da auch ihr die Kur des Sauerwassers gut sein würde. Fliedner sagte gern zu. Sie blieb sieben Wochen mit ihrer Kranken dort.

Eine große Not war es den Schwestern, daß eine schwerleidende Krebs*kranke als unheilbar entlassen wurde. Fliedner riet ihnen, die Herzogin zu bitten,* ob sie erlauben wolle, soweit es geht, die Krebskranke auch außerhalb zu besuchen und zu pflegen, die, wie wir mit Schmerzen hören, gerade jetzt, wo sie die Diakonissenpflege am nötigsten hat, aus der Anstalt muß. Das ist sehr hart. Bitten Sie die teure Frau Herzogin, ihren Einfluß zu verwenden, daß die Frau bleiben dürfe. Wo ist sonst das Haus eine barmherzige Samariterherberge, die es doch gewiß sein soll nach aller

Meinung? Vierzehn Tage später durften die Schwestern auf ihr wiederholtes Bitten hin die Kranke wieder holen. Sie ist sehr geduldig und freut sich auf ihren baldigen Heimgang.

So empfingen die Schwestern, wie sie in Treue dem fernen Mutterhaus verbunden blieben, ihrerseits Rat und Hilfe von Fliedner und seiner Frau und konnten nach dem ihnen in Kaiserswerth vermittelten Leitbild christlicher Krankenpflege ihren Kranken eine gelernte und barmherzig Pflege angedeihen lassen. Bald zog das kleine Wilhelms-hospital die Blicke der Öffentlichkeit auf sich. Im Medizinischen Korrespondenzblatt des Württembergischen ärztlichen Vereins wird berichtet:

Für den Dienst im Haus und die Krankenpflege hat die Anstalt drei in der Diakonissenanstalt zu Kaiserswerth gebildete Pflegerinnen gewonnen. Sie sind sämtlich aus Württemberg gebürtig, haben sich aus innerm Antrieb dem Diakonissenamt gewidmet und machen durch ihre Gewissenhaftigkeit in der Besorgung ihrer Obliegenheit, ihre Gewandtheit in der Pflege und Hilfeleistung bei Kranken, ihr umsichtiges, freundlich-ernstes und liebreiches Wesen und durch ihre aufopfernde Tätigkeit ihrem Dienst und ihrer Bildungsanstalt Ehre. Diese, ihrem Zweck nach unserer evangelischen Kirche zu Ruhm und Ehre gereichende, Anstalt scheint ihre schwierige Aufgabe würdig zu lösen, sowohl was die Auswahl der hierzu tauglichen Individuen als auch die Anweisung des Standpunkts betrifft, den die Diakonissen gegenüber dem Kranken und dem Arzt einzunehmen haben. Sie zeichnen sich durch Frömmigkeit ohne allen pietistischen Anstrich, Heiterkeit des Gemüts, anspruchsloses, bescheidenes Benehmen, pünktliche Vollziehung der gegebenen ärztlichen Weisungen und Enthaltung von aller und jeder eigenmächtigen Einmischung in die Kur aus, Vorzüge, die sie teilweise vor manchen ihrer Berufsschwestern in der katholischen Kirche voraushaben.

Eine besondere Freude war es für die Schwestern, als Marie Schäfer sie im Juli 1841 gelegentlich ihres dreiwöchigen Heimaturlaubs auf vier Tage besuchte. Schwester Marie, die aus den gedrängten Verhältnissen des sich im Umbau befindlichen Frankfurter Armenversorgungshauses kam, konnte sich nicht genug tun, das Kirchheimer Krankenhaus zu bewundern:
was doch die enttreßanteste Anstalt ist von allen Ihren übrigen. Lieber Herr Pastor, ich kann Ihnen nun gar nichts anderes sagen als: Ach, das liebe, werte Wilhelmshospital der Königlichen Hoheit Henriette von Württemberg... Wie die Schwestern mich sahen, sprangen alle drei vor das Haus und hatten mich mit großer Freudigkeit empfangen. Ach, die Liebe und die Einigkeit wurden mir sehr teuer. Gleich nachher ging ich mit den lieben Schwestern auf ihre Station. Meine Augen und mein Kopf und mein Verstand war viel zu gering, dies alles auf einmal zu besehen. Die Schönheit und die herzogliche Einrichtung und alles war ich nicht imstande, auf einmal zu bewundern.

Gerade in der Fremde empfanden die Diakonissen die schwesterliche Gemeinschaft, zu der sie ihre Ausbildung in Kaiserswerth und der gemeinsame Dienst geführt hatten. Von den 22 Schwestern, von denen 13 fest eingestellt waren, arbeiteten jetzt 7 in den drei auswärtigen Krankenhäusern Elberfeld, Frankfurt und Kirchheim, und 6 in auswärtigen Hauspflegen. Wo sie auch weilten, blieben sie untereinander verbunden, gehalten durch die gemeinsame Ordnung und die gegenseitige Fürbitte. Wie die Schwestern in ihren Briefen von ihrem und ihrer Kranken Ergehen nach Kaiserswerth berichteten, so wurden auch sie auf dem laufenden gehalten über alles, was dort vorging.

Diese feste Verbindung der Kirchheimer Schwestern mit Kaiserswerth wurde ihnen von den frommen Württemberger Kreisen zum Vorwurf gemacht.

Agnes Mayer nach Kaiserswerth, Kirchheim, 3. August 1841
Wir sind immer beschäftigt, Pflegerinnen anzuwerben. Aber es ist ein großes Hindernis, daß die alten Christen zurückhalten, statt zu treiben. Sie stoßen sich so daran, daß wir nicht in die Gemeinschaften kommen, und bedenken nicht, daß wir Gemeinschaft mit unsern Kranken haben können und über dem Fortlaufen manches versäumen würden. Wir stellen es zwar den Leuten vor, daß es nicht gehe, weil die Kranken unser stets bedürfen.

Agnes Mayer war ein redseliger Mensch, sie wußte darum: Ach, lege ein Schloß an meinen Mund, daß meine Zunge mich nicht verderbe. *Sie scheint auch mit Leichtigkeit ihre vier Seiten langen Briefe gefüllt zu haben, selbst jenen entscheidungsreichen Brief vom 13. November 1841: auf einem kurzen Heimaturlaub hatte sie sich von heute auf morgen entschlossen, dem Heiratsantrag eines Schuhmachers in Großheppach zu folgen. Der Pfarrer bezeugt, daß der Verlobte ein ernster Christ und geschickter junger Arbeiter sei. Fliedner und die Herzogin meinen beide, durch Aufschieben keinen erzwungenen Zustand hervorzurufen. Die Herzogin hält Agnes Mayer für ein längeres Zölibat nicht geeignet und nimmt sie bis zur Verheiratung in ihr Schloß auf. Die Hochzeit findet am 1. Februar 1842 statt,*
Fliedner und seine Frau wußten Agnes um ihrer Unsicherheit willen dem andern Geschlecht gegenüber nicht ohne Sorge im fernen Kirchheim. Und sie kannte sich selbst auch. Als sie die Männerstation übernehmen sollte, war sie von einer ihr unerklärlichen Scheu ergriffen, wie sie wortreich nach Kaiserswerth schrieb. Nach ihrem Fortgang aber kam noch einiges heraus, von dem man in Kaiserswerth nichts geahnt hatte.

Herzogin Henriette nach Kaiserswerth, Kirchheim, 14. Januar 1842
… Daß Agnes den Stand aufgab, halte ich für ein Glück. Ihr Temperament war zu heftig, und so verfeindete sie sich leicht mit denen, mit denen sie namhaft außer dem Haus zu tun hatte. Ihr Unglück war der Stolz. Sie hat sich für die einzig Tüchtige gehalten. Und tüchtig war sie, und in meinem Herzen danke ich ihr sehr viel. Daß aber Sophie und Marie froh sind, ihren strengen Hofmeister nicht mehr da zu haben, nehme ich ihnen nicht übel.

Marie Handel an Frau Fliedner, Kirchheim, 20. Januar 1842
Da die liebe Sophie vor einigen Tagen bei der Frau Herzogin war, wo auch ich von der Königlichen Hoheit durch die liebe Sophie veranlaßt wurde, Ihnen zu schreiben, da

wir ja doch wie Kinder zu Ihnen sein dürfen. Es schmerzt uns zwar tief, solches von der lieben Agnes zu schreiben. Denn ich dachte oft im stillen im Herrn, daß es doch ein Ende nimmt. Denn wir standen arg im Druck von seiten der Agnes. Ach, wenn ich an das verflossene Jahr zurückdenke – es ist nun heute gerade ein Jahr, daß ich hier ankam –, ich hätte nicht geglaubt, daß ich durchkämpfen könnte, was nun geschehen ist. Wir hoffen und wollen es vom Herrn erflehen, daß nun Sein Friede in unserm Haus wohnen möchte, der nun seit acht Tagen unter uns ist. O da ist es uns wohl, und unsere Arbeit wird uns süß, obgleich die Agnes glaubte, wir werden nicht fertig werden. Sie sagte zum Beispiel heimlich zu der Sophie, sie wolle nun auch sehen, wenn sie fort sei, wie es mir mit all den Kranken gehen werde, da ich wirklich schon so viel zu tun habe. Oh, das hat mich tief geschmerzt. Und im Anfang hatte ich sehr das Heimweh nach Kaiserswerth, weil ich eben gleich im Unfrieden leben mußte, und sagen durfte man der Agnes nichts.

Kein Stückchen Wäsche durfte ich nehmen, das sie mir nicht in die Hand gab, bis sie im Mai die Ökonomie abtreten mußte. Denn sie hat sich immer für die Vorsteherin gehalten. Nun, ich ließ mir alles gefallen und dachte oft an die Worte, die Herr Pastor zu mir sagten: Ja, du bist die Jüngste, du mußt dir's gefallen lassen. Ich getraute mir oft nicht einmal, etwas der Sophie zu sagen. Denn das Schwesternband, glaubte ich, sei bei uns entzwei. Bald ging Agnes zu mir und klagte über Sophie, bald zu Sophie und klagte über mich. Bald hat sie es mit dem Wärter gehabt, bald mit der Magd, bald mit den Kranken. Auch als ich diesen Sommer krank war und sich das Übel leider oft wiederholte, war sie sehr kalt gegen mich und warf mir immer vor: So, das dachte ich mir, daß du wieder im Bett hockst. Wir glauben, die rechte Zeit wird jetzt erst kommen, wo uns der liebe Paba bald besuchen darf. Ihre arme Marie Handel.

Frau Fliedner nach Kirchheim, Kaiserswerth, 29. Januar 1842
Meine lieben Schwestern, obgleich mir eure Verhältnisse untereinander unbekannt waren, hat mich euer Schreiben doch nicht überrascht, weil der Inhalt menschlich war. Ach, ihr lieben Schwestern, dieser innewohnende Ehrgeiz und Herrschsucht geht stets mit uns. Darum schlagt mit mir an eure Brust und laßt uns Agnes nicht verdammen. Laßt uns aber achten auf uns selbst.

Vergebt ihr und tragt euch untereinander mit desto größerer Vorsichtigkeit. Ich hatte es hier den Schwestern mitgeteilt, daß die Agnes sich verheiraten würde; daß sie in Liebe und Frieden von uns geschieden sei. Liebe Schwestern, ich halte davon, daß ihr über euren nicht rühmlichen innern Zwiespalt weiter an keine Schwester mitteilt, weil es bei einigen Anstoß könnte erregen. Im längeren Leben und durch Führung des Herrn lernt man es für eine besondere Gnade achten, wenn im Irdischen zusammengebundene Seelen im innern Frieden und Liebe sind. Man wundert sich nicht über Trennung. Ich gebe euch zu, daß Agnes die meiste Schuld hat. Aber, liebe Schwestern, ihr werdet auch nicht ohne Schuld sein.

Mein Mann ist noch nicht zurück. *Er war vom 1. Januar bis 2. Februar unterwegs nach Berlin.* Ihr könnt denken, was es täglich hier gibt, wie da Rat und Entscheidung nötig ist. Von Frankfurt hörte ich lange nichts, wohl mit durch eigene Schuld, da wir vor vieler Arbeit und großer Betrübnis auch nicht so teilnehmend waren, als es von unserm Verhältnis zu erwarten ist. In Elberfeld steht es gut mit den lieben

Schwester
Sophie Wagner

Schwestern. So behüte euch der treue Herr an allen Orten. Dient ihm mit Freuden. Der Herr wolle auch mein gebeugtes Haupt zu ihm erheben. Meinen untertänigsten Respekt an die Königliche Hoheit. Mit Liebe F. Fliedner.

Als Frau Fliedner diesen Brief schrieb, lagen die zwei schwersten Monate ihres Lebens hinter ihr: am 1. und 17. November waren Simonette und Johanna am Typhus gestorben. Der Schmerz um diese beiden geliebten Kinder war noch nicht gemildert. Aber er schloß sie nicht ab von dem großen Werk, das weiterhin sie bis an den Rand ihrer Kraft forderte. Er schloß sie nicht ab von denen, die sich ihrer mütterlichen Liebe anvertrauten. Vielmehr ließ er sie – tiefer als je – ihre Alltagsnöte im Licht der Ewigkeit sehen.
Das Wilhelmshospital im fernen Württemberg stellte sich nach wenigen Jahren auf eigene Füße, wie es von Anfang an der Wunsch der Herzogin und des Vorstands war. Am 14. Januar 1846 schieden die beiden schwäbischen Schwestern, die dort arbeiteten, Christine Klett und Marie Handel aus der Diakonissenanstalt Kaiserswerth. Von den acht Württembergerinnen, die einst gekommen waren, blieben zwei übrig: Marie Schäfer und Sophie Wagner. Sie reiften in der Stille der großen Aufgabe zu, die ihrer wartete.

Sterbendes Leben

Noch zwei Kinder hingegeben

Aus einem Universallexikon der Jahre 1842 bis 1846 erfährt man, daß die heute als Typhus bezeichnete Krankheit für ein Nervenfieber gehalten wurde, gegenüber dem man völlig hilflos war. Bereits im Sommer 1840 waren verschiedene Typhusfälle ins Kaiserswerther Krankenhaus eingeliefert worden, die gutartig verliefen. Im Pfarrhaus lag damals Frau Fliedners Schwester Luise krank. Auch in den auswärtigen Krankenhäusern und in verschiedenen Privatpflegen hatten die Schwestern Typhuskranke zu pflegen. Im Elberfelder Krankenhaus hatte sich im März 1840 Katharine Weintraut angesteckt, in Kirchheim im Oktober desselben Jahres Sophie Wagner. Die Typhusepidemie 1841 in Kaiserswerth nahm einen sehr schweren Verlauf. Daß Fliedner selbst erkrankt war, hielt er geheim. Daß drei seiner Kinder Typhus bekamen, war auf die Dauer nicht zu verschweigen. Mit dem Vater zugleich war seine elfjährige Luise erkrankt. Als er auf dem Weg der Besserung war, hatten sich die neunjährige Simonette und die vierjährige Johanna gelegt. Die sechsjährige Mina wurde zur Tante Reichardt ins Krankenhaus gegeben, um sie vor Ansteckung zu bewahren. Mina und der kleine Georg blieben verschont. Anfang Oktober hatte die Mutter sich die Pflegerin Meta Bolte ins Pfarrhaus geholt zur Pflege ihrer drei kranken Kinder. Da es den Kindern anscheinend besser ging, nahm Frau Fliedner schweren Herzens den Plan wieder auf, vier Pflegerinnen nach Kreuznach und Saarbrücken zu begleiten. Die Abreise verschob sich auf den 25. Oktober. Es fiel ihr schwer, sich von den kaum genesenen Kindern und dem 17monatigen Georg zu trennen, auch wenn sie sie in der bewährten Obhut ihrer Schwester wissen durfte, die wieder einmal den mutterlosen Haushalt übernahm. In zwei Tagen brachte das Dampfschiff sie bis Bingen. Von da ging es mit der Post nach Kreuznach, und nach Einweisung zweier Schwestern andern Tags weiter nach Saarbrücken, wo sie länger als vorgesehen festgehalten wurde.

Frau Fliedner an ihre Schwester, Saarbrücken, 3. November 1841
Liebe, treue Schwester, wie danke ich dir deine Liebe, die dir und den Eltern Gott lohnen wolle. Ich weiß, du fühlst keine Last bei den Beschwerden mit den Kindern. Ich habe große Angst, besonders auf der Reise zwischen Kreuznach und hier gelitten. Ich konnte mich des Gedankens von Johannes Tod nicht erwehren. Die Geschiedenheit von den Kindern war mir hart. Wie jubelte mein Herz, als sie noch lebten. – Sähst du all das Spitalselend, dein Herz würde dir brechen, deine Hand würde nicht müde zu helfen. Ich richte nun abermals eine Haushaltung ein. Du würdest lachen, mich zu sehen – und würdest auch wohl weinen. Darf Simonettchen Gemüse essen, so koche ihr doch Endivien. Dies Gemüse esse ich oft hier; es wirkt auf den Stuhlgang, ohne abzuführen. Der Doktor kennt es als Niederländer nicht.

Während Frau Fliedner vorstehenden Brief schrieb, traf ihr Mann in Kreuznach ein. Er war seiner Frau mit der schweren Nachricht von Simonettes Tod entgegengefahren. Am 1. November hatte er ihr mitgeteilt, daß sich die Krankheit des Kindes verschlimmert habe. Am gleichen Tag war es zu Ende gegangen.

Mina Fliedner erinnert sich später an den Tod ihrer Schwestern:
Simonette starb am 1. November. Ihre Leiche wurde im Gartenhaus aufgestellt, und Vater reiste ab, um Mutter zu holen, und brachte sie mit, gefaßt und still, aber so elend, daß sie nur vom Fenster aus dem Leichenzug nachsehen und mit ihrem Herzen folgen konnte. Vorher war sie mit Luise im Garten auf und ab gegangen. Wo man zum Gartenhaus heraufgeht waren Rosen gepflanzt, die im Spätherbst grau und kahl dastanden. So wird es sein bei der Auferstehung, sagte sie; wer denkt jetzt, daß an diesen Sträuchern so herrlich schöne Blumen wachsen können. Laßt uns getrost das liebe Kind zum Gottesacker bringen. Zehn Tage danach schloß auch die vierjährige Johanne ihre Augen nach kurzem, schwerem Erstickungskampf. Ich wohnte wieder drüben im *Krankenhaus,* war aber Tante Reichardt weggelaufen und stand an der Verbindungstür. Mutter hatte sich über das sterbende Kind gebeugt und suchte den Schleim zu entfernen. Gleich darauf kam Vater in das Zimmer, wo Luise weinend saß und mich festhielt. Zwischen uns zwei Schwestern kniete Vater am Stuhl nieder und betete. Das war am 17. November 1841, und ich war 6 1/2 Jahre alt. Als nun die kleine Leiche auch im Gartenhaus stand, nahm mich Mutter auf meine Bitte mit, sie noch einmal zu sehen. Es war abends, und als der Schein der Laterne über das Antlitz fiel, sah es so verklärt aus, daß ich sagte: Mutter, Johanne ist jetzt ein Engel.

Vater Münster nach Kaiserswerth, Haus Berge, 27. November 1841
Meine tiefgebeugte Tochter, liebes Kind, daß ich mit dir deinen Schmerz fühle, wirst du glauben; denn ich bin ja dein Vater, dem gleich dir der Gott der Liebe ein Herz gab. Ein Kind, dem Grab übergeben, ist und bleibt ein Schmerz, dem wir zu unterliegen meinen... Gott lasse dir den Mann, Gott erhalte dir die drei Kinder und dich ihnen und deinem Vater.

Frau Fliedner an Frau Focke nach Essen, Kaiserswerth, 6. Dezember 1841
Meine liebe Amalie, meine liebe Freundin, schon oft schrieb ich im Geist an dich, fühlte mich immer zu schwach, es zu vollführen. Auch jetzt bin ich bei der Gewißheit, daß des Herrn Wille gerecht, heilig und allein gut ist, voll Schmerz im Andenken an den herben Verlust meiner geliebten Kinder. Ich möchte gern dem Herrn danken – er wird es mich ja noch lehren – ohne Schmerz für die Gnade, daß er diese zwei lieblichen Kinder in sein Paradies abgerufen hat. Johanna folgte ihrer Simonette, die so besonders im Leben an ihr hing, den 17. November. Betet für mich, daß ich es als gehorsames Kind von der Vaterhand Gottes annehme.

Frau Fliedner an ihre Eltern, Kaiserswerth, 11. Dezember 1841
Liebe Eltern, der Herr schenke Ihnen mit Kind und Enkel ein gesegnetes Fest. Hierbei kommen einige Kleinigkeiten, die Sie in herzlicher Liebe annehmen wollen.

Für den Trost und für die Teilnahme danke ich. Ich bin ruhig, obgleich ich viel weine. Ich gönne meinen Kindern all ihr Glück. Ich weiß sie in Heilands Armen. Auch habe ich Ursache, dem Herrn zu danken für die drei, die er uns gab und ließ. Mögen sie zu seiner Ehre heranwachsen. Ich hoffe, in stiller Freude mit den Kindern das Fest zu feiern und mit ruhiger Ergebung in des Herrn heiligen Willen das Jahr 1841 zu beschließen in dankbarer Erinnerung an all die vielen Freuden, die er mich fast zehn Jahre an einem guten Kind schmecken ließ und vier Jahre an der lieblichen Johanna. Viel äußern oder davon reden kann ich nicht, hierzu bin ich zu schwach. Der Herr wird nicht versuchen über Vermögen, des trösten Sie sich, wenn Sie an mich denken. Ich arbeite mein Tagewerk, wozu der Herr wieder Mut und Kraft geben wird. Mit kindlicher Liebe gehorsamst Friederike.

Von den auswärtigen Schwestern in Elberfeld, Frankfurt und Kirchheim, in Kreuznach und Saarbrücken kamen teilnehmende Briefe. Während Frau Fliedner noch mit dem Schmerz um ihre beiden Kinder rang, waren im Kaiserswerther Krankenhaus vier Pflegerinnen vom Typhus ergriffen und kamen nur sehr allmählich zurecht. Anna Müller hatte einen Rückfall und lag zwischen Leben und Tod. Sie, die spätere erste Probemeisterin, hat oft mit tiefer Dankbarkeit erzählt, wie die vielbeschäftigte Frau Pastorin sich ihrer in der schweren Krankheit angenommen und ihr selbst das Haar gemacht.
Was Frau Fliedner ihren Kindern nicht hat geben dürfen, das gab sie den Schwestern. Auf so tiefem Grund baut die neue Krankenpflege auf.

Zuletzt – Wieder allein gelassen

Wie alljährlich bereitete Frau Fliedner der Diakonissenanstalt das Weihnachten 1841. Zu den Grüßen für die auswärtigen Schwestern in Elberfeld, Frankfurt, Kirchheim, Kreuznach und Saarbrücken kam sie erst in den Weinachtstagen selbst. Noch lagen ja vier Schwestern am Typhus. Und die eigene Familie? Luise war elf, Mina sechs, Georg anderthalb Jahre.

Mutter feierte mit uns ein schönes Christfest. Simonettchen und Johanne singen dem Christkind droben, und wir wollen es hier unten tun, so gut wir können. Nach ihrem Befinden gefragt, antwortete sie: Ich habe Heimweh. In unserer Kinderstube waren die Bettchen der beiden gestorbenen Schwesterchen leer stehengeblieben, und einige Male, so noch am Christabend, hatte uns die Mutter zwei neue Schwesterchen versprochen. In meinem Kinderglauben dachte ich, sie würden direkt vom Himmel kommen; suchte auch, im Garten stehend, nach dem Loch im Himmel, durch das sie kommen könnten. Nun brachte die Mutter, vom Begräbnis der Frau Kohm kommend, die zwei verwaisten Kinder an der Hand herein und führte sie Luise und mir mit den Worten zu: Hier schickt euch der liebe Gott die neuen Schwesterchen. Während meine ältere Schwester ihnen, wenn auch mit Tränen, die Hand reichte, rief ich sehr unzufrieden: Das sind ja Sophie und Agnes Kohm, die will ich nicht. Wir gingen gemeinsam in die Elementarschule, und mit der Ältesten hatte ich mich öfter

Friederike Fliedner mit den beiden Waisenkindern

geschlagen. Von der seligen Mutter sanft zurechtgewiesen, gab ich für den Augenblick Ruhe. Als nun die neuen Schwesterchen zu Bett gebracht wurden, weinte die Jüngste bitterlich, und Mutter, die sich liebevoll mit ihr beschäftigte, sagte zu mir: Wolltest du ihr nicht dein Puppenbettchen mit der Puppe schenken? Da stellte ich mich leider ganz ungebärdig. Aber sie kam zu mir, hob mir den Kopf in die Höhe und sagte: Liebes Kind, die beiden haben keine Mutter mehr, und du weißt nicht, wie lange dir Gott die Mutter noch läßt. So alt ich bin, kann ich nicht ohne Tränen daran denken.

Das war am 11. März 1842 – am 22. April, wenige Wochen später, hatte Mina keine Mutter mehr. Von eurer Mutter, sagte Fliedner später, konnte man lernen, was es heißt:
Laß den Armen finden dein Herz.

Schon Ende des Jahres 1840 hatte Fliedner die Einrichtung eines Mädchenwaisenhauses als Diakonissenvorschule, *als Vorhalle für die Diakonissenanstalt geplant. Aber auch diesen Plan ihres Mannes sollte wohl Frau Fliedner erst durch die Tiefen ihres Mutterschmerzes hindurchtragen. In die leergewordenen Betten der eigenen Kinderstube legte sie fremde, mutterlosgewordene Kinder, die fast im gleichen Alter waren wie die eignen schmerzlich vermißten, und brachte ihnen ihre Mutterliebe entgegen. Am 3. April 1842 wurde dann die Eröffnung des Waisenhauses in dem Haus auf der*

Wallstraße, wo auch die Seminaristinnen wohnten, heute Fliednerstraße 22, feierlich begangen. Am 12. April wurde die tags zuvor bei Frau Fliedner im Pfarrhaus angefangene Nähschule auch in das Waisenhaus verlegt.
In fünf Jahren hatte das Ehepaar Fliedner der Frau die Ausbildung in der Kranken- pflege und der Arbeit am Kleinkind erschlossen. Fünf auswärtige Krankenhäuser hatten Kaiserswerther Pflegerinnen übernommen. Zum Jahresfest 1841 waren zwan- zig Kindergärtnerinnen von auswärts gekommen, die in ihren Kleinkinderschulen über 1400 Kinder betreuten. Die Eröffnung des Waisenhauses und der Nähschule wurde ein weiterer Schritt zu neuen Berufsmöglichkeiten der Frau. Das Waisenhaus war gedacht als eine Pflanzschule für weibliche Berufstätigkeit, zugleich eine Vorhalle, eine Vorschule für die Diakonissenanstalt. Die Nähschule sollte den Seminaristinnen Gelegenheit geben, sich mit der Leitung einer Näh- und Strickschule bekannt zu machen. So steuerte die Bildungsanstalt in Kaiserswerth auf die weiteren Berufe der Heimerzieherin, Lehrerin und Fürsorgerin hin. Aber diese Entwicklung sollte Frau Fliedner nicht mehr erleben. Sie hat nur noch für den ersten Anfang ihr Haus und ihr Herz hergeben können.

Auch den ersten großen Erweiterungsbau der Diakonissenanstalt, der nach Fliedners Worten sie jetzt erst instand setzte, ein rechtes Mutterhaus für die Krankenpflege darzustellen, hat Frau Fliedner nur sozusagen von fern als verheißenes Land geschaut. Das an jenem 13. Oktober 1836 bezogene Petersensche Haus, so groß und weit es für den Anfang gewesen war, genügte den neuen Ansprüchen an die Ausbildung der Pflegerinnen nicht mehr. Auch forderte die Gestaltung des Gemeinschaftslebens größere Räume. Um mehr Pflegerinnen und Kranke unterbringen zu können, waren die Seminaristinnen nach der Wallstraße ausgesiedelt. Aber es war an der Zeit für eine durchgreifende Änderung. Fliedners Pläne gingen auf einen Anbau, dessen Grundflä- che die des Stammhauses um mehr als das Doppelte übertraf. Noch waren die Satzungen des Diakonissenvereins nicht genehmigt – so gingen alle Häuser- und Grundstückkaufakte auf Fliedners Namen, und die Geldbeschaffung war seine alleinige Angelegenheit. Vom 29. bis 31. Dezember 1841 war Fliedner nach Schwelm unterwegs. Am Neujahrstag brach er nach Berlin auf.

Wir haben ein sehr unruhiges Jahr beschlossen, und ebenso unruhig hat das neue begonnen; möge nur der Herr bei uns bleiben, so wird es zuletzt gut, *schrieb Frau Fliedner am 3. Januar 1842 an die Schwestern in Kreuznach und am gleichen Tag an ihren alten, jetzt 66jährigen Vater nach Witten:* Fliedner ist im Sturm nach Berlin. Ich habe mit einem starren Herzen voller Schmerz große Arbeit gehabt. Und er ist zu gar keiner Ruhe die letzte Woche gekommen.

Die fünf Briefe, die Fliedner im Januar von Berlin an seine Frau schrieb, geben ein Bild von ungeheurer Betriebsamkeit und Leistungsfähigkeit. Alles hatte er im Auge: die großen wie die kleinsten Dinge. Der Sinn seiner zweiten Berliner Reise war, das Gesuch um Bestätigung der Satzungen des Rheinisch-Westfälischen Diakonissenver- eins dem König persönlich einzureichen und um ein zinsfreies Darlehen von 3400 Talern für den geplanten Anbau der Diakonissenanstalt zu bitten. Im übrigen ließ er alle seine Beziehungen spielen, um für die Sache zu werben. Nebenbei besorgte er ein Holzbein für einen amputierten Kranken, zu dem ihm Frau Fliedner die Maße schicken soll. Er sandte Tiere von Papiermaché für die Kleinkinderschule, die Frau Fliedner sorgfältig auspacken soll, daß nichts zerbrochen würde. Er gab Aufträge wegen Bittbriefen für die Lotterie, die der Herr Kandidat Arens und der Herr Lehrer Ranke schreiben könnten, die aber wohl am besten von Frau Fliedner unterschrieben würden. Laß noch tausend Diakonissenbedingungen baldigst in demselben Format und Papier wie früher drucken und noch 600 Lehrerinnenbedingungen. *Er gab ihr Anweisungen wegen der lieben Schwester Paquot, einer aus dem Mutterhaus Nancy stammenden Barmherzigen Schwester, die zum Protestantismus übergetreten war, kein Wort Deutsch sprach und auch im übrigen Frau Fliedner viel Last machte. Er gab ihr Anweisungen in der heiklen Angelegenheit des Reisenden Christian Bockemüller, der von Kaiserswerth nach Berlin kommen sollte, um von dort aus als Werbefachmann für den jungen Kaiserswerther Buchhandel zu reisen.* Eine gute Partie Bilder – den Barmherzigen Samariter – muß er mitnehmen, die gut eingepackt werden müssen, mit kleinen Brettchen... *usw. usf. An die zwanzig Aufträge enthält der eine Brief vom 9. Januar. An alles und jedes dachte Fliedner.*

Nur an eins dachte er in seinem Eifer nicht, daß eine Frau, die wieder schwanger war, zum elften Mal schwanger, und der vor nicht zwei Monaten zwei geliebte Kinder gestorben waren, ein verwundetes Herz hat, das vorsichtiger angefaßt werden müßte als Spielzeug von Papiermaché und sorgfältiger eingehüllt als Bilder mit kleinen Brettchen und wohl eifriger gesucht werden dürfte als ein verlegter Brief und ein liegengebliebenes grünes Schreibzeug.

Von Frau Fliedners Briefen nach Berlin ist kein einziger erhalten. Ob sie mit Absicht vernichtet sind? Nach Fliedners Antworten zu urteilen, scheint sie sich gegen die Fülle der Aufträge gewehrt zu haben, hatte sie doch genug an dem, was neben ihrem eignen Haus laufend in der Bildungsanstalt erledigt werden mußte. Und ein Notruf nach dem andern kam aus Saarbrücken. Wie sollte sie alles erledigen, hatte sie doch auch nur zwei Hände und zwei Füße und nur einen Kopf – und ein heimwehkrankes Herz. Fliedner tröstete sie in seiner Art, indem er ihr vor Augen führte, wie sehr auch er überlastet war: Ich habe des Laufens in Berlin sehr viel, so daß des Abends bei den ungeheuer großen Wegen meine Beine oft zusammenbrechen wollen. Da bin ich denn froh, daß ich Montag, so Gott will, wieder nach der lieben Heimat reisen kann...

Seinen langen Brief vom 21. Januar, seinem Geburtstag, schließt Fliedner mit dem Tadel: Mit Schrecken höre ich von Christian Bockemüller, daß weder Heinrich Ostermann noch Christian, als jeder den Mietsleuten in den zwei alten Häusern aufkündigte, Zeugen bei sich hatten... Ich hatte Heinrich und dir doch so ausdrücklich gesagt, daß, wenn sie die Aufkündigung nicht unterschreiben wollten, den andern Tag mit zwei Zeugen müsse hingegangen werden. Ich weiß nun keinen andern Rat, als daß du jetzt ihnen die Aufkündigung wiederholst. Am besten wirst du, um Aufsehen zu vermeiden, sie in unser Haus kommen lassen, den Dahmen zuerst, weil der der Frechste ist, und ihnen da in Gegenwart von zwei Zeugen sagen, daß du ihnen neulich Neujahr hättest aufkündigen lassen und daß wir gern helfen wollten, ihnen von April bis Mai eine Wohnung zu verschaffen... Ich bitte dich, versäume in dieser Hinsicht nichts. Es wird ohnedies spät genug zum Bauen. An *Böcking* will ich schreiben, wenn ich zurückkomme. Grüße auch die kranken Schwestern recht herzlich etc.etc. Dein Th. Fldr.

Das war allerdings für Fliedner ärgerlich: er lief sich in Berlin wegen der Gelder für den Erweiterungsbau die Beine ab – bei seiner Rückkehr aber würde er vielleicht sämtliche Baupläne umwerfen müssen. Von den erworbenen abbruchreifen Deckerschen Häusern sollte der Bau ausgehen. Aber es war nicht möglich, sie abzubrechen, solange noch Mieter darin saßen. Andrerseits: konnte Fliedner nicht wenigstens zum Schluß noch seinen Ärger herunterschlucken und einlenken? Der Brief würde um den 25. in Kaiserswerth eintreffen – hatte er überhaupt nicht bedacht, daß seine Friederike vier Tage nach ihm Geburtstag hatte?... "etc. etc." hatte er keinen besonderen Gruß für seine Ehe- und Arbeitsgefährtin zum Anfang ihres neuen Lebensjahres nach so schweren Monaten?

Allein gelassen – einst vor vierzehn Jahren hatte Friederike Fliedner kurz nach der Eheschließung ihrem Mann geschrieben: Vereint das Himmelreich an uns reißen. Ewig eins in Ihm, *blieb der Wahlspruch ihrer Ehe.*
Frau Fliedner hat die Kündigungsangelegenheit in Ordnung gebracht. Der Bau konnte planmäßig beginnen. In den handschriftlich aufgezeichneten Monatsberichten heißt es: 11. April 1842 den Anfang gemacht mit dem großen Anbau ans Diakonissenhaus durch Aufschlagen der Bretterwände zur Absperrung des Baus von der Straße und vom Garten.

Als Fliedner die nächste Eintragung machte: Grundsteinlegung zum Anbau ans Diakonissenhaus am 2. Mai 1842, *hatte seine Frau die Augen schon für immer geschlossen. Kostete die Überanstrengung der letzten Monate und die Schwangerschaft sie die letzte Lebenskraft? War das Heimweh nach den verstorbenen Kindern stärker als alle Bande, die sie auf Erden hätten halten können?*
Bis in ihre letzten Tage ist Frau Fliedner allen Pflichten nachgegangen. Ihre Müdigkeit und die Not ihres Herzens machte sie eher noch wacher für die Nöte der andern. Wie sie die Saarbrücker Schwestern in ihren großen Schwierigkeiten trug, so sorgte sie sich auch um die Gesundheit der Schwestern im Frankfurter Versorgungshaus. Sie wußten in der Enge des Südostflügels, in den während des Neubaus alles zusammengepfercht war, kaum Ordnung zu halten und hatten Tag und Nacht wenig Ruhe. An ihrem Geburtstag nahm Frau Fliedner sich die Zeit, den Bedrängten zu schreiben.

Frau Fliedner nach Frankfurt, Kaiserswerth, 25. Januar 1842
Liebe Schwestern... Mein Mann ist seit dem 1. Januar nach Berlin verreist. Ich wollte erst dessen Rückkunft abwarten, bis ich an euch schrieb. Allein er bleibt noch acht Tage von Haus. Ich wollte einmal mit euch in der Stille überlegen, wie es sich nach menschlichen Ansichten machte: ob die Lenchen uns dies Jahr besuchen könnte; und wollte dann auch hören, wie ihr euch fühlt: ob ein Wechsel bei euch nötig wird, daß andere in eure Strapazen gehen und ihr einige Zeit in der andern Ruhe, damit euer Körper nicht zuviel leidet. Ihr wißt, daß ihr offen könnt sein, auch daß es

Schuldigkeit ist, zur Erhaltung seiner Gesundheit zu reden, auch wo man gern schweigen würde. Ich weiß, daß der Vorstand nicht gern davon reden hört; allein ich fühle, daß es Schuldigkeit ist. Mit unsern kranken Schwestern geht es besser, doch sehr langsam. Die Lotteriesachen von Frankfurt kamen mir sehr zustatten, da bald unsere Verlosung fürs Diakonissenhaus sein wird. Mit den herzlichsten Grüßen eure euch liebende F. Fliedner.

Frau Fliedner nach Kreuznach, Kaiserswerth, 30. Januar 1842
Nur wenige Grüße an euch, liebe Schwestern, in früher Morgenstunde. Nehmt mein Stillschweigen und meine wenig sichtbare Teilnahme für euch nicht als ein Zeichen von Gleichgültigkeit auf, sondern, wie es in Wahrheit ist, als etwas, was ich beim besten Willen nicht zwingen konnte. Mein Mann ist noch nicht von Berlin zurück. Der Herr hat durch den arbeitsvollen Monat gnädig hindurchgeholfen. In Kirchheim hat es sich auch verändert, indem die Agnes Mayer mit Bewilligung meines Mannes sich verheiratet hat. In Saarbrücken geht es durch Kampf und Streit; möge der Herr die Seelen der Schwestern in Geduld fassen. Von hier wird euch die Schwester Reichardt berichten.

Frau Fliedner an eine Unbekannte, Kaiserswerth, 13. März 1842
Liebe Freundin, als mein Schreiben an Sie weg war, hörte ich erst, wie es der Herr mit Ihnen gemacht hatte, und es war mir herzlich leid, Sie belästigt zu haben. Der Herr Jesus wird nun Ihre Kräfte gestärkt haben und wolle sie fort stärken. Er wolle auch unsere weinenden Mutterherzen nach seinem Willen trösten. Wir wissen es wohl und glauben es auch fest, wie selig und fröhlich die lieben Englein sind. Aber ich fühle es, mein Herz wird der kleinen Schar nachweinen, bis mich der Herr mit ihnen allen vereinigen wird. Wenn ich das so hochachte, was er mir nahm, so wolle er mich das, was er hier ließ, nicht geringachten lassen, und dies ist so vieles.

Das Ende

Der Christliche Volkskalender, ein freundlicher Ratgeber und Erzähler für die liebe Christenheit mit täglichen Bibelsprüchen als Losungen, *den Fliedner* für 1842 zum erstenmal herausgegeben hatte, war als Weihnachtsgabe auch den Pflegerinnen zugesandt worden. Den Kirchheimer Schwestern hatte Frau Fliedner dazu geschrieben: Der Kalender möge euch oft an uns erinnern. *Da lasen sie am 22. April in Elberfeld, Frankfurt und Kirchheim, in Kreuznach und Saarbrücken, in Viersen, Krefeld und Barmen das Wort des 51. Psalms:* Verwirf mich nicht von deinem Angesicht und nimm deinen Heiligen Geist nicht von mir. *Die Schwestern haben gewiß an jenem Tag nach Kaiserswerth herübergedacht, doch nichts ahnend, daß sich unter dieser oft gesprochenen Psalmbitte das Leben der Mutter vollendete.*

Herrn Rentmeister Münster Wohlgeboren in Witten, eilt, Kaiserswerth, 21. April 1842
Liebe Eltern, am Montag, dem 18. abends, als Riekchen am Schreibtisch saß, verlor sie auf einmal Blut, obgleich sie bisher wohl gewesen. Wir brachten sie zu Bett. Das Bluten nahm zu und stillte sich erst den nächsten Tag. Sie hielt sich still im Bett, stand heute mittag ein wenig auf, erbrach sich, das Blut kam wieder und ist in diesem Augenblick wieder stark am Laufen. Da ist es uns doch sehr ängstlich. So wagen wir jetzt dringendst zu bitten, daß Luise so bald als möglich hierherkomme. Unsere Hausgehilfin ist sehr gutmütig, aber noch ohne alle Erfahrung, ohne Nachdenken und ohne Überlegung, so daß wir uns auf sie gar wenig verlassen können. Wir haben daher eine Pflegerin bisher bei Riekchen, aber sie hat auch wenig Erfahrung. Dazu kommt, daß unser kleiner Georg seit gestern starkes Fieber hat, wahrscheinlich Zahnfieber. So wäre uns Luises bewährte, treue, besonnene, hilfreiche Liebe ein großer Trost. In Eile Ihr treuer Sohn Th. Fliedner.

Ehe der Brief in Witten bei dem Vater ankam, hatte die letzte Stunde seiner Tochter bereits geschlagen. Zwei Tage vor ihrem Tod trug Theodor Fliedner seiner im Bett liegenden Frau seine Predigt zum Landesbußtag "Von der Selbstverleugnung" vor. Mit diesem Jesuswort hatte die 25jährige Friederike Münster einst ihr Tagebuch angefangen. Jetzt meinte sie nur: "Ja, – – Selbstverleugnung ist das Eine, was nottut." Sie wiederholte die Worte ihres Mannes. Und doch ist es keine Wiederholung. Mit dem wachen Sinn einer Sterbenden gab sie ihrer Sorge um das Managertun ihres Mannes Ausdruck, der sich zerarbeitete in dem Vielerlei seiner Unternehmungen und darüber nicht merkte, weder was jetzt ihr noch was ihm nottat. Sie bewährte sich bis an das Ende in ihrer Freiheit:
"... und doch möchte ich nur meinem Sinn folgen."

Am Morgen des 22. April war die seit Wochen ersehnte Nachricht aus Berlin endlich gekommen: Minister von Thile meldete, daß seine Majestät, der König, die Gnade gehabt hätte, 7400 Taler als ein Darlehen ohne Zinsen für den Anbau an die Diakonissenanstalt zu bewilligen. *Fliedner teilte es seiner Frau mit; aber sie konnte nur noch mit schwacher Stimme sagen:* Oh, das ist ja schön. *Sterbend erstand vor ihr der neue Bau, den sie nicht mehr schauen sollte. Anfang Mai hatte sie das Kind erwartet. Ihr Körper scheint jedoch seit der schweren Geburt des Georg im Mai 1840 nicht mehr zurechtgekommen zu sein; so war er den Beschwerden dieser elften Schwangerschaft nicht gewachsen. Sie kam mit einem toten Knaben nieder. Eine halbe Stunde später, ½3 Uhr, entschlief sie um die Todesstunde ihres Herrn, in dessen Liebe sie sich geborgen wußte.*

Der damals sieben Jahre alten Mina Fliedner blieb es für immer in der Erinnerung: Während Vater ihr die Hand hielt, sagte Mutter drei Verse aus dem Lied: Sollt ich meinem Gott nicht singen. Bei dem Wort: Alles Ding währt seine Zeit, gab sie ihren Geist auf. Vater drückte ihr die Augen zu. Es war an einem Freitagnachmittag. Daß Mutter sehr krank sei, war uns gesagt. Luise durfte aus der Schule bleiben. Als es ein Uhr war, stand ich weinend an der Treppe und bat Vater auch ums Bleiben. Ach, liebes

Kind, du kannst uns nichts helfen; geh doch hin, ich verspreche dir, dich rufen zu lassen, sagte er. Um drei Uhr klopfte es an die Schulstube. Schon an der Kirche hörte ich das laute Weinen von Frau Küsterin Stiebel und Tante Reichardt. Lehrer Ranke war auch da. Er hatte den Kopf auf die Fensterbank gelegt und sagte: Sie war mir wie eine Mutter. Wie ergeben sie gestorben und wie sie Vater getröstet hat, ist ja bekannt. Das tote Kindlein lag zugedeckt ihr im Arm. Auf ihrem Schreibtisch fand man einen Zettel, auf den sie geschrieben hatte:

Wenn der Wellen Macht in der trüben Nacht
will des Herzens Schifflein decken,
wollst du deine Hand ausstrecken.
Habe auf mich acht, Hüter in der Nacht.

Am Tag darauf wurde Luise zwölf Jahre alt. Auf dem Geburtstagstisch lagen sechs Hemden, die die Mutter noch zugeschnitten hatte, und der Vater legte die Bibel seiner Frau dazu, die er ihr 1838 zum zehnten Jahresfest ihrer Ehe geschenkt hatte. Die Worte der damaligen Widmung aufnehmend, trug er seinem ältesten Kind die Worte ein: Nimm dieses Buch der Bücher, liebe Luise, zum Andenken an deine dich unaussprechlich liebende, gestern heimgegangene selige Mutter und als die beste irdische Liebesgabe deines trauernden Vaters an deinem heutigen Geburtstag. Gebrauche es so fleißig und so mit Gebet und Gott lobend in der Stille wie sie. Dann wird es auch dir sein der Stecken und Stab auf allen deinen Wegen, und du wirst dir deinen Heiland aneignen als deinen einigen Trost im Leben und im Sterben wie sie und nachfolgen seinen Fußstapfen in selbstverleugnender Liebe des Nächsten, besonders der Armen, Kranken und Kindlein und in dieser Liebe selig sein wie sie. Kaiserswerth, 23. April 1842. Dein in der Liebe Gottes sich tröstender Vater. Denn alles Ding währt seine Zeit, Gottes Lieb in Ewigkeit.

Den Freunden teilte Fliedner den schweren Verlust in dem gerade in Druck kommenden fünften Jahresbericht über 1841 mit:
Die bisherige Vorsteherin der Diakonissenanstalt, die mit ihrem starken Glauben und ihrer feurigen Liebe diese wie die andern Anstalten hatte gründen helfen und neben der Führung des eigenen Hauswesens und der Erziehung der eigenen Kinder noch die ganze Ökonomie der Diakonissenanstalt sowie die Bildung und Anweisung der Probepflegerinnen in der leiblichen Krankenpflege und Haushaltung leitete; die in der Anstaltskorrespondenz und dem Rechnungswesen fleißig half und mit ihrem Scharfblick, ihrer Selbstverleugnung und ihrer Mutterliebe den Pflegenden wie den Gepflegten stets Rat und Tat gab, die teure Gattin des Unterzeichneten, Friederike geb. Münster, starb plötzlich am 22. April des Jahres an den Folgen einer zu frühen Entbindung, erst 42 Jahre alt. Wie die große, hierdurch entstandene Lücke namentlich bei der Diakonissenanstalt ausgefüllt werden soll, das weiß allein der Herr ... Noch ist sein Weg dunkel, aber Er ist die Liebe.
Kaiserswerth am Rhein, 20. Mai 1842   Fliedner, Pfarrer.

Friederike Fliedner (Bleistiftzeichnung)

Helene Osthoff und Marie Schäfer nach Kaiserswerth, Frankfurt, 3. Mai 1842
Wertester und lieber Herr Pastor, was sollen wir sagen? Und doch kann ich nicht
unterlassen, Ihnen, dem tiefbetrübten Vater, einige Worte des tiefmitfühlenden
Schmerzes über den Verlust der lieben, lieben teuren Mutter zu schreiben. Der Herr
wolle uns alle trösten. Ich wollte schier verzweifeln über den harten Schlag.

Sophie Wagner und Marie Handel an Fliedner, Kirchheim, 1. Mai 1842
In dem Herrn Jesus! Verehrtester Herr Pastor, was soll ich schreiben und sagen...
Auch das sind Friedensgedanken unsers treuen Gottes und Heilands, daß Er diese
treue, liebevolle, unvergeßliche Mutter mitten aus der rastlosen Tätigkeit zu sich
genommen hat. Schon oft wurden mir die Worte im Innern wiederholt, als Sie uns
einmal schrieben: Viel, viel Last liegt auf mir und meiner Frau, fast zuviel. Oft mußte
ich den Herrn darüber anflehen, er möge Ihnen beiden doch beistehen. Und nun
wurde die treue Mutter von ihrem Tagewerk erlöst. Wohl dünkt es einem, als sei an
dem Tagewerk noch viel zu tun. Allein das Werk ist Sein, Er hat es angefangen.
... Der lieben Frau Herzogin sagten wir die schmerzliche Nachricht gleich an, wo sie
sehr erschrocken ist und konnte es kaum glauben. Sie nahm den innigsten Anteil an
Ihrem Verlust und sagte mit Tränen: Nicht wahr, auch ihr habt eine treue Mutter
verloren.

Frau Scharff nach Kaiserswerth, Frankfurt, 1. Mai 1842
Vielleicht wundern Sie sich, geehrter Herr Pfarrer, daß erst heute ein Wort der
Teilnahme von mir zu Ihnen gelangt. Allein, ich war so unbeschreiblich ergriffen, daß
es mir nicht möglich war, gleich anfangs meine Gedanken hierüber mitzuteilen. Ihr
ist wohl, muß ich mir immer und immer wiederholen. Der Herr gebe Ihnen den
Verstand, die Klugheit, diese Lücke für alle Ihre Kinder, nicht nur Ihre leiblichen,
aber alle Ihre geistlichen auszufüllen. Das ist der eigentliche Punkt, vor dem ich
zurückbebe, indem ich Sie so recht von Herzen bedauere und all die armen Seelen, für
die die Verewigte gesorgt, geliebt und gebetet hat.

Es gibt kein Bild der Frau Fliedner aus ihrem Leben. In all dem Vorwärtsstürmen
dieser ersten Jahre war wohl nie auch nur der Gedanke aufgekommen, Zeit und Geld
aufzuwenden, einen Künstler für ein Bildnis zu bemühen. So bat Fliedner einen
Künstler, vom Totenbett seiner Frau eine Bleistiftzeichnung abzunehmen. Von dieser
ließ er eine Vervielfältigung herstellen.

Helene Osthoff nach Kaiserswerth, Frankfurt, 21. Juni 1842
Hochverehrtester Herr Pastor, unsern herzlichsten Dank für das uns so sehr liebe und
werte Bild von unserer seligen Mutter. Sie ruht in Frieden, wie uns auch ihr liebes
Bildnis sagt... Sie werden verzeihen, wenn wir sie beleidigen, wir können nicht
umhin, Ihnen unsere Herzensmeinung mitzuteilen, da Sie so gütig sind und uns die
übrigen Bilder von der seligen Pastorin durch den Bruder Gottlieb *Wulfken*
überließen, die wir auch gern mit Liebe und Freude für unser liebes Mutterhaus
unterbringen wollen. Doch wir können nicht umhin, Ihnen, lieber Herr Pastor, zu
sagen, daß uns das so weh getan hat, daß das Bild verkauft werden soll. Ich glaube, es

Grabstein der Friederike Fliedner

wird keinen guten Eindruck im ganzen machen. Erstens habe ich gehört, daß 7 Groschen zuwenig ist. Ich meine, man soll es nicht zum Verkauf anbieten, sondern wer Liebe für die gute Sache hat, soll auch so viel für das Bild geben, so viel die Liebe geben will... Ihre im Herrn verbundene H. Osthoff.

Frau Scharff nach Kaiserswerth, Frankfurt, 23. Juli 1842
Das Bild Ihrer lieben Frau, für das ich herzlich danke, machte mir einen gar schmerzlichen Eindruck, da ich nun die Verstorbene vor mir sah, was ich zeitweise mich zu vergessen bemühte. Denn immer muß ich wiederholen, nach diesem Verlust kann ich nichts Schmerzlicheres mehr fühlen für die Zurückbleibenden. Auch für mich ist die Freundin unvergeßlich und die Ratgeberin unersetzlich. So vertraute ich nach näherer Prüfung der Einsicht, dem Takt und dem Verständnis Ihrer lieben, nun seligen Frau.

Ihre letzte Ruhe fand Frau Fliedner auf dem alten Friedhof der evangelischen Gemeinde zu Kaiserswerth, wo im Jahr darauf auch die beiden Diakonissen, die ihr als erste im Tod folgten, beigesetzt wurden: Josephine Lebschee und Katharine Weintraut. Der große liegende Stein trägt dasselbe Zeichen wie die Grabsteine der Diakonissen: die Taube, die zu den Sternen auffliegt, das Sinnbild der zu Gott heimkehrenden Seele. Die Inschrift ihres Steins lautet:

Hier ruht Friederike Fliedner geb. Münster
erste Vorsteherin der Diakonissen
mit sieben Kindern
geboren 25. Januar 1800, gestorben 22. April 1842
Christus ist mein Leben und Sterben ist mein Gewinn.

"Durch das Hinterpförtchen"

Für mich ist die Ratgeberin unersetzlich, so schrieb Frau Scharff aus Frankfurt damals unter dem Eindruck des jähen Todesfalls. Das ist das Zeugnis einer fähigen Frau, die ihre Sache schwer durchzukämpfen hatte.

Das Kaiserswerther Werk ist mit dem Namen Theodor Fliedner verbunden. Das Bild der Friederike Fliedner ist in der Überlieferung stark verblaßt und dann in einer bestimmten Richtung übermalt worden. Im Sinn dieses übermalten Bildes hat sich die Frauendiakonie im neunzehnten Jahrhundert entwickelt. Das entsprach der konservativen politischen, kultur-, sozial- und kirchengeschichtlichen sowie theologischen Blickrichtung der Zeit.

Ein Ehepaar hat der ehelosen Frau den Weg zum Dienst in der Kirche und zur Berufstätigkeit freigemacht. Soweit sich Einzelleistungen herausschälen lassen, ergibt sich Folgendes: Der Beitrag des Mannes war die theologische Durchdringung, der organisatorische Aufbau nach der theoretischen Seite und die finanzielle Grundlegung – der Beitrag der Frau war die menschliche Durchdringung, der organisatorische Aufbau nach der praktischen Seite und die Berufserziehung. Es ist erstaunlich, wie diese an den Mann gebundene und unter ihm stehende Frau soviel eigene Freiheit entwickelte und unter dem christlichen Moment des Nachgebens eine ungeheure Stärke offenbarte.

Friederike Fliedner hat durch ihr Verständnis für den Planreichtum des Mannes und durch ihre große Arbeitsleistung seine Ideen verwirklicht. Sie hat die Stellung der Pflegerinnen und die verschiedenen Zuständigkeiten geordnet. In persönlichem Einsatz hat sie dem Pflegeberuf zur Eigenständigkeit gegenüber Ärzten und Pfarrern, Verwaltungen und Behörden geholfen. In dem Nachruf für seine Frau rühmt Fliedner ihr Verwaltungstalent und ihre vielseitige Haushaltungskenntnis, ihre pflegerischen Gaben und ihre erzieherischen Fähigkeiten. Vor allem rühmt er ihre Klarheit und Festigkeit, mit der sie für Frauen und ihre evangelische Freiheit eintrat. Es ging ja nicht nur um Frauenberufe. Mit der Gestaltung einer Frauengemeinschaft im Bereich der evangelischen Kirche wurde ja Neuland betreten. Friederike Fliedner, eine Frau von innerer Freiheit und großer Menschlichkeit, wußte dabei: Je straffer die Ordnungen angezogen werden, desto leichter gerät eine Frau in Abhängigkeit von ihnen. Sie wußte ferner, wie anders Frauen unter sich sich geben als gegenüber dem Vorsteher. Darum müssen die inneren Angelegenheiten einer Frauengemeinschaft "mit Frauenaugen" gesehen werden.

Diesen Standpunkt der Frau hat Friederike Fliedner in dem merkwürdigen Verhältnis als Vorsteherin und Frau des Vorstehers, der zugleich ihr und der Schwestern Seelsorger war, für sich und ihre Mitarbeiterinnen mutig und aufrichtig vertreten. Wenn sie aber mit ihrer Ansicht nicht durchdrang, ordnete sie sich ihrem Mann unter. Wohl weinte sie in der Stille. Wohl konnte sie im Übermaß der Arbeit heftig werden. Sie wußte genau, was sie wollte.

Den Anfängerinnen begegnete sie als Mutter, den älteren Mitarbeiterinnen als ihre Schwester. Diese waren die Hauptpersonen, um die es ging. Vom kirchlichen Standpunkt aus sollten sie sich als Diakonissen erweisen. In ihrem praktischen Beruf sollten sie als gelernte Pflegerinnen der Kranken, Armen, Kindern und Gefangenen Dienerinnen dieser Hilfsbedürftigen sein. Nach der "Hausordnung" bildeten sie eine Dienstgemeinschaft, Lebensgemeinschaft, Glaubensgemeinschaft. Wieviel Glück und Lebensbejahung hat Frau Fliedner diesen Frauen vermittelt.

Diese Frauengemeinschaft wurde auch von außen getragen. Es gab Verbundenheit und Freundschaft mit andern Frauen. Sie sollen am Schluß noch einmal genannt werden:

Sophie Wiering, die das erste Kapital zum Kauf des Stammhauses vorstreckte und damit den Anfang ermöglichte. Katharina Göbel, die der Erziehungsarbeit an strafentlassenen Frauen nachging. Meline Scharff-Willemer, die kämpferische Vorsteherin des Versorgungshauses in Frankfurt. Die Herzogin Henriette von Württemberg, selbst Stifterin karitativer Anstalten. Amalie Focke-Jacobi in Berlin, die Geliebte und Vertraute, die das größte Verständnis für Kaiserswerth aufbrachte.

Und doch möchte ich nur meinem Sinn folgen.

Friederike Münster hat einst darüber nachgedacht. Mag ein Mensch in tiefste Niedrigkeit gestürzt sein, mögen einer Sache die größten Hindernisse entgegentreten, das bedeutet nicht ihr Ende. Frau Fliedner hat die wunderbare Erfahrung gemacht: Wird sie da bewährt erfunden, so führt die Vorsehung sie durch das Hinterpförtchen gerade ihrer Bestimmung zu.

Pflegerinnenanstalt und Pfarrhaus

Literatur zum Thema

Foertsch, Ursula; Nächstenliebe war ihr Werk; Stuttgart 1975

Gatz, E.; Kirche und Krankenpflege im 19. Jahrhundert; Paderborn 1971

Karbe, K.-H.; Geschichte der Krankenpflege und des Krankenpflegeberufs; Potsdam 1982

Kracker v. Schwarzenfeld, Ingrid; Lebensberichte aus dem ev. Diakonieverein; Berlin 1975

Scharffenorth, Gerta; Schwestern – Leben und Arbeit evangelischer Schwesternschaften; Offenbach 1984

Schauer, H.; Frauen entdecken ihren Auftrag – weibliche Diakonie im Wandel des Jahrhunderts; Göttingen 1960

Seidler, E.; Geschichte der Pflege des kranken Menschen; Stuttgart 1980

Sticker, Anna; Agnes Karll – die Reformerin der deutschen Krankenpflege; Wuppertal 1977

Sticker, Anna; Theodor Fliedner; Neukirchen 1959

Sticker, Anna; Die Entstehung der neuzeitlichen Krankenpflege; Stuttgart 1960